U0717553

西方韩国
研究丛书

既见半岛，也见世界

本书由浙江大学亚洲文明研究院资助出版

# 压缩现代性的逻辑

# The Logic of Compressed Modernity

［韩］张庆燮 著
朴 佑 译
安成浩 校

江苏人民出版社

**图书在版编目(CIP)数据**

压缩现代性的逻辑 / (韩) 张庆燮著 ; 朴佑译. 南京 : 江苏人民出版社, 2025. 7. —(西方韩国研究丛书 / 刘东主编). — ISBN 978-7-214-29501-9

Ⅰ. F131.264

中国国家版本馆 CIP 数据核字第 2025SU7985 号

| | |
|---|---|
| 书　　　名 | 压缩现代性的逻辑 |
| 著　　　者 | [韩]张庆燮 |
| 译　　　者 | 朴　佑 |
| 校　　　者 | 安成浩 |
| 责任编辑 | 孟　璐 |
| 装帧设计 | 周伟伟 |
| 责任监制 | 王　娟 |
| 出版发行 | 江苏人民出版社 |
| 地　　　址 | 南京市湖南路 1 号 A 楼,邮编:210009 |
| 照　　　排 | 江苏凤凰制版有限公司 |
| 印　　　刷 | 南京爱德印刷有限公司 |
| 开　　　本 | 890 毫米×1240 毫米　1/32 |
| 印　　　张 | 11.375　插页 4 |
| 字　　　数 | 233 千字 |
| 版　　　次 | 2025 年 7 月第 1 版 |
| 印　　　次 | 2025 年 7 月第 1 次印刷 |
| 标准书号 | ISBN 978-7-214-29501-9 |
| 定　　　价 | 68.00 元 |

(江苏人民出版社图书凡印装错误可向承印厂调换)

The Logic of Compressed Modernity by Kyung-Sup Chang



First published in 2022 by Polity Press

Polity Press

65 Bridge Street

Cambridge CB2 1UR, UK

Polity Press

101 Station Landing

Suite 300

Medford, MA 02155, USA



This edition is published by arrangement with Polity Press Ltd., Cambridge.



江苏省版权局著作权合同登记号：图字 10－2022－199 号

# “西方韩国研究丛书”总序

我对韩国研究的学术兴趣，是从数年之前开始萌生的。2019年11月初的一天，我有点意外地飞到了那里，去接受“坡州图书奖”的“特别奖”，也当场发表了自己的获奖词，这就是那篇《坚守坐拥的书城》，后来也成了我一本文集的标题。而组织者又于颁奖的次日，特地为我个人安排了观光，让我有机会参观了首尔，观摩了市中心的巨大书店，观摩了韩国的历史博物馆，也观摩了光化门和青瓦台。我还在那尊“大将军雕像”下边——后文中还会提起这位将军——抖擞起精神留了一个影，而此后自己的微信头像，都一直采用着这幅照片。

当然，只这么“走马观花”了一遭，肯定还留有很多“看不懂”的。不过，既然生性就是要“做学问”的，或者说，生性就是既爱“学”又好“问”，从此就在心头记挂着这些问题，甚至于，即使不能马上都给弄明白，或者说，正因为不能一下子都弄明白，反而就更时不时地加以琢磨,还越琢磨就越觉出它们的重要——比如,简直用不着让头脑高速运转,甚至于闭着眼睛也能想到,它向自己提出了下述各组问题:

·韩国受到了儒家文化的哪些影响,这在它的发展过程中起到过什么作用?而它又是如何在这样的路径依赖下,成功地实现了自己的现代化转型?

·作为曾经的殖民地,韩国又受到了日本的哪些影响?而它又是如何保持了强烈的民族认同,并没有被外来的奴化教育所同化?

·尤其到了二战及其后,韩国又受到了美国的哪些影响?而它又是如何既高涨着民间的反美情绪,又半推半就地加入了“美日韩”的同盟?

·韩国这个曾经的“儒家文化圈”的成员,何以会在“西风东渐”的过程中,较深地接受来自西方的传教运动?与此同时,它的反天主教运动又是如何发展的?

·韩国在周边列强的挤压下,是如何曲折地谋求着生存与发展的?而支撑这一点的民族主义思潮,又显现了哪些正面和负面的效应?

·韩国在如此密集的外部压强下,是如何造成了文化上的“多元”?而这样的文化是仍然不失自家的特色,还是只表现为芜杂而断裂的拼贴?

·韩国社会从“欠发达”一步跃上了“已发达”，是如何谋求“一步登天”的高速起飞的？而这样的发展路径又有哪些可资借鉴之处？

·由此所造成的所谓“压缩性”的现代化，会给韩国的国民心理带来怎样的冲击？而这种冲击反映到社会思想的层面，又会造成什么样的特点或烙印？

·韩国在科学研究与技术创新方面，都有什么独特的经验与特长？而它在人文学术和社会科学方面，又分别显示了哪些成就与缺失？

·在这种几乎是膨胀式的发展中，韩国的社会怎样给与相应的支撑？比如它如何应对工具理性的膨胀，如何应对急剧扩张的物质欲望？

·传统与现代的不同文化因子，在韩国社会是如何寻求平衡的？而个人与现代之间的微妙关系，在那里能不能得到有效的调节？

·家庭文化在韩国的现代化进程中，起到了哪些正面和负面的作用？而父权主义和女权主义，又分别在那里有怎样的分裂表达？

·政党轮替在韩国社会是怎样进行的，何以每逢下台总要面临严酷的清算？而新闻媒体在如此对立的党争之下，又如何发挥言论自由的监督作用？

·这样的发展模式会不会必然招致财阀的影响？而在财富如此高度集中的情况下，劳资之间的关系又会出现什么样的特点？

·韩国的利益分配是基于怎样的体制？能否在“平等与效率”之间谋求起码的平衡，而它的社会运动又是否足以表达基本的民意？

·韩国的西洋古典音乐是否确实发达，何以会产生那么多世界级的名家？而它的电影工业又是如何开展的，以什么成就了在世界上的一席之地？

·韩国的产品设计是如何进行的，为什么一时间会形成风靡的“韩流”？而它的整容产业又何以如此发达，以致专门吸引出了周边的“整容之旅”？

·韩国的足球何以会造成别国的“恐韩症”？而韩国的围棋又何以与中日鼎足为三，它们在竞技上表现出的这种拼搏的狠劲和迅捷的读图能力，有没有体质人类学上的根据？

·韩国是否同样极度注重子女的教育，从而向现代化的高速起飞，源源地提供了优质的劳动力？而它的教育体制为了这个目的，又是如何对资源进行疏导和调配的？

·韩国如何看待由此造成的升学压力？而它眼下举世最低的人口出生率，跟这方面的“内卷”有没有直接关联？

·韩国如何应对严峻的老龄化问题，又如何应对日益紧迫的生态压力？而由此它在经济的“可持续发展”方面，遭遇到了怎样的挑战与障碍？

·作为一个过去的殖民地，韩国如何在当今的世界上定位自己？而作为一个已然“发达”的国家，即使它并未主动去“脱亚入欧”，是否还自认为属于一个“亚洲国家”？

·置身于那道“三八线”的南侧，国民心理是否会在压力下变形？而置身于东亚的“火药桶”正中，国家是否还能真正享有充分的主权？

·最后的和最为重要的是，韩国对于它周边的那些个社会，尤其是对于日益强大的中国，到底会持有怎样的看法、采取怎样的姿态？

一方面自不待言，这仍然只是相当初步的印象，而要是再使劲地揉揉眼睛，肯定还会发现更多的、隐藏更深的问题。可另一方面也不待言，即使只是关注到了上述的问题，也不是仅仅用传统的治学方面，就足以进行描述与整理、框定与解释的了。——比如，如果只盯住以往的汉文文献，就注定会把对于韩国的研究，只简单当成了“传统汉学”的一支，而满足于像“韩国儒学史”“域外汉学”那样的题目。再比如，如果只利用惯常的传统学科，那么在各自画地为牢的情况下，就简直不知要调动哪些和多少学科，才足以把握与状摹、研究与处理这些林林总总的问题了。

所幸的是,我们如今又有了一种新的科目——"地区研究",而且它眼下还正在风行于全国。这样一来,在我们用来治学的武器库中,也就增添了一种可以照顾总体的方法,或者说,正因为它本无故步自封的家法,就反而能较为自如地随意借用,无论是去借助于传统的人文学科,还是去借助于现代的社会科学,更不要说,它还可以在"人文"与"社科"之间,去自觉地鼓励两翼互动与齐飞,以追求各学科之间的互渗与支撑,从而在整体上达到交融的效果——正如我已经在各种总序中写过的:

> 绝处逢生的是,由于一直都在提倡学术通识、科际整合,所以我写到这里反而要进一步指出,这种可以把"十八般武艺"信手拈来的、无所不用其极的治学方式,不仅算不得"地区研究"的什么短处,倒正是这种治学活动的妙处所在。事实上,在画地为牢、故步自封的当今学府里,就算是拥有了哈佛这样的宏大规模和雄厚师资,也很少能再在"地区研究"之外找到这样的中心,尽管它在一方面,由于要聚焦在某个特定的"领域",也可以说是有其自身的限制,但在另一方面,却又为来自各个不同系科的、分别学有专攻的教授们,提供了一个既相互交流、又彼此启发的"俱乐部"。——正因为看到了它对"学科交叉"的这种促进,并高度看重由此带来的丰硕成果,我才会在以往撰写的总序中指出:"也正是在这样的理解中,'地区研究'既将会属于人文学科,也将会属于社会科学,却还可能更溢出了上述学

科，此正乃这种研究方法的‘题中应有之意’。”

（刘东：《地区理论与实践》总序）

正是本着这样的学科意识，我才动议把创办中的这套丛书，再次落实到江苏人民出版社这边来——这当然是因为，长达三十多年的紧密合作，已经在彼此间建立了高度的信任，并由此带来了融洽顺手的工作关系。而进一步说，这更其是因为，只有把这套“西方韩国研究丛书”，合并到原本已由那边出版的“海外中国研究丛书”和“西方日本研究丛书”中，才可能进而反映出海外“东亚研究”的全貌，从而让我们对那一整块的知识领地，获得高屋建瓴的，既见树木、也见森林的总体了解。

当然，如果严格地计较起来，那么不光是所谓“东亚”，乃至“东北亚”的概念，就连所谓“欧亚大陆”或者“亚欧大陆”的概念，都还是值得商榷的不可靠提法。因为在一方面，中国并非只位于“亚洲”的东部或东北部，而在另一方面，“欧洲”和“亚洲”原本也并无自然的界线，而“欧洲”的幅员要是相比起“亚洲”来，倒更像印度那样的“次大陆”或者“半岛”。可即使如此，只要能警惕其中的西方偏见与误导，那么，姑且接受这种并不可靠的分类，也暂时还能算得上一种权宜之计——毕竟长期以来，有关中国、日本、韩国的具体研究成果，在那边都是要被归类于“东亚研究”的。

无论如何，从长期的历史进程来看，中国跟日本、韩国这样的近邻，早已是命运密切相关的了。即使是相对较小的朝鲜半岛,也时常会对我们这个“泱泱大国”,产生出始料未及的、具有转折性的重大影响。正因为这样,如果不是只去关注我们的“内史”,而能左右环顾、兼听则明地,充分利用那两个邻国的“外史”,来同传统的中文史籍进行对照,就有可能在参差错落的对映中,看出某些前所未知的裂缝和出乎意料的奥秘。陈寅恪在其《唐代政治史述论稿》的下篇,即所谓《外族盛衰之连环性及外患与内政之关系》中,就曾经发人省醒地演示过这种很有前途的路数,尽管当时所能读到的外部材料,还无法在这方面给与更多的支持。而美国汉学家石康(Kenneth M. Swope),最近又写出了一本《龙头蛇尾:明代中国与第一次东亚战争,1592—1598》,也同样演示了这种富含启发的路数。具体而言,他是拿中国所称的“万历朝鲜战争”,和朝鲜所称的“壬辰倭乱”——前述那尊李舜臣的“大将军雕像”,在那边正是为了纪念这次战争——对比了日本所称的“文禄庆长之役”,从而大量利用了来自中文的历史记载,并且重新解释了日本的那次侵朝战争,由此便挑战了西方学界在这方面的“日本中心观”,也即只是片面地以日文材料作为史料基础,并且只是以丰臣秀吉作为叙事的主角。

更不要说,再从现实的地缘格局来看,在日益变得一体化的“地球村”中,这些近邻跟我们的空间距离,肯定又是越来越紧凑、挤压了。事实上,正是从东亚地区的“雁阵起飞”中,我们反而可以历历在目地看到,无论是日本,还是“四小龙”与“四小虎”,它们在不同阶段的次第起飞、乃至于中国大陆的最终起飞,在文化心理方面都有着同构关系。正如我在一篇旧作中指出的：

> 从传统资源的角度看，东亚几小龙的成功经验的确证明：尽管一个完整的儒教社会并不存在“合理性资本主义”的原生机制，但一个破碎的儒教社会却对之有着极强的再生机制和复制功能。在这方面，我们的确应该感谢东亚几小龙的示范。因为若不是它们板上钉钉地对韦伯有关中国宗教的研究结论进行了部分证伪，缺乏实验室的社会科学家们就有可能老把中国现代化的长期停滞归咎于传统。而实际上，无论从终极价值层面上作何判定，中国人因为无神论发达而导致的特有的贵生倾向以及相应的伦理原则，作为一种文化心理势能却极易被导入资本主义的河床。不仅东亚的情况是这样，东南亚的情况也同样证明，华人总是比当地人更容易发财致富。
>
> （刘东：《中国能否走通“东亚道路”》）

——而由此便可想而知，这种在地缘上的紧邻关系和文化上的同构关系，所蕴藏的意义又远不止于“起飞阶段”；恰恰相反，在今后的历史发展中，不管从哪一个侧面或要素去观察，无论是基于亚洲与欧洲、东亚与西方的视角，还是基于传统与现代、承认与认同的视角，这些社会都还将继续显出“异中之同”来。

有意思的是，正当我撰写此篇序文之际，杭州也正在紧锣密鼓地举办着延期已久的亚运会；而且，还根本就用不着多看，最终会高居奖牌“前三甲”的，也准保是东亚的“中日韩”，要不就

是“中韩日”。——即使这种通过竞技体育的争夺,顶多只是国力之间的模拟比拼,还是让我记起了往昔的文字:

> 我经常这样来发出畅想:一方面,由于西方生活方式和意识形态的剧烈冲击,也许在当今的世界上,再没有哪一个区域,能比我们东亚更像个巨大的火药桶了;然而另一方面,又因为长期同被儒家文化所化育熏陶,在当今的世界上,你也找不出另一方热土,能如这块土地那样高速地崛起,就像改变着整个地貌的喜马拉雅造山运动一样——能和中日韩三国比试权重的另一个角落,究竟在地球的什么地方呢?只怕就连曾经长期引领世界潮流的英法德,都要让我们一马了!由此可知,我们脚下原是一个极有前途的人类文化圈,只要圈中的所有灵长类动物,都能有足够的智慧和雅量,来处理和弥合在后发现代化进程中曾经难免出现的应力与裂痕。
>
> (刘东:《“西方日本研究丛书”总序》)

那么,自己眼下又接着做出的,这一丁点微不足道的努力,能否算是一种真正的现实贡献呢?或者说,它能否在加强彼此认知的情况下,去增进在“中日韩”之间的相互了解,从而控制住积聚于“东亚”的危险能量,使之能不以悲剧性的结局而收场,反而成为文明上升的新的“铁三角”?我个人对此实在已不敢奢想了。而唯一敢于念及和能够坚守住的,仍然只在于自己的内心与本心,在于它那种永无止境的“求知”冲动,就像我前不久就此坦承过的：

> 真正最为要紧的还在于，不管怎么千头万绪、不可开交，预装在自家寸心中的那个初衷，仍是须臾都不曾被放下过，也从来都不曾被打乱过，那就是一定要“知道”、继续要“知道”、永远要“知道”、至死不渝地要“知道”！
>
> （刘东：《无宗教而有快乐·自序》）

所以，不要去听从“便知道了又如何”的悲观嘲讽，也不要去理睬“不务正业”或“务广而荒”的刻板批评。实际上，孔子所以会对弟子们讲出“君子不器”来，原本也有个不言自明的对比前提，那就是社会上已然是“小人皆器”。既然这样，就还是继续去“升天入地”地追问吧，连“只问耕耘，不问收获”的宽解都不必了——毕竟说到最后，也只有这种尽情尽兴的追问本身，才能让我们保持人类的起码天性，也才有望再培养出经天纬地、顶天立地的通才。

刘　东

2023 年 10 月 1 日

于余杭绝尘斋

# 目　录

# 中文版序言

以中国为代表的国家社会主义以计划性重工业化为重点，通过行政手段将国家、社会资源最大限度地投入生产产业增长，从而实现了压缩经济发展。建立这种经济体制的历史过程本身就是一种高度压缩的对苏联模式的移植或再现。中国在20世纪50年代中期就压缩实现了农村地区的社会主义农业集体化，这比原来的预期提前了近10年。20世纪50年代后期确立了大规模人民公社体制，压缩性地实现了从社会主义到共产主义的转变。通过特有的以农村为基础的重工业化，努力赶超苏联式工业化。中国在农村和城市推行的生产生活体制，应该说需要经历一个去压缩化的过程，寻求更渐进式的社会主义发展。

从20世纪70年代中后期开始，大多数社会主义国家出现了结构性经济停滞，尤其是那些在依靠苏联式社会主义工业化走在前列的国家,这种危机更为突出。最终,不仅俄罗斯和其他东欧国家,而且包括中国和越南在内的大多数社会主义国家都开始向市场经济的体制转型。这种转型是吸纳资本主义先进国的制度性装置并引进资本和技术的压缩过程。但是俄罗斯、其他东欧国家的这种转换是以一举结束社会主义经济、政治体制的所谓“大爆炸”的方式实现的。中国、越南等国家则是以长期维持政治、社会、经济领域的现有社会主义制度和惯例的相当一部分与资本主义市场经济的要素并存和混合的复合方式推进的。

任何一个处在长期经济停滞并伴随人民与企业自身的生产资源缺乏的国家,向市场经济体制过渡或推进后社会主义转型时都会伴随着市场经济活动中的结构性风险。这些风险在俄罗斯等国的大爆炸式转型中格外严重。中国等国的改革已经持续了 40 多年,一方面实现了经济的长期高速增长,另一方面共产党管理着市场经济与社会主义制度、组织、政策、惯例、成果等交织在一起的极其复杂的、前所未有的复合型社会经济体制。

中国在实施改革开放的过程中,社会主义制度、组织、政策、惯例、成果等在建构社会主义市场经济转型的过程中发挥了极为重要的功能和作用。比如教育程度高、身体健康、规律化的大规模劳动力在爆发式劳动密集型工业化中得到了非常有效的运用。地方政府一直灵活而强有力地主导着地方经济发展,土地等稀缺资源的公共所有制阻止了寻租投机行为,使生产资源的合理、公正安排成为可能。城乡二元体制产生的居住与职业的分离在很大程度上预防了巨大农村人口突然进入就业能力有限的城市地区。此外,中国通过经济特区制度,实施了全面、压缩引进和利用西方和东亚的资本、技术和组织的战略。

这些改革经验与中国一直以来密切关注的东亚资本主义社会的经济、社会和政治特征形成非常有趣的对比。日本、韩国等在发展过程中实施国家主导的资本主义市场经济发展模式,实行了对社会生产资源的政治动员和配置。土地改革后,丰富健康的家庭农业劳动力以教育和就业为媒介经历了快速而稳定的城市化。其以与西方紧密的政治、经济关系为基础,形成内部的体制现代化并参与世界经济。中国的改革开放不仅以中美紧张关系的缓和为前提,而且在与东亚资本主义国家和地区之间的密切交流与合作过程中推进。这不仅体现了国际关系层面的重要性,还对在世界经济秩序中的东亚各国关注为实现社会和国家发展共享什么样的内部和世界性条件具有重大意义。

本书主要以韩国经验为基础分析"压缩现代性"(compressed modernity),就是为了阐明在上述历史背景下出现的社会、文化、经济、政治秩序的固有性质和内容。因此,压缩现代性对现代中国也可能具有多种含义。中国国内外的许多学者在中国研究中已经从概念、理论、方法上运用了压缩现代性,笔者也参与了这样的研究活动。例如,2017 年法国学术期刊《时间性》

(*Temporaliités*)出版了劳伦斯·鲁洛-伯杰和刘能编辑的《压缩现代性与中国的时间性》为主题的特刊,笔者为该特刊撰写了论文。此外,在德国学术杂志《社会世界》(*Soziale Welt*)2010年特刊(乌尔里希·贝克[Ulrich Beck]编辑)上,笔者发表了关于韩国和中国压缩现代性的论文《东亚向第二现代性的压缩过渡》。笔者集中研究了20世纪80年代中期到90年代后期中国的改革体制,此后主要从比较社会学和比较政治经济学的角度撰写了比较中国和其他东亚社会的文章。笔者在21世纪00年代以后以韩国为中心综合分析的“压缩现代性”,其内容在本人20世纪80到90年代的中国研究中以各种角度反映了出来。此外,笔者编辑的《公民权研究》(*Citizenship Studies*)2020年特刊,也是探讨贯穿中国和韩国的发展公民权。

考虑到这些背景因素,本书在英文出版后不久就被翻译成中文版出版,对于笔者来说具有重要意义。中文版作为浙江大学亚洲文明研究院推动的学术项目出版,对我来讲也是莫大的荣幸。同时,笔者2010年出版的《压缩现代性下的韩国:转型中的家族政治经济学》一书的中文版是作为江苏人民出版社和清华大学合作项目出版。笔者对中国国内外的学者、学生和人民深感责任重大,今后将进一步深化压缩现代性的研究。

笔者在英文版中已经感谢了众多同行学者对压缩现代性研究的鼓励和忠告,在此,要向在笔者长期的中国研究过程中给予重要帮助和教诲的中国教授马戎、辜胜阻、张翼表示感谢。并向中国社会科学院、北京大学社会学系及社会学人类学研究所的各位同人表示同样的感谢。我要特别感谢“西方韩国研究丛书”主编刘东教授,以及参与中文版的出版协商,并承担艰辛的翻译工作的朴佑、安成浩两位同人。

首尔大学特聘教授

张庆燮

2023年2月27日

# 序　言

从 1948 年作为一个形式上高度发达的民主国家的政治出发开始，到 20 世纪 60 年代中期以来“奇迹般的”资本主义工业化和经济增长，以及 21 世纪韩国流行文化（被称为“韩流”）在全球文化中的崛起等——这些韩国社会各方面的变革，其戏剧性在很大程度上源自模拟、物化和利用现代（即西方或美国）政治、经济、社会文化制度的极其广泛和前所未有的浓缩过程。在寻找和证明这种压缩的西化和现代化理论基础时，从人文科学中机械分离的专业社会科学常常取代了公共的社会政治讨论和知识分子的哲学思考。然而，“成功的”现代化及发展的巨大物质性（通常根据时间和实质性压缩的程度来衡量）在社会影响力和技术官僚效用方面站在社会科学家一边，使这些社会科学家不断加强他们在研究、教育和公共咨询方面自我分割的实践。

作为韩国高校的一名社会科学家，30 年的工作使我认为，地域(local)社会科学既是一项解释假定现实社会现象的学术任务,同时也是一种需要自行解释的独特社会现象。这一想法与以下几个判断是密不可分的。第一是韩国现代化和发展的极端压缩性及其实际条件、过程和风险构成了非常重要的科学议题。第二个决定性判断是,现代化和发展的压缩与有目的的国家成就一样,都是全球历史的必然(有时是强制的)。与此相关的第三个判断是,虽然韩国在压缩现代化和发展方面确实是一个典型的例子,但无论是在现实还是在想象中,压缩现代化和发展在后殖民世界都是普遍存在的。考虑到这些相互关联的想法和判断,反思地域实践社会科学,包括我自己的研究领域,成了一种非常有趣而富有成效的经历,这甚至为我理解这个(真实的?)社会世界引出了一系列重要线索。因此,每天的工作都是一种有趣而富有成效的体验,本书就是其中的一部分研究成果。

显然,我身边的众多学者早已体验这种自我反思性的知识社会学。特别是,我的许多韩国社会学界的老师——包括金一哲(Kim Il-Chul,音译)、金璟东(Kim Kyong-Dong)、韩完相(Han Wan-Sang)、金晋均(Kim Jin-Kyun)、慎镛夏(Shin Yong-Ha)、权泰焕(Kwon Tai-Hwan)、韩相震(Han Sang-Jin)、林玄镇(Lim Hyun-Chin)和洪斗承(Hong Doo-Seung)等——都努力认真去认识地域实践的社会学有争议的实用性,以及它在有效应对韩国历史社会现实问题方面的可取创新。这些有价值的认识,以及他们对解释各种社会现象的实质性贡献,使我在本书讨论的压缩现代性的许多关键问题上受益匪浅。特别是,我关于内部多元现代性(internal multiple modernities)的论文(本书第四章),决定性地归功于他们的学术研究中丰富的观察和直观思维。

在分析20世纪90年代以来的压缩现代性时,我与许多研究比较现代性的世界领先学术权威,特别是与乌尔里希·贝克、布赖恩·S.特纳(Bryan S. Turner)和戈兰·瑟伯恩(Göran Therborn)等人进行了非常密切的交流与合作。这些交流与合作的成果全部包含在本书中。比如,第三章("普遍主义视角下的压缩现代性")借鉴了贝克和我在"反身世界化"上的一致意见,第四章("内部多元现代性")分享了瑟伯恩关于现代性的全球结构主义观点,第五章("变革贡献权")把特纳的公民权概念延伸到韩国的变革政治。除这些章节以外,第一章中的一节("批判现代性辩论中的压缩现代性")详细讨论了这些学者的论点及其对压缩现代性的系统意义。

除本书之外,我还与他们合作出版了许多出版物。我和布赖恩·S.特纳的合作完全出乎我的意料。特别值得一提的是,在2017年我和他共同编辑了一套五卷的社会理论百科全书《威利布莱克威尔社会理论百科全书》(*The Wiley Blackwell Encyclopedia of Social Theory*),其中我分别主持了两个部分:关于现代性、殖民性、发展,以及关于亚洲社会理论。我试图以全球平衡和包容的方式组织这两个部分。对于亚洲社会理论,我非常热心地组织众多重要的亚洲学者,从定位正确的亚洲视角出发,选择并撰写了许多关于亚洲(和欧亚)的理论和现实条目。这些条目代表了亚洲现代性的各个重要组成部分和方面,本书也仔细地反映了它们。此外,我还应乌尔里希·贝克的邀请,为《英国社会学杂志》(*British Journal of Sociology*, 2010)和《社会世界》(*Soziale Welt*, 2010)特刊发表了我关于压缩现代性的研究,他是特邀编辑。在这些研究中,正如本书所讨论的内容一样,我试图解释压缩现代性与贝克的“第二现代性”和“反身现代化”之间的共享理论和分析基础。

此外,一群非常受尊敬的学者们唤醒了我,让我认识到压缩现代性在解释我未能及时关注的各种社会现象方面的潜在相关性。其中,我非常感谢研究韩国流行文化(通常被称为“韩流”)各流派的许多学者,尤其是南希·阿伯曼(Nancy Abelmann)和大卫·马丁-琼斯(David Martin-Jones)。坦率地说,在读到他们关于韩国流行文化的压缩现代性分析之前,我还没有完全意识到任何类型的社会科学研究对韩国人生活经历和轨迹深刻而细微的文化表现所具有的反身分析潜力。在这方面,那些热衷于关注韩国的社会文化力量——杰出电影、电视剧、歌曲、小说和其他体裁等的国内外观众,似乎构成了社会学研究的一个非常有趣的对象,同时也构成了一个对复杂和矛盾的社会现实(我试图将其解释为压缩现代性)进行批判性文化反身的分析性群体。这种觉醒甚至让我认为,大众文化是对压缩现代性个人和社会状况的一种有效的反身形式。

韩国全北国立大学“私人文件和压缩现代性”(2001—2017)专题科研项目,由李正德(Yi Jeong-Duk,音译)担任首席专家。这个项目通过分析个人日记和其他有价值的私人文件,研究了韩国人在浓缩的社会变革下的生活轨迹和家庭关系。有一次，我被邀请在这个科研项目的国际会议上发表关于压缩现代性的讲话，我从他们对 20 世纪私人世界根本性变革的高度系统化研究中学到了很多。我还感谢落合惠美子(Emiko Ochiai)和斯蒂夫·杰克逊(Stevi Jackson)，他们让我认识到在其他亚洲社会的人口变化、家庭生活和性别关系中压缩现代性的各种表现形式。虽然我从一开始就认为韩国并不是压缩现代性的唯一典范，但是由于缺乏对其他社会现实的民族志方法论的洞察力，我无法将其他社会的问题作为自己的研究在国际上推广。事实上，是京都大学的落合惠美子为我提供了决定性的动力。她热情地邀请我参加一项关于"重建 21 世纪亚洲的亲密与公共领域"(2008—2012)的大型全球性研究和教育项目，为我提供了一系列合作机会。该项目将压缩现代性作为一种启发式分析框架，比较欧洲和北美同亚洲各国社会和人口变化的时间轨迹。我开始从落合惠美子和她的合作学者，特别是容博尔·劳伊考伊(Zsombor Rajkai)那里，批判性地学习到压缩现代性的全球现实和模式。

鉴于我研究了中国早期后社会主义①社会的经验，我越来越被最近的东亚和其他地域所谓"转型社会"般的社会变化所吸

① 本书中使用的"后社会主义"一词，是在西方学术语境中，描述或阐述社会主义制度的各种(市场)经济转型的术语。例如，中国和越南的社会主义市场经济转型，以及苏联和东欧的体制转型等。——译者注

引。在这方面,我非常感谢里昂大学的劳伦斯·罗兰-伯格(Laurence Roulleau-Berger),她对中国的社会问题进行了广泛的研究,并与中国的主要学者和知识分子进行了深入交流。她的研究对我了解后社会主义压缩现代性在当代中国所呈现的各种具体情况给予了很大的启发。我甚至参与了她在 2017 年负责的期刊《时间性》(*Temporalités*)特辑的出版,我在关于“压缩现代性与中国的时间性”的论文中评价中国是一个后社会主义复杂风险社会。未来几年,我将继续与劳伦斯·罗兰-伯格合作,就压缩现代性的晚期资本主义与后社会主义实例进行比较分析。

我还要向许多海内外的同事表示感谢,他们在查阅了我多年来关于压缩现代性研究的各个领域后,提出了令人鼓舞的回应和建设性意见。我的研究得到了苅谷刚彦(Takehiko Kariya)、D. 休·惠特克(D. Hugh Whittaker)、罗杰·古德曼(Roger Goodman)、塞巴斯蒂安·莱切瓦利埃(Sébastien Lechevalier)、林恩·贾米森(Lynn Jamieson)、蔡明发(Chua Beng Huat)、安东尼·伍迪维斯(Anthony Woodiwiss)、申义恒(Eui-Hang Shin)、具海根(Hagen Koo)、文成淑(Seung-Sook Moon,音译)、埃里克·莫布兰德(Erik Mobrand)、苏耀昌(Alvin So)、河龙出(Yong-Chool Ha,音译)、金友娜(Youna Kim,音译)、查尔斯·阿姆斯特朗(Charles Armstrong)、成安吉(Angie Chung)、申起旭(Gi-Wook Shin)、彼得·波尔·范亨斯布罗克(Pieter Boele Van Hensbroek)、油井清光(Kiyomitsu Yui)、布赖恩·耶西斯(Brian Yecies)、布鲁斯·卡明斯(Bruce Cumings)、小岛宏(Hiroshi

Kojima)、柴田悠(Haruka Shibata)、佩吉特・亨利(Paget Henry)、孙晓莉(Shirley Hsiao-Li Sun)、张优远(Teo Youyenn)、陈国康(Raymond Chan)、蓝佩嘉(Pei-Chia Lan)、沈秀华(Hsiu-hua Shen)、阎云翔(Yunxiang Yan)、朴光星(Piao Kuangxing)、金斗镛(Do-Young Kim,音译)、拉伊尼・巴里瓦拉(Rajni Palriwala)和鲍里斯・齐泽克(Boris Zizek)等人的认可。同样,感谢所有韩国同事是不切实际的,但我至少应该向权贤芝(Kwon Hyunji)、金白永(Kim Baek Yung)、金硕镐(Kim Seok-ho)、朴京淑(Park Keong-Suk)、裴恩庆(Bae Eun-Kyung)、徐二钟(Suh Yi-Jong)、李在烈(Yee Jaeyeol)、任东均(Im Dong-Kyun)、张德镇(Chang Dukjin)、郑根植(Jung Keun-sik)、郑一均(Jeong Il-Gyun)、秋智贤(Choo Jihyun)、朴明奎(Park Myoung-Kyu)、宋虎根(Song Ho-Keun)、郑真诚(Chung Chin-Sung,音译)、金洪中(Kim Hong-Jung)、金相俊(Kim Sang-Jun,音译)、殷棋洙(Eun Ki-Soo)、洪赞淑(Hong Chan-Sook,音译)、金焕锡(Kim Hwan-Suk,音译)、郑书福(Chung Soo-Bok,音译)、李哲承(Lee Cheol-Sung,音译)、金光基(Kim Kwang-Ki)、李承润(Lee Seung-Yoon Sophia,音译)、金玄美(Kim Hyun Mee,音译)、韩俊(Han Joon,音译)、郑武权(Chung Moo-Kwoon,音译)、金冬春(Kim Dong-Choon,音译)、陈美静(Chin Meejung,音译)、李在林(Lee Jae-Rim,音译)、成美爱(Sung Mi-Ai,音译)、李哲佑(Lee Chul-Woo,音译)、尹寅真(Yoon In-Jin,音译)、金泰均(Kim Tae-Kyoon)、李玄玉(Lee Hyun-Ok,音译)、张大业(Chang Dae-Oup,音译)、沈斗辅(Shim Doo-Bo)、孔

锡己(Kong Sukki)、李骏九(Lee Joonkoo)、薛东勋(Seol Dong-Hoon)、宋汝珍(Song Yoo-Jean,音译)、李润锡(Lee Yun-Suk,音译)、严韩珍(Eom Han-Jin,音译)、金哲奎(Kim Chul-Kyoo,音译)、金亨住(Kim Hung-Ju,音译)、宋任夏(Song In-Ha,音译)及其他同事在学术上给予的支持和鼓励表示感谢。

本书手稿在最后完成阶段得到了剑桥大学的慷慨支持。2019 年我在卡莱尔学院做访问学者,后来成为该学院的终身成员。卡莱尔学院和剑桥大学社会学系都非常友好地安排了我的研讨会,我在研讨会上介绍了本书的关键材料。我特别感谢剑桥大学社会学系主任萨拉 · 富兰克林(Sarah Franklin),她周到地安排了我的访问和研讨会,甚至对我的研究表现出浓厚的兴趣。约翰 · B. 汤普森(John B. Thompson)现在是那里的社会学名誉教授(也是政体出版社的理事),他对这本书表现出极大的热情。在此期间,我还应休伯特 · 诺布洛克(Hubert Knoblauch)的邀请,前往柏林工业大学参加一个关于本书一些关键内容的特别研讨会。在柏林同诺布洛克和他的同事们进行的长时间讨论,对润色本书手稿的部分内容提供了很大的帮助。访问剑桥后不久,我还应摩洛哥王国学院的邀请参加了一次关于韩国现代化的特别讲座。在讲座中,我通过讨论既是成就也是风险的韩国的压缩现代性,介绍了本书的主要内容。该学院的埃尔 · 莫斯塔法 · 雷斯拉齐(El Mostafa Rezrazi)安排了我的访问,甚至提出翻译出版这本书的阿拉伯文版本的意向。

这些学术活动和人际关系使我能够出版一系列相关研究,

其中的一些文章通过修整和更新后部分纳入了本书。第二章的一些内容借鉴了我已出版的《韩国的压缩现代性:构成维度、表现单位与历史条件》(Compressed Modernity in South Korea: Constitutive Dimensions, Manifesting Units, and Historical Conditions)中的部分研究,该文章收录在由金友娜主编的《劳特里奇手册之韩国文化与社会:全球视角》(*The Routledge Handbook of Korean Culture and Society: A Global Approach*, Routledge,2016)。第三章是根据我在《英国社会学杂志》2010年第61卷第3期中发表的《第二现代的条件?压缩现代性作为内化的反身世界化》(The Second Modern Condition? Compressed Modernity as Internalized Reflexive Cosmopolitisation)进行修改和更新的。第五章是根据张庆燮(Chang Kyung-Sup)编《转型中的韩国:公民权的政治与文化》(*South Korea in Transition: Politics and Culture of Citizenship*, Routledge,2014)中我撰写的一章"变革现代性与公民权政治:韩国作为一个孔径"(Transformative Modernity and Citizenship Politics: The South Korean Aperture)进行修改和更新的。第九章引用了我在《韩国社会学杂志》(*Korea Journal of Sociology*)2015年第49卷第6期中发表的《从发展到后发展人口变化:以韩国为例》(From Developmental to Post-Developmental Demographic Changes: A Perspectival Recount on South Korea)中的部分内容。

鉴于来自世界各地众多同事和机构提供的丰富的学术兴趣、合作机会和帮助,我深为这本费力完成但姗姗来迟的书的质量是否会令他们满意而担心。从某种意义上说,所有这些学术交流本身对我来说是一个莫大的荣幸,因此我觉得我已经得到了比我应得的多得多的回报。我现在唯一能找的借口是,我决心进一步努力去研究并克服所有剩余的局限和不足。我正在准备一本关于“压缩现代性的风险”(The Risk of Compressed Modernity)的配套书,希望能通过这些后续研究去弥补目前这本书存在的不足。

最后,我要衷心感谢首尔国立大学(Seoul National University)的许雪花(Xu Xuehua)和金喜殷(Kim Hee Yun,音译)给予这项研究的全心全意的帮助,以及苏珊·比尔(Susan Beer)、朱莉娅·戴维斯(Julia Davies)和政体出版社的许多其他工作人员对本书出版提供的周到而细致的帮助。

本书的研究和写作得到了韩国研究财团的资助(NRF-2013S1A6A4016337)。此外,韩玛恩国际医学基金(Hanmaeum International Medical Foundation)慷慨提供了经费支持,帮助支付了一部分出版费用。

# 第一部分

# 压缩现代性的视角

# 第一章｜引言：目的、辩论和主题

## 第一节　目的

韩国社会以极端社会特性和倾向的奇特组合为特征。① 韩国的人均国内生产总值超过 3 万美元，同时韩国拥有众多世界领先产业，以及世界最高水平的高等教育制度。因此韩国人理所当然地向外国人和自己夸耀他们“奇迹”般的经济和社会发展成就。因为这些成就是建立在几十年的殖民剥削和全面内战的废墟上的。相比之下，国际丑闻级别的一系列社会问题不断困扰着韩国人并使他们难堪。如家庭负债、老年贫困、自杀，甚至在所有发达工业国家中处于最糟糕水平的肺结核感染率。此外，韩国工人与少数几个国家的工人一样，年均工作时间仍然超过 2 000 小时。韩国学生的学习时间远远高于世界上所有外国同龄人。韩国老年人的劳动时间持续延长，超出了世界上任何已知水平。在人口方面，韩国的生育率处于世界最低水平（如 2020 年的总生育率为 0.84），同时其预期寿命正以世界最快的速度增长，预计人口老龄化速度将超过任何

① 本段中的统计数据在《韩国的压缩现代性》（Chang, K. 2016a）中有详细介绍。

其他社会。① 多年来,我一直认为这个国家的**压缩现代性**充满了通常看起来相互矛盾的极端社会特性和倾向。鉴于当代韩国在社会秩序和个人生活的各个方面具有看似无与伦比的强度、速度、复杂性和矛盾,很难想象这个社会在第一次遭遇西方人之后曾被称为“隐士王国”。

社会科学如何应对这个奇迹般却同时固执和歇斯底里的社会?韩国在发展、社会政治和文化事务中的全球突出地位不仅给海外媒体和公众留下了深刻印象,也激励了众多国际知名学者分析其经验,将其作为后殖民现代化和发展新模式或新可能性的潜在基础。② 尽管他们对韩国现代性的各个方面进行了有说服力的描述,但这些描述对一般社会科学的意义和影响相对有限。同时,尽管他们作出了各种实质性贡献,但他们的发现和解释未能发展成为一种容纳广泛问题的跨学科范式。这并不一定是因为韩国的经验在很大程度上具有特殊性,因此很难适用于其他社会或提炼出可概括的理论含义。他们中的一些人试图

---

①《韩国政策简报》(*Republic of Korea Policy Briefing*),2019 年 2 月 27 日(http://www. korea. kr/news/policyBriefingView. do? newsId = 156319329)。

② 在这方面研究中特别值得提及的著名学者包括,研究发展治理的阿姆斯登(Amsden 1989)和林(Lim H. 1986),研究工人阶级形成过程的具(Koo,H. 2001),研究民主化的崔(Choi,J. 2002),研究性别和阶级的阿伯曼(Abelmann 2003),研究后殖民政治的卡明斯(1981),研究社会政治军事主义的文(Moon,S. 2012)和埃克特(Eckert 2016),等等。

根据某种意识形态或被规范化融合的观点来解释韩国在现代化发展中的表现，他们分别强调儒家价值观、殖民地现代化、国家干预主义、全球自由秩序等，从而在科学上限制了自己。更为重要的问题是，他们中的大多数人都未能预测到韩国工业资本主义、民主、基层生活甚至人口再生产的反复衰退趋势。他们的科学和知识影响力随着韩国在几乎所有领域的内在不稳定性而波动。

更为传统的社会科学，无论是在国际还是在国内层面，都似乎没有更成功、系统、有效地阐明是什么真正构成普遍认可的韩国性。在欧洲和北美的所谓主流社会科学中，韩国不是被无视，就是在很大程度上遭遇学科上的冷漠。矛盾的是，韩国的大学大多依赖这种西方的社会科学的各个领域进行教育甚至研究。一般而言，韩国的社会科学主要是通过在西方主要大学学习的韩国博士从西方（尤其是美国）引进韩国，他们在二战结束后的整个后解放时代被派往韩国的各个社会现实中（Kim，J. 2015）。因此，虽然教育机构的现代化实现得相当迅速，甚至非常激烈，但在系统探索和理论化韩国现实这一方面，其科学贡献在很大程度上尚不明确（Park and Chang 1999）。在一些学科中，有一种趋势就是国际知名学者甚至避免将韩国作为他们的研究对象。在韩国背景下被借用的西方社会科学，无论在韩国当地被如何改编，都在西方化为现代化的假设下，用草率的思辨处方淹没了这个社会，从而批判性地增加了韩国现代性的复杂性。许多受过韩国国内培训的学者针对这一困境提出了建设“本土社会科学”或“韩国式社会科学”的建议。① 然而，自20世纪以来，韩国社会的独特性似乎更多地取决于其对西方现代性的爆炸性复杂消化（和消化不良），而不是取决于自身从过去继承的一些孤立的特征。

与传统社会科学分析韩国现实时实际上的**有意无效性**（intended inefficacy）形成鲜明对比的是，大量的文化创作和产品极为出色地捕捉到韩国现实并将其加工成非常有意义的审美和智力的体验形式。特别是韩国的许多电影、电视剧、小说和各种表演艺术都非常令人钦佩地阐述了其人民和社会在无休无止的动荡中所经历的一切，而这些动荡往往是其现代历史中的壮观时刻。它们对韩国社会现实和经验的娴熟掌握常常受到媒体和专业评论家的赞扬，同时引起学术社会科学家的强烈嫉妒。② 毕竟，它们的社会吸引力不仅在韩国，而且几乎在全球范围内得到了证明，无论是节目出席人数、电视收视率、电影观众数量、网页访问数量，还是社交网络粉丝数量，在以前都是不能想象的。韩国文化产品在全球如此受欢迎，有必要用一个特殊的术语来象征韩国性，即“韩流”（hallyu）。考虑到大多数韩流作品实质上反

① 例如，历史社会学家慎镛夏（1994）在这方面作出了最一贯的努力，他在形成一个有影响力的学术流派过程中发挥了重要的智力领导作用，强调了当代社会现象的本土历史和社会文化条件。

② 从本质上讲，被称为“K-Pop”的当代韩国流行音乐在这种社交话语中的参与是不那么明显的。然而，防弹少年团作为一个流派的最新缩影，其受到的完全全球化的推崇主要基于这种社交信息和方法。

映了韩国人的现实和经验，它们在全球的流行证明了一种以韩国背景为参照，对人类生活和社会的共同或不同条件的跨国(美学)反映。[①] 这一趋势在奥斯卡获奖电影《寄生虫》(*Parasite*)中得到了体现。这部电影巧妙地讲述了底层韩国人在(我在本书中分析为)压缩现代性的日常现实中的斗争，并因此引起了全世界观众的热烈反应。

就我而言，自20世纪90年代初以来，我一直试图展示我所整体概念化和理论化的压缩现代性，一方面可以帮助理解韩国人生活中的极端变化、僵化、复杂性、强度和不平衡等特性，另一方面，可以帮助分析这些特性和组成部分之间的相互关系。幸运的是，这一努力通过现代性和殖民性研究的国际学术多元化转向(Eisenstadt 2000)，以及众多学者对我在研究韩国和其他亚洲社会时关于压缩现代性工作的建设性反应，得到了显著验证。这些研究的主题和重点领域包括以下几个部分。即东亚的家庭关系和个人化(例如，Ochiai 2011；Lan, P. 2014, 2016；Hao, L. 2013；Jackson 2015)、韩国现代性中的生活世界和生活史(例如，Yi et al. 2017)、东亚的保健体系和社

① 韩国政府有明确的学术政策，即根据韩国的现实和经验，促进国家社会科学的发展和海外韩国学的“国际主流化”。虽然其学术研究成果尚不明确，但韩流无疑有助于促进对韩国文化、社会和历史的跨国大众欣赏。韩流现象得到政府、技术官僚和与其志同道合的媒体的喜爱就更不用说了。就大多数文化生产者而言，他们有意识地努力与这种潜在的民族主义(如果不是沙文主义)立场保持一定距离。

会政策(例如,Shibata 2009, 2010; Ochiai 2014)、韩国的风险和灾害的社会政治结构(例如,Suh and Kim,eds. 2017)、"韩流"的所有流派(例如,Martin-Jones 2007; Paik,P. 2012; Keblinska 2017; Lee,K. 2004; Abelmann 2003; Jang and Kim 2013; Regatieri 2017; Kim,H. 2018)、亚洲现代性和总体发展(例如,Kang,M. 2011; Yui 2012; Yi,J. 2015)等等。最近,中国和海外的一些学者将改革开放后的中国作为后社会主义压缩现代性的一个实例进行了分析(例如,Wang,Z. 2015; Zhang,L. 2013; Xu and Wu 2016)。①

尽管压缩现代性的概念有理论上的模糊性和实质上的开放性,但这些研究中的大多数使用了压缩现代性作为启发式的理论或分析工具,来组织和解释其经验发现。也许压缩现代性的效用更多地在于研究者和现实之间的广泛中介功能上,而不在于理论上的任何具体解释功能上。基于这种原因,在试图解读韩流的社会物质和信息的比较文化研究中,在理论和分析上采用压缩现代性是一个非常有趣的发展。韩国的现实和经验中的压缩现代性可能已经被文化生产者有意识或无意识地视为当代韩国社会主要条件和特征的启发性线索。

① 此外,当代越南社会越来越多地被分析为后社会主义压缩现代性的另一个实例。在这些关于中国和越南的研究中,后社会主义和后资本主义通往现代化和发展的道路可能趋同,其中隐含着它们共同的压缩现代性特征。

在我关于韩国/东亚压缩现代性的研究中，我非常积极地纳入了国际学术界广义定义的比较现代性内容（包括后殖民主义和后现代主义）。当然，这是为了从世界权威分析人士和作家那里吸收批判性见解——关于现代性仍有争议的全球基本问题，以及现代性的各种重建和退化趋势。与此同时，我一直热衷于在韩国/亚洲经验的基础上，探索我对关于比较现代性的全球辩论的潜在贡献机会。这些动力已经具象化为同众多著名学者就其关键研究进行的密切讨论和合作：乌尔里希·贝克（反身现代化和世界化，reflexive modernization and cosmopolitization）、戈兰·瑟伯恩（缠混现代性，entangled modernities）、布赖恩·S. 特纳（作为贡献权的公民权，citizenship as contributory rights）、休伯特·诺布洛克（Hubert Knoblauch）（重新配置，refiguration）、落合惠美子（亚洲的压缩人口转型，compressed demographic transitions in Asia）、劳伦斯·罗兰-伯格（后西方社会科学，post-Western social sciences）、斯蒂夫·杰克逊（东亚的性别关系，gender in East Asia）、南希·阿伯曼（韩国的家庭和流动性，family and mobility in South Korea）、文成淑（韩国的动员型公民权，mobilizational citizenship in South Korea）、具海根（韩国的阶级形成，class formation in South Korea）、蔡明发（亚洲的“流行文化”，韩流，“pop culture” in Asia, the Korean wave），以及韩国的许多关键学者。

在这些早期批判性努力的基础上，我打算出版一本关于压缩现代性的新书。在这本书中，我对韩国和比较背景下的压缩现代性进行了更正式的解释，并阐述了以韩国压缩现代性作为基本系统特性的一组专题。更具体地说，我希望详细阐述压缩现代性的定义和结构构成，并讨论压缩现代性在韩国背景下表现出来的一些最基本的系统特性。本书的主要目的是提供一种关于压缩现代性作为现代世界历史中现代性一般范畴的软性条约。此外，压缩现代性的各种系统特性将在分析叙事中呈现，该叙事建立在我本人和文献中广泛的经验观察的基础上。我希望，对比较现代性、韩国/东亚的社会结构和变化、韩国人/东亚人的公民权、亚洲流行文化、亚洲人的家庭生活和个性、比较社会政策和保健体系等问题感兴趣或参与其中的广大国际学者，能发现本书的定义性和包容性特点及其用处。

## 第二节　批判现代性辩论中的压缩现代性

压缩现代性是一种后殖民社会变化的批判理论，它渴望加入并学习自 20 世纪后期以来自我批判的主要智力反应，以应对现代晚期复杂而模糊的社会现实。这些智力反应包括后现代主义（Lyotard 1984，等等）、后殖民主义（Chakrabarty 2000；Ashcroft，Griffiths，and Tiffin 2002；等等）、反身现代化（Beck，Giddens，and Lash 1994，等等）和多元现代性（Eisenstadt 2000，等等）。后现代主义有力地辩称，现代性已经耗尽了其进步潜力，即使还有，也只是滥用了进步潜力，给人类及其文明和生态基础带来有害的条件和趋势。后殖民主义令人信服地揭示，由于在据称已经解放的第三世界，社会关系和认知实践的殖民模式及新殖民模式依然长期(重新)显现，所以后殖民主义现代化和发展远不是一个真正的解放过程。贝克和吉登斯(Giddens)认为，晚期现代实践中的反身现代化是在无法控制的选择洪流之下一个结构复杂的社会变革过程，而选择洪流让现代社会和人民面临的风险大于机遇。多元现代性理论强调一种比较文明视角，其有助于在不同的历史和结构背景下认识到现代性的各种可能性和形式，以实现国家建设或促进民族复兴。正如本章的各个部分直接指出或间接提到的那样，所有这些关于现代性的批判性辩论都对压缩现代性论题有着本质上的影响。

大卫·哈维(David Harvey 1980)在对西方现代主义和后现代主义的开创性讨论中，将时空浓缩问题作为一个核心主题提出。哈维认为，从本质上讲，资本主义的积累危机和克服它的努力导致了可控空间的扩张和机械时间的泛化，最终**在全球范围内**产生了时空浓缩(或者用哈维的话说，“时空压缩”)。在这方面，哈维认为，现代主义和后现代主义分别试图解释和克服的对象有根本的相似性。虽然他对于“通过时间消灭空间”和“时间的空间化”的强调涉及时间和空间之间复杂的功能性相互关系(Harvey 1980：270)，但大体上，他集中于我在这里提出的**时空浓缩**。哈维认为，时空浓缩(在全球范围内)伴随着资本主义在每个阶段的积累危机以及克服危机的积极努力，与他的观点相比，在国家和其他层面上的压缩现代性中的时空浓缩和压缩涉及更为多样的历史背景、因素和发起者。①

此外，后殖民主义的主要理论家所争论的问题(如文化"混杂性""同步性"等)也可以包含在时空压缩中(Ashcroft, Griffiths and Tiffin 2002)。② 如果将这个文学批评衍生理论扩展为能够涵盖一般社会现象范围的理论，大多数后殖民主义作家似乎虽然承认政治解放的第三世界中，草根阶层和知识分子作为具体的历史和社会主体的地位，但仍然认为他们的精神、物质和制度生活并没有从根本上克服殖民或新殖民(西方)文化和价值观，而是以多种方式将后者与本土元素结合起来。③ 的确，后殖民文

① 哈维可能被认为是在暗示一种作为(现代和后现代)资本主义的一个独特阶段的**全球范围压缩现代性**(global-scale compressed modernity)。自20世纪80年代以来，全球新自由主义在很大程度上通过同样的资本主义逻辑或危机进一步加剧了资本主义的这一独特阶段。此外，哈维的工作似乎是乌尔里希·贝克所领导的社会学的所谓世界性转向不可或缺的先导(见 Beck and Sznaider 2006)。

② 后殖民主义研究在知识界崛起之前，许多社会学家，如艾森施塔特(S. N. Eisenstadt 2000)以及佩吉特·亨利(Henry and Walter 1995)指出，在晚期现代化的各种情况下，本土(传统)文化和西方(现代)文化之间存在着广泛的杂交。

③ 如果后殖民主义文学和学术因在知识和政治上代表了后殖民社会或人民的实际情况而被视为一种社会现象，那么我们可以说，对西方的完全超越并非不存在。例如，迪佩什·查卡拉巴提(Dipesh Chakrabarty 1992)对(西方)学术史的批判，以及爱德华·萨义德(Edward Said 1978)对(西方)文学的批判，不仅超越了西方有意识或无意识地强加给非西方(至少是天生的)思想的认识论限制，而且帮助启迪了西方关于历史、道德和美学的思想。

化与(新)殖民秩序既可以是“对立的”,也可以是“共谋的”,在前一种情况下,殖民(西方)文化和价值观(如果有的话)可以被视为需要批评和克服的东西。同样,在本研究中时空压缩的具体内容中,位于时间和空间两个轴不同点的各种文化和制度相互作用和融合的过程,有可能被许多作为具体历史和社会主体的人的意识形态、价值观和意志所支配。然而,需要指出的是,这里受到压缩的文化和制度,其广度比后殖民主义所建议的要广得多,它甚至包括后现代和全球因素。还需要指出的是,在这里压缩的部分不仅限于同步混合性,还包括竞争、碰撞、分离、连接、复合等。

压缩现代性的不同维度是社会结构和变化的新模式,它只能在具体的历史和社会背景下进行分析。因此,解释任何国家压缩现代性的形成和转变,都需要在对其全球历史和结构条件系统而全面的考察下进行。在这样做的过程中,瑟伯恩的“缠混现代性”理论为国际和地域现代性制度之间的复杂互动和相互关联所产生的社会和制度结果提供了非常有用的提示。根据瑟伯恩(2003:295),“由于其历史生成模式,现代性必须被视为一种全球现象”……并要求“全球方法……专注于全球可变性、全球连通性和全球内部互联”。瑟伯恩(2003:295)接着指出了两个“现代性形成的一般过程”,即,“现代性与某些传统之间的结构性缠混,来自每一个现代与过去断裂的无限可变的不完整性,以及大多数传统的可塑性”和“地缘历史缠混,属于极为不同但明显相互作用和相互影响的通往现代性和通过现代性的社会政治道路”。许多国家现代化的全球历史和结构条件清楚地表明，地缘历史缠混（有时也包括现代性与传统的缠混）经常或长期在由此产生的现代性中引入压缩性质。尽管瑟伯恩（2003）关于“缠混现代性”的论文是一个重要的认识论进步，但在分析现代性全球秩序下的各种政治、社会文化和经济变革时，应该仔细注意具体历史机构（而不是抽象的结构条件）的重要性。这种理论和经验的必要性在布鲁诺·拉图尔（Bruno Latour 2005）的“实践形而上学”中得到最有说服力的论证，拉图尔的理论讲述了（有争议的）现代世界中价值观、目的和资源的无穷多样的本体论表现。在所有情况下，现代性的后殖民缠混都涉及关键的人和制度机构，这些人和制度机构往往自觉地但并非总是成功地传达、容纳、滥用、修改、强化或抵制这样的全球结构关系。这应该被理解为约翰·厄里（John Urry 2003）所分析的“全球复杂性”的关键部分。

即使缠混涉及乌尔里希·贝克（Beck and Grande 2010）及安东尼·吉登斯（2010）提出的基本文明不连续性和系统不连续性时，情况也是如此。吉登斯强调了现代社会制度（与传统社会秩序相对）在性质上的独特性，而贝克则强调了晚期或“第二”现代性（与早期或“第一”现代性相对）的互不相连的特征。在解释韩国人以及其他社会的人已将西方起源的现代社会制度融入当地生活的过程时，吉登斯和贝克建议的**不连续性**（discontinuitist）解释在方法论和理论上都是不可或缺的。然而，不连续性视角的一个更重要的效用在于，不同版本的**西方**现代性主要是通过政治胁迫和决定（即国际权力关系的直接影响）而不是作为进化适应进入韩国或其他地区的。当源于西方的社会制度、价值观和目标以浓缩的方式实现时，或者当它们同传统和本土元素压缩复合时，它们在韩国及其他背景下的不连续性，或更准确地说不相似性必然导致社会混乱、冲突和异化。矛盾的是，这种不连续性也确实有助于诱导、压制甚至欺骗在战略上确定的社会变革方向上可能具有抵抗力的当地社会主体和利益。突然的制度（或意识形态）替代有时比渐进的制度（或者意识形态）改革更可行，因为在前一种情况下，地方阻力在认识论和社会生态上更加费力。

尽管韩国或其他现代性的浓缩和压缩性质是由其特定的历史和结构条件诱导和强化的，但需要指出的是，现代性总体上具有固有动力。吉登斯（1990：16—17）指出了现代性动力的三个主要条件，即，“时间和空间的分离以及它们在形式上的重组，使社会生活时空‘分区’变得精确；社会体系的解体……；根据影响个人和群体行为的持续知识输入，对社会关系进行反身性排序和重新排序”。这些复杂的条件不可能在每个社会中都有相同的再现，但可以肯定地说，它们与韩国的情况完全相关。事实上这种情况在韩国似乎有所加剧。其原因在于韩国在日本统治和美国影响下现代性的跨国叠加，更重要的原因在于韩国人自身对依赖型现代化和全球化的驱动。贝克（Beck and Grand 2010）将“第二现代性”作为后现代性的一个关键替代方案，认为第一现代性或经典现代性的各种（主要是负面的）“副作用”导致了一种质的不同情况，在这种情况下，经典现代性的基本价值观依然受到尊重，但必须在世界性范式下，用截然不同的社会手段和制度去追求。贝克质疑了社会理论和分析中的“方法论民族主义”，转而主张“方法论世界主义”。从某种意义上说，压缩现代性已经建立在方法论世界主义基础上，因为它直接承认并反映了全球进程和结构，这些进程和结构批判性地决定了晚期现代化中的社会现代性性质。瑟伯恩（2003）也分享了这个所有现代性的全球主义概念。

正如后面的第二章和第四章中所详细讨论的那样，多元现代性理论（Eisenstadt 2000）可以扩展到每个国家社会中的不同现代性机构单位，如个人、家庭、二级组织、地方以及社会单位等的内部多元性。这种内部的多元性一方面反映了跨（压缩）现代性的不同单位的时空（时代-地点）压缩的不同复杂性，另一方面，也导致了国家现代性呈现出内在复杂性。此外，瑟伯恩（2003）的缠混现代性论文所强调的“不同现代性不仅共存，而且它们之间有相互关系”，同这里讨论的（压缩）现代性单位间的交互变异性直接相关。许多后殖民国家在领导依赖型现代化过程中所呈现的威权属性往往降低了对上述机构单位的整合力度，因而加剧了这种现代性的内部多元性（见本书第四章）。最近的全球化趋势，虽然有着主导性的新自由主义动力，但往往需要次国家（和超国家）的联合体加强各自的努力和独立职能，以积极应对全球时代的新风险和机遇洪流，从而加强它们作为压缩现代性单位的地位（Chang，K. 2016a）。

## 第三节 主题

本书由三个部分组成，分别为“第一部分：压缩现代性的视角”“第二部分：压缩现代性的结构特征”“第三部分：压缩现代性之后”。第一部分除当前的引言外还有两章，分别阐述了压缩现代性的定义和普遍性。第二部分由六章组成，分别论述了现代性的内部多元性、压缩现代性下公民权的特殊模式、压缩现代性文化结构的复杂性、发展的生产主义偏向和再生产危机、社会制度缺陷和基础设施家庭主义，以及压缩现代性的人口结构。第三部分用一章总结了本书，讨论了韩国的后压缩现代状况的双重负担，其一是压缩现代化和发展的早期风险体系，其二是伴随着社会和经济成熟（或饱和）而出现的共同困境。虽然这些不同的主题各自已经构成了内容庞大的专论，但要为压缩现代性提供一个合乎逻辑并自立的科学解释，还需要涵盖许多其他理论和实证问题。尽管如此，这本书还是作为一本关于压缩现代性的试探性一般论著展现给了读者。本书的各章简要内容如下。

在第二章“压缩现代性：构成维度和表现单位”中，我准备提出压缩现代性的正式定义和核心理论/历史组成部分。压缩现代性包含多个维度，这些维度由人类社会活动、关系和资产的时间（历史）和空间（文明）表现形式的所有可能组合构成，即历史变化的时间浓缩、文明罗盘的空间浓缩、不同时间（时代）的压缩混合、不同空间(文明)的压缩混合,以及上述维度之间的相互作用。压缩现代性可以表现在人类存在和经验的各个层面——个性、家庭、二级组织、城市/农村地区、社会单位(包括公民社会、国家等),以及最重要的全球社会。在每个层面上,人们的生活都需要严格、复杂和灵活的管理,以便保持与社会其他部分的正常融合状态。压缩现代性是一种后殖民社会变化的批判理论,渴望加入并学习关键思想家和分析家对现代晚期复杂而模糊的社会现实的自我批判的智力反应,包括后现代主义、后殖民主义、反身现代化和多元现代性。

在当今迅速而复杂地全球化的世界中,如第三章"普遍主义视角下的压缩现代性"所示,激进的科学技术文化投入和垄断性政治经济利益的驱动力在跨越国界时不会有大的阻碍。前国家-社会主义国家(state-socialist countries)的自由制度转型加剧了这种投入和利益的全球化性质。然而,伴随最新资本主义攻势的生态、物质和社会文化风险不再是单向的(从发达国家到欠发达国家)。即使是发达国家也不能忽视其在对欠发达国家进行全球性经济和政治统治过程中产生的世界(主义)化的危机和压力。个别国家对这些挑战的管理以及对相关机会的利用意味着发达国家和欠发达国家(资本主义国家和后社会主义国家)都在发生世界(主义)化的反身性内化。通过这一过程,社会(或其文明状况)之间正在相互内化,从而使压缩现代性成为晚期现代世界国家社会的普遍特征。事实上,个别社区、组织、家庭和个人也是如此。

在第四章“内部多元现代性：韩国作为多元剧场社会”中，我所解释的现代性（以及现代化进程）不仅在不同的国家社会中可以是多元的（正如艾森施塔特的“多元现代性”论文中令人信服地指出的那样），而且在个别国家社会中也可以是多元的。韩国在现代性内部多样性方面表现得尤为突出，这些现代性可以被称为殖民辩证现代性（colonial dialectical modernity）、后殖民反身性制度（主义）现代化（postcolonial reflexive institutional（ist）modernization）、后殖民新传统主义现代性（postcolonial neotraditionalist modernity）、冷战下的自由世界现代性（free world modernity under the Cold War）、国家资本主义现代性（state-capitalist modernity）、新自由经济全球化下的世界性现代性（cosmopolitan modernity under neoliberal economic globalism），以及联合的庶民自由现代性（associative subaltern liberal modernity）。这些内部多样的现代性反映了自19世纪末以来韩国社会及其人民遭受的一系列压倒性国际影响力和与之相关的局部动荡与对抗。这些现代性中的每一个都不是韩国人独有的，因为它们已经被嵌入了现代社会变革的全球结构和进程。尽管如此，韩国在现代性的多元性、对每一种现代性的戏剧性且强烈的实现、对每一种现代性的延长运作以及这些多元现代性之间极其复杂的相互作用上，无疑是非常引人注目的。所有这些现代性的推动力和形式永久地延长了它们的寿命，不同的世代、性别、阶级、部门、区域的认同感和利益都体现了这一点。韩国社会已经被建构和重构为一个**多元剧场社会**（multiplex theater society),在这个社会中,所有可能的现代性主张都并列着或一个接一个地被激烈而大声地上演,然而,在它们之间没有明确的文明和解或社会政治和解的线索。

第五章“变革贡献权:压缩现代性中的公民(权)”论述了自20世纪中期以来,大多数韩国人的生活历史充满了戏剧性的制度、发展、社会政治和种族民族结构的变革和危机,在这些变革和危机下国家和社会出现了全面的(压缩)现代性。在这些剧烈的、根本性的转型中,韩国人不仅要面对这些激进转型所固有的困难,更重要的是,还要面对管理这些转型的粗糙体制条件所带来的麻烦。虽然国家和民间社会都不稳定,它们自身的生存仍然存在问题,但国内条件和国际环境要求它们着手进行迅速的体制和技术科学现代化以及积极的经济发展。事实上,这种变革往往是为了从战略上克服国家机器和主导性社会秩序的不发达、依赖性甚至非法性所造成的社会政治困境。这样就出现了**以变革为导向的国家、社会和人口,每一次变革本身都成为最终目的,变革的过程和方法构成了主要的社会政治秩序,变革的嵌入利益构成了核心社会认同感**。在这种环境里,一种独特的公民权形成了,即**变革贡献权**(transformative contributory rights)。作为变革贡献权的公民权,可以被定义为**公民对国家和社会资源、机会、受尊重的有效或合法的诉求,这些权利诉求的依据是每个公民对国家或社会变革目的所作出的贡献**。韩国积极而迅速地进行体制和技术科学现代化、经济发展、政治民主化、经济和社会文化全球化,以及最近的民族成员结构改革,其公民因而被劝诫或鼓励积极参与每一次的变革。这样一来，本应由认同感、义务和权利构成的公民权在很大程度上被这种变革性参与的条件、过程和结果所限制和落实。

正如第六章“复杂文化主义对多元文化主义”所解释的那样，从 21 世纪初开始，韩国男性与来自其他亚洲国家的女性之间的跨国婚姻呈爆炸式增长，这似乎表明韩国已经进入了一个真正意义上的世界性的生活方式和变化的新纪元。这一史无前例的现象彻底改变了韩国的各个角落及其周边地带，使其成为明显的多民族实体。国家和地方政府迅速启动了一项“多文化家庭支援”的综合政策，同时各种民间团体、媒体甚至商业公司也以自己的多元文化倡议呼应了政府的努力。此外，作为我在这里定义为**复杂文化主义**（complex culturalism）的机构，韩国的机构和公民工具性地、选择性地、灵活地将各种历史和文明的文化来源融入自身，以此方便地巩固后殖民社会政治秩序，进而使社会经济发展最大化。在这方面，无论是迅速增加的外籍新娘在法律上被接受和身体上融入韩国社会，还是随之而来的政府和民间对多元文化的推动，都不意味着这个社会过去在文化上是孤立的，或者说它现在才希望变成一个多元文化的或世界性的实体。“多文化新娘”的大规模出现似乎进一步强化了复杂文化主义，使韩国公民和机构能够方便地解释当前的多元文化，即对婚姻移民的包容和积极支持有助于使他们的文化复杂性成为一种更为自足的文明财产。然而，他们的多元文化主义作为以自我为中心的全球主义的一部分，越是通过任意上演的经验来构建，亚洲婚姻移民就越会对韩国本地人保持差异化（如果不是歧视的话）。还有待观察的是，这些外籍新娘是否会被永久要求或被迫保留并展示她们的祖国文化特征，因为这些文化特征是韩国本土人仍然很基础的多元文化体验和感情不可或缺的条件。

在韩国（和其他东亚社会），如第七章“生产的最大化，再生产的崩溃”所述，压缩现代性在很大程度上是发展（主义）政治经济的过程和结果，这种政治经济是由上层（即国家）强力发起，同时由下层（即普通公民）积极容纳的。现代性从根本上是以发展主义或生产主义的方式来构想的，因此现代化就主要成为实现时间浓缩型经济发展，从而加入世界“先进国家”行列的政治社会项目。从浓缩国家发展的角度来看，这种有目的的现代性方法得到了各种政策、行动和态度的证实。其实这些政策、行动与态度是为了最大限度地提高经济生产，而不是偶然地或系统地牺牲社会再生产的条件和资源。经过几十年的成功经济发展，这种不对称的生产和再生产方式似乎已经严重丧失了其工具性。尽管它们的外表令人羡慕，拥有超先进的工业、物质基础设施、服务和生活方式，但目前韩国社会的文明甚至经济进步都因阶级、世代、共同体、文化和智慧的剥夺和消亡而受到了严重的阻碍。这些阶级、世代、共同体、文化和智慧实际上都被视为在狭隘的发展政治经济下不值得社会再生产支持的**一次性用品**（disposables）。

第八章“社会制度缺陷与基础设施家庭主义”强调了韩国人

以一种基本上依赖家庭的方式管理他们的现代历史，并取得了国际上令人羡慕的各种成就。他们现代性的压缩性质在结构上与家庭的各种社会基础设施效用交织在一起。韩国社会的这一特点不仅源于以家庭为中心的生活这一传统（新儒家）遗产，更重要的是，源于韩国人应对各种现代社会文化、政治和经济力量的过程和方式。即使在国家有效管理经济发展和社会制度现代化之后，韩国人对家庭规范、关系和资源的依赖仍然有增无减。尽管韩国现代性的家庭化本质不断重塑其模式，但事实上一直在加剧，这是因为国家及其相关社会行动者已经发现并有意识地利用了普通人渴望维持以家庭为中心/为家庭奉献的生活的各种战略效用。这一点在韩国的发展和现代化的几乎所有主要特征和条件中都是显而易见的。例如，早期刘易斯式工业化是以农村移民劳动力的稳定供应为基础，高水平公共教育的普及使人力资本得以不断改善，以及家庭支持和照顾的持续共同道德让长期存在缺陷的公共福利得到缓冲。国家实际主导的家庭主义立场不能只归结为纯粹的私人家庭价值观，它代表了一种独特的技术官僚式的考虑，这种考虑在这里被概念化为**基础设施家庭主义**（infrastructural familialism）。反过来，国家的这种功利主义家庭主义使公民个人认识到，通过家庭忠诚和协助，他们在国家生活中的发展性参与和社会政治参与得到了系统促进。这使得基础设施家庭主义能够从上到下都得到支持。

自20世纪60年代初以来，如第九章“压缩现代性的人口结构”所述，韩国在人口和发展这两个方面经历了极为迅速且根本性的变革。迁移/城市化率、生育率和死亡率都以前所未有且无与伦比的速度变化,这同时也是经济增长、工业化、无产阶级化(从农业部门到工业部门的职业转变)等方面的特征。这种**双重变革**(dual transformation)绝非巧合,因为该国的发展经验同关键的人口结构变化的状况、过程和后果直接相关。韩国的发展虽然以国家—企业网络为主导,但对人力资源的依赖程度和范围都非同一般。而韩国公民通常通过人口意义上灵活的家庭努力,将他们的人力资源作为积极参与发展并从中获取利益的战略平台。反过来,韩国最近的经济危机和经济结构调整(即后发转型)要求并导致了人力资源、家庭关系和生育行为的剧烈重组。早期的人口结构变化趋势在某些方面(如生育率、人口老龄化等)进一步加速,而在其他方面(如出生性别失衡、离婚、自杀等)突然放缓或逆转。经过半个世纪激进的社会人口结构变化,这个国家已经从一个以生育率高、婚姻普遍、离婚罕见而著称的社会,戏剧性地转变为一个生育率“最最低”(lowest-low)、普遍单身、离婚泛滥的社会。由于这样的人口结构变化有可能从根本上破坏迄今为止社会经济发展可持续性的理所当然的物质和文化条件,所以韩国积极探索了扭转或缓解人口赤字和人口失衡的战略措施。

第十章“后压缩现代状况”揭示了韩国的“奇迹般”现代化和发展成就并没有使该国免于乌尔里希·贝克所阐释的“第二现代性”的风险,即资本主义工业、劳动力市场、教育系统、科学技术、国家政府、中产阶级家庭等现代制度的固有功能失调和日益增加的失败。韩国人现在才认识到这些繁重的风险，他们正努力应对因压缩现代化和发展的特殊措施和过程而产生的这些额外困境。令人更为困扰的是，在韩国社会应该着手从根本上纠正这种因压缩社会和经济转型的风险措施而造成的代价的历史时刻，其人民又面临着在发展和现代化的所谓成熟阶段所要付出的全球共同代价。这就是韩国的**后压缩现代**状况，其挑战性似乎不亚于其饱受贫困和饥饿、政治分裂、社会冲突和混乱缠扰的后殖民状况。

# 第二章 | 压缩现代性：构成维度和表现单位

## 第一节　引言

本章采用全球比较现代性的方法，介绍了压缩现代性的正式定义、核心理论组成和历史迫切性。这一方法是从对于现代世界晚期复杂而模糊的社会现实的各种批判性辩论中汲取了见解。这些辩论包括后现代主义（如 Lyotard 1984），后殖民主义（如 Chakrabarty 2000），反身现代化（Beck，Giddens and Lash 1994）以及多元和缠混现代性（Eisenstadt 2000；Therborn 2003）。正如在前一章所广泛讨论的那样，所有这些关于现代性的批判性辩论都对压缩现代性理论具有重要意义。压缩现代性是一种后殖民社会变化的批判性理论，渴望加入并学习这些对现代性及其退化性变化的批判性智力反应。

压缩现代性是**一种文明状态，其中经济、政治、社会、文化的变化在时间和空间上以极度浓缩的方式发生，相互不同的历史因素和社会因素的动态共存导致了高度复杂且流动的社会体系的建构和重构**（Chang，K. 2017a）。正如下文所述，压缩现代性可以表现在人类存在和经验的各个层面，即个性、家庭、二级组织、城市/农村地区、社会单位（包括公民社会、国家等），以及最重要的全球社会。在每个层面上，人们的生活都需要得到严格、复杂、灵活的管理，以保持与社会其他部分的正常融合状态。

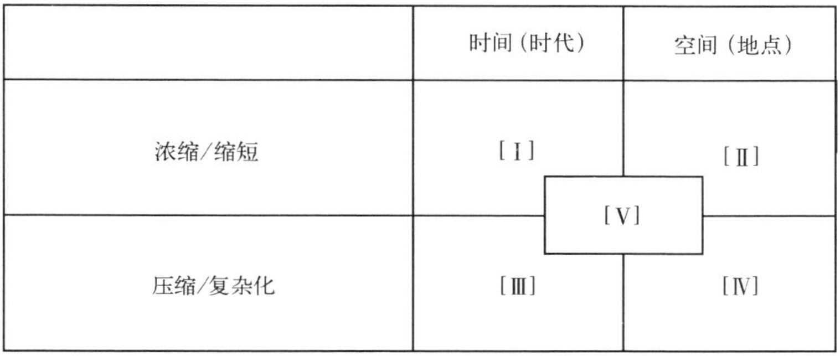

| | 时间（时代） | 空间（地点） |
|---|---|---|
| 浓缩/缩短 | [Ⅰ] | [Ⅱ] |
| 压缩/复杂化 | [Ⅲ] | [Ⅳ] |

[Ⅴ]

图 2.1　压缩现代性的五个构成维度

图 2.1 显示，压缩现代性由五个特定维度组成，这五个维度由时间/空间和浓缩/压缩的两个轴交互构成。时间方面包括物理时间（点、序列和时间量）和历史时间（时代、纪元和阶段）。空间方面包括物理空间（位置和地域）和文化空间（地点和区域）。与物理标准化的抽象时间-空间相比，时代-场所是构建和容纳实际存在文明的具体框架。① 浓缩/缩短是指两个时间点（时代）之间或两个位置（地点）之间的运动或变化所需的物理过程被缩短或压实的现象（分别为维度[ Ⅰ ]和[ Ⅱ ]）。压缩/复杂化是指存在于不同时代或地点的多种文明的不同组成部分

① 在这方面，大卫·哈维（1980）对于晚期现代资本主义积累危机下的（全球）时空压缩的观察，应该与后殖民压缩现代性下的国家、地区、组织、家庭和个人时空压缩区别开来。

在某一限定的时空中共存并相互影响和改变的现象（分别为维度[Ⅲ]和[Ⅳ]）。这四个维度中产生的现象又以复杂的方式相互作用，进而产生不同的社会现象（即维度[Ⅴ]）。

上述时间和空间区分以及浓缩和压缩的分离模式需要一个逻辑证明。在非西方历史/社会背景下，西方现代性被视为文明优势和政治军事优势的核心来源。西方不仅是一个离散的地区，而且也是一个离散的（但具有前瞻性的）历史时刻。当本土意识对文明重生的努力被外部力量击败或在内部受挫时，西方往往成为历史变革（现代化）的方向，同时也是跨文明改造（西化的实践）的一种源泉。这些变化越浓缩，也就是说现代化进程越快，同时西化程度越高，有关国家就越被认为是成功的（尽管各种本土群体经历了文化和情感上的恼怒以及政治和经济上的牺牲）。然而，现代化和西化的进程本身就地方性地引起了受到不利影响群体的文化和政治反击，并往往系统地加强了传统/本土文明成分，因为——讽刺的是——这些被认为有助于对现代化和西化的战略管理。因此，在各种离散的时间和区域文明组成部分之间，压缩变得不可避免。

## 第二节 构成维度

压缩现代性的五个维度（见图2.1）可以用下述的韩国经验来解释。时间（时代）浓缩/缩短（维度Ⅰ）可以以此为例证：韩国人在经济爆发式快速发展的基础上，缩短了从低收入农业经济向先进工业经济过渡所需的时间。经常被讨论的关于韩国各领域的快速变化，如经济的“压缩增长”和社会的“压缩现代化”都属于这一层面（也就是说，压缩现代化是压缩现代性的组成部分）。这种压缩（浓缩）的变化在文化领域也很明显，甚至后工业或后现代趋势也在社会的各个阶层被观察到。韩国人的自豪感被提升到了国家的水平，他们认为自己在短短半个多世纪内就实现了西方人花费两三个世纪实现的经济和社会发展。韩国政府一直忙于出版大量华丽的统计汇编，记录了“解放后”“独立后”等时期爆发式的经济、社会和文化变化（韩国国家统计局［National Statistical Office，NSO］1996，1998）。

然而，韩国人在浓缩历史进程方面的成功并不总是反映自愿努力的结果，其实在许多情况下，这只是政治军事力量和文化影响力上不对称的国际关系所导致的。例如，没有其他因素比后解放时期的美国军事占领更为重要，因为他们一夜之间在政治、经济、教育等方面采用了（西式）现代制度。如今，即使是后现代文化也通过依赖国际关系的媒体和商业活动迅速转移到韩国人身上（Kang，M. 1990）。即使在自愿努力起决定性作用的领域，目标明确的最终结果也不能说明一切。例如，如果从首尔到釜山分别花 10 个小时、5 个小时、3 个小时，司机（和乘客）对每种情况下旅程的感觉都会不同，同时驾驶过程中发生事故的概率和疲劳度也会不同。我们应该通过韩国人的这些事实分析他们超速发展过程中的经历。

空间（地点）浓缩/缩短（维度Ⅱ）可以通过以下事实来证

明。20世纪,各种外部势力对韩国的连续统治迫使该国在世界其他区域(社会)的影响下——不论存在怎样的地理距离和差异——从政治制度到大众文化,在各个方面都发生了变化。韩国人被殖民或帝国等外部势力征服后,被不同区域背景下产生的许多意识形态、制度和技术直接强加于身——也就是说,这个过程删除或压实了文明间交流和调和的通常的地理或空间要求。这种地理上的删除或场所上的压实构成了空间的缩短或拆除。特别是,殖民统治时期以及资本主义工业化时期的韩国城市化,分别是一个外部制度模仿的深化过程和经济依赖的深化过程,因此通过空间缩短而产生的现代城市被看作完全脱离韩国本土文明的外来空间。空间缩短的另一个熟悉的证据就是位于大城市的大学,它们中的大多数都是西方文明的综合性、购物中心式的前哨站。

20世纪90年代,在信息化和全球化的全力推动下,韩国人自愿实现的空间浓缩也在加速。特别是,所谓的信息与通信技术产业的辉煌发展使韩国在信息化方面处于领先地位。通过电子通信机制缩短空间成为21世纪的国家发展口号。这些变化加在一起后,韩国已经使其公民不需要移居海外也能享受出国(主要是西方)般的准空间旅行体验。但是直到几十年前,海外旅行还只是少数人能享受的一种奢侈体验。

时间(时代)压缩/复杂化(维度Ⅲ)涉及在压实的社会历史背景下(后)现代元素(由于时间[时代]浓缩/缩短而产生)和传统元素(要么无人注意,要么被有意保留或恢复)之间的激烈竞争、碰撞、脱节、衔接和复合现象。这些现象通常被称为“非同时性的同时性”，通常能在意识形态、文化和其他具有相当复杂的变化条件和过程的非物质领域中观察到。① 特别是在朝鲜半岛，本土的社会革命没有帮助人们根除封建社会结构，殖民和资本主义工业化未能彻底渗透或取代传统价值观和文化。此外，作为社会发展的一个核心侧面，韩国人的预期寿命迅速延长，这不仅延长了传统价值观和文化的寿命，而且延长了希望保持这些价值观和传统文化的老一代人的寿命。

因此，传统、现代和后现代价值观和文化开始共存，从而在不同的时区之间带来不同文明间的压缩。经济领域也存在这种跨时间的压缩。跨领域的产业“不平衡增长”战略导致快速增长的现代制造业（国家大力支持现代实业家）和停滞不前的传统农业（只是在法律上有意义的陈旧的家庭农业）共存。因此，代表不同历史时代的不同生产体系之间的衔接已成为现代经济秩序的一个核心特征。面对不同历史时代的压缩，韩国人的日常生活充满了无休止的“时间旅行”，更不用说他们的一生。这也许是以“韩流”名义吸引许多亚洲国家的韩国电视剧和电影中最重要的素材。

---

① 参见恩斯特·布洛赫（Ernst Bloch [1953] 1991）的《我们时代的遗产》（*Heritage of Our Times*）。由于德国在工业化和现代化的总体方面落后于英国和法国，所以布洛赫认为德国的社会状况介于落后文化和现代工业主义之间。

空间(地点)压缩/复杂化(维度Ⅳ)涉及在压实的社会历史背景下,外国/多国/全球因素(由于空间[地点]浓缩/缩短而产生)与本土因素(要么无人注意,要么被有意保留或恢复)之间的激烈竞争、碰撞、脱节、衔接和复合现象。由于不同世界区域背景下产生的各种社会因素在同一时空内共存并发挥作用,它们之间的(新)殖民统治的依赖性等级结构往往会产生分歧。在文化领域,爱德华·萨义德(1978)所批评的西方"东方主义"经常在后殖民社会中被内化为文化上依赖并代表地方利益的现代化精英的"内部东方主义"(Schein,1997)。根据迈克尔·利普顿(Michael Lipton 1977),在许多第三世界国家,类似的等级秩序以"城市偏向"的形式出现,不公正或不合理地牺牲了当地农业、农民和农村社会。此外,早期现代化理论引发了对本土社会和人民的自卑,即使它反映了将西方文明的所谓优越性传播到政治上被征服的领土的外部政治努力,但仍受到了韩国精英的热烈欢迎(Kim,J. 2015)。

这种历史氛围是造成本土文化和制度同外国文化和制度之间极端对立冲突的主要原因。韩国的文化生产领域和医疗部门就生动地说明了这一点。① 人文学者(韩国历史、哲学、文学等)、传统音乐和舞蹈专家以及本土医学从业者在西方专业的同行主宰的社会中长期忍受着苦闷。然而,韩国社会被外部势

① 参见金(Kim,J. 2019),了解在西方医学的绝对权威下,韩国传统医学在现代医学领域的艰苦斗争。

力（日本）侵占为工业资本主义殖民地，并且在独立后韩国人又被迫接受另一个外部势力（美国）的西方标准的政治和经济秩序，由于这样的历史背景，剩余的本土文化不论其实际效用如何，有时也声称自己具有重要的历史合法性和存在合法性。韩国人在实践中走上了一条高度外向的发展道路，但仍然没有表现出任何摆脱（种族）民族主义伪装的迹象。这一双重性很容易表明他们所追求的现代性长期受到不同文明在空间上的压缩。

在上述压缩现代性的四个维度中产生的社会现象和文化因素往往会在它们自身之间进行激烈的竞争、碰撞、脱节、衔接和复合，从而产生更多类型的社会现象与文化因素。这些可以被认为是压缩现代性的第五个维度，或者说是包罗万象的维度。事实上，韩国的大多数社会现象和文化因素都跟这一维度有关。鉴于过去和现在，亚洲（韩国）和西方的共存是在压缩现代性下产生的社会现象和文化因素的一个非常普遍的特征，文明的每一个组成部分都必须通过各种杂交过程而存在。如果生活在这种类型的社会中的人不能发展并保持一种相当复杂的心态，以融入如此复杂的社会现象和文化因素，他/她就必须不断冒着从社会退出的风险。

理解和应对在浓缩的时间和空间中出现的社会现象已经成为一项艰巨的任务，理解和协调这种突如其来的新社会现象和传统/本土社会现象之间的复杂相互作用是一项更具挑战性的任务。这些困难尤其表现在社会价值观和意识形态体系的复杂性上。家庭、企业、大学、公民社会甚至政府都是不同价值观和意识形态的全景展示。在这些机构中,来自过去、现在、亚洲(韩国)、西方的价值观和意识形态并不是简单地共存,而是通过不断地相互作用不断产生新的元素,因而这些机构显得"太有活力",过于复杂。①

## 第三节 表现单位

在韩国和其他地方,压缩现代性有各种不同的表现单位/层次。社会单位(民族、国家、公民社会、国民经济)、城市和社区、二级组织、家庭、个性都是压缩现代性的可观察单位。这些多个单位/层次可以在高度多样化的结构中呈现压缩现代性,从而衍生出所谓的**内部多元(压缩)现代性**(internal multiple [compressed] modernities)。此外,一方面,某些单位/层次在表现一个社会的压缩现代性时会优先于其他单位/层次,这构成了相关社会的一个关键结构特征;另一方面,不同的单位/层次在压缩现代性中发挥相互促进升级(或相互阻碍)的作用。让我们在韩国和东亚的历史和社会背景下讨论这个问题。

① 在卢武铉(Roh Moo-Hyun)担任总统期间,"太有活力"(too dynamic)一度成为驻首尔的许多外国媒体记者的主题性用语。"活力韩国"(dynamic Korea)是吸引外国游客来韩国旅游的官方口号,但这些外国记者似乎觉得韩国实在是过于有活力了。

## 社会单位

在韩国（和东亚）最常被讨论的压缩现代性表现单位是社会单位。在后殖民时代，经济赶超和快速的社会、政治现代化成为共同的国家议程。事实上，在国家发展或振兴的口号下，人们普遍经历了浓缩的经济、社会和政治变革。因为虽然国家是通过经济、政治和社会现代化得以繁荣，但国家的历史基础需要通过传统/本土价值观、象征和记忆不断得到重申。此外，无论在这些（以西方为导向的）现代化进程中是否成功，社会、经济和政治秩序中传统的或本土的组成部分都不会在一夜之间消失。在这种情况下，社会、经济和政治秩序的传统/现代（/后现代）和本土/西方（/全球）组成部分几乎不可避免地被压缩。值得注意的是，由于国际关系依赖性和解放的政治选择性过程（Cumings 1981），韩国的现代化作为一个后殖民（主义）国家项目，迄今为止一直在国家和民间社会之间存在历史争议。一场国内冷战导致民间社会在以国家为中心的现代化过程中占据独立或具有竞争力的地位，并积极追求从劳工权利到生态正义的各种进步议程（Chang，K. 1999，2012a）。

## 区域（城市和农村）场所

东亚国家不仅为它们许多传统的、文化的和商业的历史城市而骄傲，而且在一系列工业化进程中（从日本到中国台湾地区到朝鲜和韩国再到中国大陆）经历了爆炸性的快速（或浓缩）城市化。在超大规模的城市中,密集的现代(如果不是完全西方化的)生活街区与博物馆式的传统/本土文化和政治区域并列。一夜之间建立巨大的床铺城镇和工业城市都过于常见,同时现代、西方生活方式在一夜之间传播也是如此。此外,精致版本的中产阶级意识或新传统形式的威权政治统治往往有助于恢复传统/本土的面貌,同时将世界性价值观和欲望融入私人和公共生活(以及快速的城市化)(Koo,H. 2016)。然而,浓缩的城市化和压缩的城市生活本身并不构成一种可敬的文明选择,因此,不断重建城市空间成为东亚城市主义的一个固有特征。这里的城市主义不仅是“幻想的”,而且在结构上也是短暂的。① 这里应该指出的是,东亚(压缩)现代性的以城市为中心的性质并不意味着农村地区的传统特征和状态保持不变或冻结。一个巨大的历史悖论是,韩国严重的城市偏向型发展最近导致农村和农民中出现大量“被迫”的单身汉,这些单身汉开始与来自亚洲各地的外籍新娘结婚,这种跨国婚姻的急剧增加引领了农村社会文化的全球化(见第六章和第九章)。在许多社会文化和其他事务中,农村地区已经开始发挥了压缩现代性中心舞台的功能。

## 二级组织

作为现代化和发展的工具,学校和商业企业等二级组织被

① 也许是受到瓦尔特·本雅明(Walter Benjamin)对现代城市的批判性评价的启发(Gilloch 1997),吉登斯(1990:18— 19)认为:“在现代性条件下,场所变得越来越虚幻,也就是说,地方完全被远离它们的社会影响所渗透和塑造。”

匆忙地建立起来，但它们的组织结构和文化形态远非西方社会的简单复制品。传统的师生关系仍然在威权的课堂上回响。在那里，现代/西方知识和技术的填塞（浓缩吸收）被认为是国家经济和文明赶超过程中一个不可妥协的教育目标（Han，J. 1996）。另外在20世纪60年代末开创“经济奇迹”的韩国血汗工厂里，生产线主管和企业经理像村里的长辈一样要求女工（yeogong）顺从而忠诚地为他们服务（Koo，H. 2001）。现代工业的工作场所经常被重新改造为与家长式文化传统相关的社区互动场所（Dore 1973；Walder 1986）。

## 家庭

韩国人/东亚人的家庭主义（或更广义上讲，以家庭为中心），作为个人取向和社会秩序，既现代又传统。一方面，家庭就像社会军营一样发挥作用。在这个社会军营中，社会进程（现代经济、政治和公民生活）的混乱和矛盾的目标被重新组织为日常生活的战略目标。另一方面，家庭就像文化蓄水池一样，不同历史背景和社会起源的价值观和规范作为个人生活的指南被吸收和再现（Chang，K. 2010a）。东亚的家庭生活是浓缩和压缩的社会进程的缩影，它通过严格控制家庭成员来支撑这种社会进程。事实上，韩国（和东亚）所谓的压缩发展和现代化的大多数独特特征，例如劳动密集型工业化、教育热、家庭依赖型福利、特定性别（女性）的过度动员和家族企业控制（财阀）等，都同家族关系和组织的各种物质功能、理念功能、社会制度的影响错综复杂地交织在一起(Chang, K. 2010a；见本书第八章)。在空前迅速的工业化和城市化过程中,大多数农村家庭事实上已经将这种发展内化,将他们的一些有才能或有动机的成员送往城市工业和学校,并相应地重新分配他们的物质资源,以积极支持迁移家庭成员的城市活动,而这是一项宏大的家庭战略。关于财阀家族企业所有权和管理权,尽管它引发了很多法律、政治和经济灾难,但对它的有效性的公开辩论仍在继续。发展型国家在灵活的劳动力供应和稳定的福利提供方面保持对女性的持续依赖,主要是因为(已婚)女性对家庭具有极强的献身精神。考虑到父母对公共教育的巨大贡献和道德承诺,韩国无与伦比的教育成就基本上可以被看作一项家庭成就。①

## 个性

如果一个普通的韩国(或东亚)成年人希望在日常社会生活中获得一个优雅的职位形象(或总体上的人品形象),他/她需要能够熟练地展示一套高度复杂的价值观和态度,这些价值观和态度可根据不同的社会文化、政治和经济情况进行调整。被认为是一个好的父亲/母亲、老师和高级员工是一项极具挑战性且

---

① 有趣的是,与学术社会科学相比,韩国现代性的这种家庭(主义)性质似乎在韩国文化产品(即以家庭关系和家庭内各种事件为主题的电视剧、电影和小说)中得到了更具说服力的揭示和更有效的传播(学术社会科学对西方的依赖性长期阻碍了其对当地社会问题和现象的基本特征的自主系统性探索能力)。参见金(Kim, Y. 2013),了解以家庭为题材的韩剧。

经常令人困惑的任务，因为他/她被期望在各种不同的环境中成功地变身为一个看似不一致或矛盾的人。要被认为是一个好孩子、好学生和好的初级员工，其挑战性和困惑性也不亚于此。被认为是一个好的配偶、朋友和同事是另一个艰巨而令人困惑的挑战。一个人的生活根据其生命历程的不同阶段变得更加复杂，这要求她/他的社会角色和关系伴随着浓缩而复杂的社会变化不断发生根本性转变。在这方面最大的困境是，一个人生命历程的各个阶段可能会受到相互矛盾的——或者贝克和格兰德（Beck and Grande 2010）及吉登斯（1990）所说的“不连续的”——历史和社会因素的影响，因此他/她的少年、成年和老年可能很容易失去逻辑顺序。出生在传统文化中，成长在现代化/工业化时代，并生活在后现代/后工业时代，一个普通的韩国/东亚成年人必须在其人生的每一个阶段不断地尽其所能应对明显不合逻辑的价值观、责任和期望。**灵活复杂的个性**（flexibly complex personhood）——谨慎而巧妙地成为，或者至少看起来一方面是传统-现代-后现代的，另一方面是本土-西方-世界性的——是这个社会的文明要求。① 长期不能成为一个灵活复杂的社会主体的可能性会促使韩国人/东亚人保持紧张和警觉。而许多精力充沛、足智多谋的人可能试图通过利用与压缩现代性相关的所有社会文化、经济和政治机会，过上丰富多彩的生活。

---

① 关于复杂个性的民族志研究，参见奥塔（Orta 1999）。关于韩国个案的研究，参见阿伯曼（Abelmann 2003）。

现代性通常被认为是一个国家社会的文明状态。后殖民国家在解放后，在国家威权主义下进行物质、文化、制度现代化时，其许多在位的政权无法公正地代表人民和社会或完全将其纳入假定的国家管辖范围。在松散、仓促、被强制界定的国家边界内，有些地区、族裔、阶级、职业（特别是军事）或公民社会经常通过设想和追求现代化的替代方案来挑战自行建立的国家统治。在基层，个人、家庭和其他亲密群体往往以类似方式暗中蔑视所有无效或专制的国家统治。正如“多元现代性”理论（Eisenstadt 2000）所恰当指出的那样，现代性（和现代化）可以在不同的国家社会中是多元的，同时也可以在个别国家社会中如此。现代性/现代化的这种内部多元性和多样性是基于不同的（内在压缩）现代性单位的时空（时代-地点）压缩的相异复杂性。① 与布鲁诺·拉图尔（1993，2005）的世界观类似，我们可以思考由不同社会单位和机构交互产生的压缩现代性的“实践形而上学”。

最后，虽然上述关于压缩现代性单位的讨论仅集中在一个国家社会内部的各种主题，但需要指出的是世界区域甚至整个世界也可以被视为压缩现代性的潜在或实际单位。从经验上看，这并不是一件困难的事情。为了应对不断出现的全球性流行病、经济危机、生态破坏等问题，不仅有联合国和联合国附属全球组织举行的无数次国际会议，而且还有正在举行的一系列

---

① 内部多元（压缩）现代性可以被视为后殖民现代化中阿帕杜莱（Appadurai 1990）倡导的全球“景观”的复杂局部地方实例。

背靠背全球峰会和政府间会议。通过世界贸易组织（World Trade Organization，WTO）框架，先进资本主义国家的政治和经济精英将世界视为经济现代化的一个完全整合的单位。尽管伊曼纽尔·沃勒斯坦（Immanuel Wallerstein）领导的世界体系思维已经告诉我们，只有基于全球层面的视角才能有意义地构想自成一体的现代性，但正如本书第三章分析的那样，最近的反身世界化速度明确地证实了在更前沿地带探索"全球现代性"的必要性——尤其是要考虑其日益压缩的性质。①

同样，世界区域在政治经济、文化甚至正式治理中的单位地位也在不断增强。欧盟作为一个正式合法的政治主权单位以及社会和经济合作单位的历史性启动，必将加速世界其他区域类似的目标明确的国际层面的努力。这一欧洲经验清楚地证明，将世界区域提升为人类生存单位并不一定是基于相关社会的文明同质化。欧盟内部极端的经济、社会政治、文化甚至宗教多样性将通过官方认可的反思和反身互动进一步复杂化，产生一个全新的压缩现代性单位（Beck and Grande 2007）。

近几十年来，特别是在冷战的全球解体后，亚洲正以自主和务实的方式，在亚洲国家、人民和企业之间进行全面的社会经济一体化（Chang，K. 2014）。显然，亚洲已经演变成一个跨国组织

---

① 参见德里克（Dirlik 2003，2004）关于"全球现代性"（global modernity），以及皮特尔斯（Pieterse 1994）关于"全球化作为杂交化"（globalization as hybridization）的文章。

的工业资本主义经济体,同时它也形成了一个巨大的跨国劳动力市场,一个区域化的流行文化地带,等等。这些戏剧性和根本性的变化似乎赋予了亚洲历史上前所未有的物质性,使其成为(压缩)现代性的一个新区域单位。

## 第四节　讨论：从现代化理论到现代性化理论

现代性被认为是一个国家社会中的文明状态,它不仅是进化产生的(如在一些西欧国家),而且也是模拟构建的(如在所有其他受西欧影响的国家)。这两个进程都被概念化为现代化。在社会学及其衍生的学术领域中,后一类现代化被讨论和理解的角度通常是在国内寻找或发展某些文化、社会政治和经济条件,这些条件对于现代企业家精神、民主和自由共同体具有“选择性亲和力”(elective affinities)(Weber 1946)。在历史现实中,这样的现代化本可以被寄予厚望并得以尝试,但西欧以外的任何国家从未以这种国家封闭的方式实现过现代化。相反,它们受到跨国政治军事、经济、社会文化统治力量的影响而**遭遇了现代性**(encountered modernity)。这种遭遇从一开始就将现代性问题化为与西欧(以及后来的西方)文明和政治经济的**关系化**(relationalization)问题。(与关系相比,关系化意味着关系的客观状态,它在这里被定义为有意识地设想、寻求或强加某些关系的行为。)现代性作为一种认识论属性,当体现它的国家接近具有威胁影响力的“前现代”或“非现代”人民/社会时,它就开始发挥有用甚至必要的作用。它甚至开始在后殖民世界中扮演**元价值**(meta-value)的角色。这一过程对美洲和大洋洲等“新”大陆的前欧洲主导的国家来说也不例外。尽管它们最终能够在深化和扩大现代政治、经济和社会制度的过程中积极增添自己的特色,但作为移民定居共同体,它们最初不得不遭遇作为母体现代性优势力量的西欧。即使是现在,这种意识也并非完全没有。

如果现代化这一概念应该保持传统原型,那么,我们需要一个额外的概念或理论来强调历史过程和结构条件的重要性,即强调所谓现代化中的国家与西欧现代性(以下简称西方,考虑到随后美国在塑造现代性方面的重要作用)之间的关系化。这在政治军事、经济、社会文化上都有所体现。认识论或者现代性已经被视为跨国统治关系背景下不可避免的历史必然性(具有元价值的隐含地位),在这种困境下,现代化虽然不能保持一个自然的(或本土实现的)社会进程,但它已经成为一个具有强烈政治因素的**最终决定原因**(end-determining-cause)项目。与其说是现代性本身,不如说是假设提出的原因——无论(在实现现代性方面)是否有效——决定性地塑造了各种后殖民国家的政治、经济、社会、文化条件。所有那些在个别国家中具有科学、技术、政治、社会、新闻、文化甚至宗教影响力的所有个人、团体和机构实际上已经提出这些关于现代性原因的假设。即使某些国家是否真正实现了现代化这个问题从根本上来说仍然答案不明确,但至关重要的是要发现并理解它们一直在与现代性及其体现力量进行关系化,即根据对现代性条件的不同理解或断言,预先组织和管理了基本上所有国家元素。不同于现代化,我将这个过程称为**现代性化**(modernitization)。这一概念/理论将有助于分析世界秩序中现代性的跨社会关系,这与马克思主义阶级分析中生产的社会关系类似。当(西方衍生的)现代性被其发源地欧洲以外的民族和社会挪用、模仿、改编、重新制定、抵制或重新塑造时,就可以看到现代性化。① 它将使我们在分析现代性全球秩序下的各种政治、社会文化和经济变革时,恰当地强调**具体历史机构的重要性**(the significant of concrete historical agencies)(而不是抽象的结构条件)。②

在国家层面上,现代性化的一些历史多样性可以显示为以下几个式样。(1) 通过被欧洲现代性文明侵占以及对其现代性的适应逐渐成为独立国家的"新"大陆上的欧洲定居者殖民地;(2) 明治维新以来的日本和一些主要后殖民国家等非欧洲国家对欧洲现代性的积极工具主义占用;(3) 欧洲内部通过国家和地方现代性的共同占用和互动占用来传播并巩固的现代性;(4) 非欧洲社会和民族的"内部转化"(Geertz 1973),例如,儒家现代性论题所主张的那样,为(西方)现代任务和目的,创造性地重新阐释本土或传统文明;(5) 社会主义革命、转化或联盟等作为资本主义或资本主义现代性的国家发展道路的替代方

---

① 在这方面,"地方化欧洲"(provincializing Europe)(Chakarabarty 2000)是分析后殖民性或后殖民现代性/现代化的必要但不充分的策略。

② 布鲁诺·拉图尔(1993,2005)在其"实践形而上学"中关于社会秩序(失序)的观点可能与这一命题有某种认识论上的契合。

案；(6) 被殖民人民和社会的辩证自我改造与殖民现代制度的反作用因素，例如(种族)民族主义的公民社会和无产阶级对殖民(主义)国家和资本(见第四章)的对抗；(7) 欧洲模式民族构成的新现代政权，如明治时期日本的琉球等。在所有这些情况下，现代性化从根本上说就是一种现代性在认识论、文明、政治经济层面上的压缩体验。① 压缩现代性已经成为后殖民世界的一种普遍的现代性化模式。

现代性化本质上包含压缩现代性。最重要的是，了解或被迫了解现代性(而不是无意识地成长为现代性)是认识论上的一次飞跃。但是，这个了解的过程往往涉及最初的现代化者通过侵略、殖民或剥削让世界其他地区承受的前所未有的痛苦和牺牲。因此，为了在未来几年里尽量减少或消除这种外部造成的痛苦和牺牲，尽可能快、尽可能大地实现现代性成为一项历史紧迫任务。然而，一旦政治主权、社会经济自主权在殖民主义下丧失，这些国家往往会失去其作为现代性单位的地位，并且立即融入侵略者国家的跨国重组的现代性中。在所有这些简单的现代性化场合，现代性无论是自我推动的还是非自愿强迫的，都以压缩的方式被思考、追求或强加。更为复杂的现代性化情况也并无不同，正如本书第二部分关于韩国经验的后续章节所示的那样。

① 如果我们考虑这种现代性化过程中非预期或未知后果的广泛表现甚至特有表现，约翰·厄里(2003)关于“全球复杂性”的论文可以在这里得到有效应用。

# 第三章｜普遍主义视角下的压缩现代性

## 第一节 引言

看来在新的世纪，社会和经济变革的大多数主要推动力并没有区别性地或只适用于某些有限的国家集团。我们来考虑以下几个问题：全球自由贸易和金融化、企业去疆域化和跨国生产、全球化的劳动力使用和阶级斗争、全球化的（或国际货币基金组织［International Monetary Fund］等强迫的）政策咨询和制定、信息化和网络空间、全球策划的对生命形式（逐渐包括人体）的生物科学操纵、无国界的生态和流行病危害、人口结构的跨国重组（劳动力、配偶、子女的迁移）、世界性化的艺术和娱乐，以及全球资助和管理的区域战争。无论是处于不同的发展水平、位于不同的地区还是由不同的种族构成，不同的国家集团以相互排斥的方式接触这些新的文明和政治经济力量的永久性系统等级、顺序或选择性都是不存在的。无论需要与否，它们都是每个国家关注的问题，因为它们在结构上都与新的文明进程"反身世界化"交织在一起（Beck and Grande 2010；Chang，K. 2010b）。[1]

---

① 反身世界化强调了反身现代化中的后国家或世界性阶段（Chang，K. 2017b）。世界化与世界主义化的不同之处在于其规范性和意识形态的中立性。

最近的世界历史似乎表明,要生存下来,更不用说从这些新的文明和政治经济力量中获益,还需要每个国家积极地将其内化。孤立主义的企图——无论是在贸易保护主义、宗教原教旨主义、媒体和互联网控制还是其他方面——都很容易受到国际**道德**谴责(尤其是来自新自由主义者)。事实上,因为这些力量是**全球反身性**(globally reflexive)的,所以接受或拒绝这些力量仍然超出了有意的政治或社会选择范围——也就是说,这些力量是通过跨越国界的"(第二)现代化的自主动力"强制发生的(Beck 1994:5)。贝克从风险的角度重新表述了这一问题。我们一起看一下他所强调并指出的"世界风险社会"的到来:

> 风险无处不在时,只有三种可能的反应,即否认、冷漠和变革。第一个是现代文化,第二个类似于后现代虚无主义,第三个是世界风险社会的"世界性时刻"。
>
> (Beck 2006:311)

在每个国家社会层面,上述反身世界(主义)化的力量已经并且必须被正面纳入,以保持其文明的完整性以及物质和物理的稳定性。通过这个过程,社会(及其文明条件)正在相互内化,从而使**压缩现代性**——到目前为止我所分析的一种现代性形式,关于(危机前)东亚的外向型和快速超越型现代化者——成为第二现代世界国家社会的普遍特征(参见 Chang,K. 1999,2017a)。

在本章中,第一,我计划从理论上讨论作为从反身世界(主义)化的国家范围内部分化出来的压缩现代性的新阶段,第二,用比较视角阐述先进资本主义社会、不发达(或欠发达)资本主义社会和(从社会主义到资本主义的)转型社会中的不同压缩现代性实例。我将首先简要阐述贝克的"第二现代性"概念/理论,然后着手完成上述两项主要任务。随后将简要补充说明国家社会作为(压缩)现代性主导单位的地位下降情况,以及人类生活的各个不同层面(即全球、世界区域、次国家地区、家庭、个人以及国家社会)之间压缩现代性的互动加速情况,最后,阐述对东亚作为世界上最具活力的反身世界化舞台和伴随而来的压缩现代性的特殊观察。

## 第二节 作为内部反身世界化的压缩现代性的变异

尽管动机、过程、范围和后果各不相同,但"第二现代性"(Beck and Grande 2010)在(世界风险社会的)反身世界化下变得无处不在。**相对而言**,先进的资本主义社会可能更多地以其自身建设的第二现代性为特征,因为科学技术文化投入和政治经济利益对激进反身性的推动力大多来自其自身的意图和权力。但相比之下,后发展和不发达资本主义社会和(前社会主义)转型社会的特征可能更多地表现为依赖的第二现代性,因为这些社会在政治或经济上从属于先进国家和全球性参与者(如跨国企业),或由于它们自己努力向这些先进国家和参与者学习或寻求援助与合作,这些社会从而面临着更为激进的反身性风险。

反过来,相对自主的第二现代性社会可以根据第一现代性的早期系统特征来区分,即自由、社会民主和发展社会等。[①] 第二现代化的过程、性质和后果可能涉及与此类系统特征相关的潜在差异(以及相似性)。相对依赖的第二现代性社会,可能因第一现代性相对于传统性的早期影响力和复杂性,以及社会主义相对于资本主义制度的系统复杂性而有所不同。后一类第二现代社会构成了世界上绝大多数国家。它们的内部多样性是难以归类的。然而,它们通常以部分实现第二现代性为特征(因为前现代、第一现代、社会主义现代特征长期存在),这种部分实现的第二现代性有时会因为其本土社会秩序和原则的结构性不协调而产生毁灭性影响。

相对依赖的第二现代社会也可以用(世界化的)压缩现代性来描述。然而,即使是相对自主的第二现代社会也呈现出压缩现代性的影响。因为它们面临着世界化的风险以及相对依赖的第二现代社会带来的机会。总而言之,世界化的机会和风险的内化在相对自主和相对依赖的第二现代社会中都有发生,因此压缩现代性是不可与反身世界化分割的,从而又是无处不在的。

---

① 在西方民主社会(如英国和美国),市场经济机会(商业和劳工)和政治自由维持了公民相对于国家的主权地位(国家主要负责基础设施提供和治安)。在社会民主社会(如斯堪的纳维亚国家),市场经济机会得到国家组织型社会保护的政治权利的补充。在发展社会(如日本和韩国),扩大市场经济机会被视为国家的核心责任,这反过来又迫使公民动员私人资源进行对自身的护理和保护(Chang 2012a, 2012b)。

此外,由于这种交叉影响发生在世界化的反身过程中,一种虚拟的同时性描述了第二现代性和压缩现代性之间时间关系的特征。

然而,重要的是要指出相对自主的第二现代社会和相对依赖的第二现代社会之间压缩现代性的不同程度和影响。前者可以以**低阶**(low-order)压缩现代性为特征,因为来自后者的影响(通过专业化贸易、国际迁移、跨界污染等)可能更为间接、受控制、受监控,所以,与前者对后者的影响(通过选择性自由贸易、跨国生产组织、金融入侵、新自由主义结构调整计划、对当地农业的生物科学操纵、文化意识形态框架等)相比,来自后者的影响更易于管理(或目前可容忍)。① 因此,后者可以被看作以**高阶**(high-order)压缩现代性为特征。在低阶压缩现代性下的西方社会中,现代文化-制度-技术结构的压缩程度较低,它们更多地是从内部(或内生)历史进程中演变而来,并以精心管理的方式将外部影响纳入其中。而在高阶压缩现代性下的非西方社会中,相应的结构更为压缩,因为它们更多地以叠加、借用或即时从外部改编的方式被纳入其中,同时其内部文明因素自愿或不情愿地被征服。在后者中,第二现代性的突然性和非自愿性及其与本土利益和价值观的冲突关系——尽管其背景是全球化——与殖民现代性的经典情况并没有根本区别。恐怖主义似

① 需要指出的是,对于相对自主的第二现代社会来说,第二现代性的内部衍生力量更为强大和多样化,因此它们的压缩现代性向不同的方向加剧。

乎是一种旨在绕过这种不对称关系的极端主义努力,而军事入侵往往被用来加强这种不对称关系。① 然而,这种不对称性也确实不断失去意义,因为相对依赖的第二现代社会(包括中国和印度这样的人口大国)对相对自主的第二现代社会的影响力正以前所未有的速度增长。矛盾的是,这种国际不对称程度本身似乎是这种前所未有的速度的关键因素之一,因为它直接与企业和国家经济增长的可能性密切相关。

## 第三节 先进资本主义社会

### 早期现代化的历史本质

欧洲的现代化是一个遍及欧洲大陆各个地区的非常多样化且不平衡的过程。在二战后,人们将(西部)欧洲描绘成一组制度稳定、经济富裕的现代性单位,并且这一点常常被任意地推到过去的区域历史中。因此大多数欧洲社会(其中许多尚未巩固成为独立或统一的民族国家)为了在少数现代化先驱的侵略下生存下来,通过迅速学习他们的技术、经济和制度-政治知识来追赶,但是他们所作的艰辛努力仍然没有得到充分的认可。② 欧洲现代化进程中激烈的区域内竞争和对抗,是为争夺该区域政

---

① 参见贝克(2002)关于世界风险社会中的恐怖主义和战争的观点。

② 参见霍布斯鲍姆和兰杰(Hobsbawm and Ranger eds, 1992)的《传统的发明》(*The Invention of Tradition*)。

治军事(和文明)霸权的两次“世界大战”的关键原因(Hobsbawm 1994)。对大多数欧洲国家来说,**现代性是一个文明浓缩和压缩的民族主义国际工程**,涉及新知识、文化和权力的多元来源(见图 2.1)。也就是说,自 18 世纪末以来,**压缩现代性**一直是大多数欧洲社会的文明本质。[①] 此外,西欧向美洲和大洋洲的跨大陆政治、经济和人口扩张导致了在本土民族被完全征服或几乎灭绝之后一夜之间的**现代性移植**(transplantation of modernity)。然而,对资本主义现代性的各种危机趋势以及对国内和国际社会主义影响的不同反应,导致英美自由主义(和新自由主义)同北欧政治经济和社会政策的社会民主制度之间出现分歧(Turner 2016)。

然而,非欧洲的追赶现代化者,尤其是东亚的追赶者通过商品、技术、科学和文化知识以及社会制度的洲际(和种族间)交易,参与了同样的现代性的民族主义国际工程。在这些亚洲现代化者中,重商主义民族主义动机最为明显,它们在跨文化学习和新传统组织的重建方面表现出了令人印象深刻的能力。[②] 东亚所谓的发展国家已被证明是压缩资本主义发展最有力的载体,也是以政治和社会家庭主义为中心的新传统主义民主主义最坚韧的载体(参见 Chang, K. 2010a)。此外,美国在东亚策划

① 关于这方面极具启发性的分析,参见布洛赫(Bloch [1935] 1991)。

② 东亚和东南亚——中国和越南——的高度老龄化(但最近贫困的)历史社会最终以有效的现代化者的身份归来,这可能不是巧合。

的“冷战自由主义”在意识形态上崇尚(移植)资本主义现代性,并在政治上保护该区域的新传统主义威权政权。

## 先进资本主义社会中的压缩现代性作为内化的反身世界化

正如富有洞察力的大卫·哈维(1980)所指出的那样,**全球范围内政治经济和文化活动的空间整合和时间浓缩**已经成为20世纪初资本主义现代性的一个普遍特征,并且已经加剧到国家社会作为自成一体的现代性单位越来越令人怀疑的程度。① 然而,由于民族国家仍然是经济生活和社会政治公民权的主要监管单位,因此,无论国家层面的现代性(或多个现代性)是不是内生的,在认识论上设想国家级别的现代性都仍然是合理的。事实上,如上所述,即使是西方现代性,对于该区域大多数国家来说也从来不是一种自立的进化经验。然而,前所未有的时间/空间浓缩和压缩的全球速度,甚至迫使先进资本主义国家陷入如此混乱的文明状态,严重削弱了国家现代性的各种技术工具和社会结构(Beck and Grande 2010)。这大致与贝克认为的世界(主义)化反身性下的第二现代状态符合。

实质上,先进资本主义国家的晚期或第二现代性的特点呈多样化趋势,如去工业化(工业生产的跨国转移)、企业去疆域化(商业跨国化)、信息化、国内和全球金融化、知识交易、工业科学化(网络技术、生物技术、信息与通信技术)、生物工程、国际生

① 哈维(1980)的时间/空间“压缩”与张庆燮的“浓缩”相对应。

态入侵和治理、后理性主义和跨国文化生产、阶级关系和公民活动的世界(主义)化、区域战争中的世界性参与、跨国人口重组(劳动力、子女、配偶的迁移)、宗教多元化等。① 虽然在这里描述这些趋势的细节不太恰当,但可以肯定地说,如果各个国家社会是相互独立的实体,那么它们将无法有效地适应或应对这些趋势。也就是说,第二现代性是一个没有边界的文明实验和无法估量的社会间相互依赖的野生世界。然而,大多数民族国家仍然试图积极管理这种实验和相互依赖,据称这是为了它们的专属国家利益。这导致了一个看似普遍的**反身世界化**(reflexive cosmopolitization)的内化过程,从而在每个国家社会中产生了压缩第二现代性。

而且,正如国家主义政治经济学家所表明的那样,一些国家在经济上成功地驾驭了第二现代性浪潮(Weiss 1988)。例如,冰岛和爱尔兰等偏远国家主要是因为全球金融化而突然成为全球明星经济体。就连美国也曾通过操纵国际金融杠杆,似乎重新夺回了经济霸权。在信息和通信行业,芬兰和韩国已经让日本、美国和德国等传统工业强国相形见绌。此外,美国人积极推行

① 关于全球化或反身世界(主义)化的这些不同组成部分,我参考了贝克(1999,2006)、特纳(1994)、特纳和洪德克(Turner and Khondker 2010)、米特尔曼(Mittelman 2000)、米特尔曼和奥瑟曼(Mittelman and Othman, eds. 2001)、杰姆逊和三好将夫(Jameson and Miyoshi, eds. 1998)等的著作。关于澳大利亚新自由主义全球化的极具说服力和解释性的描述,请参阅维斯、瑟伯恩和马修斯(Weiss, Thurbon, and Mathews 2007)的研究。

农业生物工程,以加强他们在世界粮食和肉类市场上的主导地位。然而,所有这些晚期资本主义的成就都伴随着一个又一个经济、社会或生态的灾难性事件——最具象征意义的是在2008到2009年全球经济危机中,冰岛、爱尔兰和美国的金融体系几乎崩溃。

尽管先进资本主义国家在第二现代性方面呈现出多样的结构和不同的成就,但基本上所有这些国家都通过合作,试图让世界其他国家参与资本主义现代性的新阶段。这证明了它们作为第二现代性的主宰者的坚定自我信念。最大限度地利用旧的全球机构(如国际货币基金组织),同时创建新的全球/国际机构(如世界贸易组织等),都是由这些先进资本主义国家的共谋联盟决定的。它们的意图简单明了,即最大限度地利用现有利润形式和新的利润形式重组世界。自20世纪末以来,全球不平等和严重社会生态危害的猖獗扩张对这个统治联盟来说绝非偶然。①

然而,正是通过同样的历史进程,世界其他地区突然渗透到了先进资本主义国家的基本经济、社会、文化和生态结构中。在失业和收入低下的长期压力下,具有讽刺意义的是非工业资本主义社会的工人成为新兴工业国家工业商品的主要消费者,而这些新兴工业国家的价格竞争力往往取决于潜在的有害材料和

① 许多发达资本主义国家的国内不平等现象(由于去工业化、金融化等)也在不断扩大。

危险技术以及存在社会问题的劳动关系。欧洲和最近的东亚资本主义国家的人口再生产紧缩,得到了来自邻近贫困国家各种形式的临时和永久移民持续流入的补充,这些移民的存在又意味着有关社会的多元文化转向和族裔结构的重组。① 西方学术界、艺术界和文学界的后现代、后理性主义转向伴随着来自迄今为止知识和文化边缘的理论和哲学的大量流入。② 在先进资本主义国家,当地企业的工业撤资有时伴随着来自发展中国家和其他竞争性发达国家的企业收购或新的工业投资。③ 所有这些趋势都清楚地证明了一个关键事实,即在第二现代性下,先进资本主义社会越来越多地经历着对迄今为止处于边缘地位的其他社会文明的内化,从而使自己变得压缩现代化。

## 第四节 不发达(或欠发达)社会

### 现代性的殖民和后殖民状态

对于大多数第三世界国家来说,现代性最初是作为一个国

① 韩国农村的越南新娘是一个非常值得关注但同时又复杂的例子。参见《混血儿童婴儿潮测试韩国》(Baby Boom of Mixed Children Tests South Korea)(《纽约时报》[*New York Times*],2009 年 11 月 28 日)。

② 后殖民主义是这方面最成功的例子(例如,参见 Ashcroft, Griffiths, and Tiffin 2002)。

③ 中国积极寻找具有技术竞争力的海外企业(包括国际商业机器公司[International Business Machines Corporation])就是一个最为引人注目的例子。

际政治事件发生的。无论是通过强迫使部分国家向西方帝国主义势力开放经济和社会,还是通过西方国家的完全殖民占领,第三世界国家都将现代性视为一种完全陌生的文明实体。在这种文明实体下,它们的本土政治、经济、社会和文化体系不得不突然被重新认为是过时的甚至是非正义的。对于第三世界社会来说,已经出现的现代性是通过从根本上彻底打破其过去的基础,而不是逐渐建立在这一基础上实现的。西方殖民统治者在向被殖民者灌输和强化这种失败主义历史观点的同时,单方面宣布了在新领土上追求**西方人的、西方人制定的、为西方人的现代化**(modernization of Westerners, by Westerners, and for Westerners)。殖民者为各种辅助性现代组织和职业所雇用或利用的当地人在政治和文化上与他们国家的其他人脱节,因此,他们在两侧的边缘地位常常促使他们在戏剧般的社会环境中实践或展示夸张版的现代性,从而在生存上为自己辩护(参见 Geertz 1973)。

除非通过反殖民和反封建的社会革命实现解放,否则解放后这些前殖民地官员或合作者中的许多人都将被提升为政治和文化领导层,然后以毋庸置疑的方式开始面向西方的现代化(Fanon 2004)。随着西方殖民者将政治制度和经济结构从根本上扭曲而不是现代化,现代性作为一个实质上合理的民族(主义)工程出现。然而,由前殖民合作者领导的国家现代化工程会弄巧成拙,因为他们的既得利益倾向于保留的,首先是其唯一的名义上独立的国家对西方的结构性依赖,其次是与这种(新殖民主义的)依赖交织在一起的国内的地方不平等结构(Baran 1957;Frank 1967)。随后,现代化被狭义地重新定义为(资本主义)经济发展(或者更准确地说被定义为经济追赶),为此现代性的政治和社会因素被第三世界特殊主义在现代化中的各种版本所损害,正如罗斯托(Rostow 1959)的发展阶段理论和亨廷顿(Huntington 1968)的功能威权主义理论所提出的那样。浓缩经济发展作为压缩现代性的一个组成部分,几乎成为一个普遍化的国家目标。因此,在政治治理、社会动员和控制以及经济管理方面为发展而促进或正当化的实践,继续对塑造战后第三世界的现代性实际模式起到严重影响。[①]（如下文所述,美国及其盟国的冷战干预进一步强化了第三世界现代性的这种发展上可原谅的扭曲。)现代世界最惨痛的历史悲剧在于,在政治和社会目标的所有这些牺牲下,只有极少数(前)第三世界国家实现了有意义和持续的经济发展。

## 不发达（或欠发达）社会中的压缩现代性作为内化的反身世界化

尽管大多数第三世界国家的持续发展道路是失败的(就此而言它们在第一或经典现代性的国家工程中失败了),但它们并没有被第二现代性的激进新世界所抛弃。与此同时,在一个包罗万象的文明转型过程中,全球新自由主义经济重组最直接、最明显地将不发达(或欠发达)国家卷入第二现代性的旋涡。事实

① 在成功的案例中,这可能被称为**发展现代性**(developmental modernity)。

上,自20世纪70年代以来,无论是在不发达(或欠发达)国家还是在发达国家都遭到驳斥的现代化和现代性概念,在这些国家之间最近的全球互动中都突然被放弃了。自相矛盾的是,这一举动解除了发达国家迄今为止大事宣扬的指导和支持欠发达国家现代化工程的责任。在全球南北互动和对话中,不发达(或欠发达)国家开始不再公开鼓励国家现代化和经济自力更生。① 先进资本主义经济体的直接工业投资和金融投资已经取代了当地的"学习和实践"工业化进程。与此同时,为了降低这种金融运作的风险,先进资本主义国家的统治联盟通过所谓的华盛顿共识,决定管教不发达(或欠发达)国家成为负责任的债务人。② 此外,在全球自由贸易框架(即世界贸易组织体系)内,先进资本主义国家的各种新经济举措与垄断/寡头垄断商品有关,其商品基础是尚未得到证实的科学、技术和金融实验,这些举措被强加于不发达(或欠发达)国家身上。③ 有趣但可悲的是,新自由主义倾向于将所有对政治、社会、文化和生态的关切置于经济利益之下,这加剧了不发达(或欠发达)国家经济和非经济问题之间本已长期存在的不平衡。通过这种经济扭曲和政治不受控制(或控制不足)的全球化进程,每个不发达(或欠发

---

① 在这种情况下,拉丁美洲的进口替代工业化(import substitution industrialization)被大量抛弃,甚至非洲的自给农业(出口农业)也被大量牺牲。

② 国际货币基金组织主导的结构调整计划是最令人不安的例子。

③ 美国转基因产品就是一个最有说服力的例子。

达)国家都成为后现代政治经济利益和商业化的社会文化关系的世界性舞台(Henry 2020),这是另一个作为反身世界化的压缩(第二)现代性的表面实例。

美国及其盟国在(资本主义)不发达(或欠发达)国家的现代化工程上突然改变主意,这似乎是在冷战政治的关键时刻发生的。到了20世纪80年代初,全世界社会主义制度的经济和社会可持续性变得高度可疑,甚至对包括米哈伊尔·戈尔巴乔夫在内的社会主义政治领导人来说也是如此。社会主义现代性的内部系统性失败促使资本主义集团的领导国家认真地重新考虑资助众多客户国家的资本主义现代化进程的政治效用。[①] 回顾过去,冷战是现代性的另一个全球性政治制度,在这一政治制度下,大多数第三世界国家断然拒绝为现代性的自主反思(不是反身!)追求提供政治和意识形态空间(韩国的情况见第四章)。西方所推崇的资本主义现代性是一种现成的文明体系,其在第三世界的实现——以一种极其浓缩的方式——受到了西方的战略监督和支持,以遏制社会主义影响的国际政治扩张。这样,美国对区域政治的影响加剧了第三世界非自由资本主义本已严重僵化的局面,从而引发了普遍的反美情绪。随着全球冷战接近尾声,对许多第三世界国家(浓缩)现代化工程的家长式政治支持也立即被终止,取而代之的是一种激进而且新的但**反思不足的**(underreflective)全球新自由主义经济结构重组模式。从这个

① 参见卡明斯(1998, 1999)关于由此转变的亚洲/韩国与美国的关系。

意义上讲，第三世界政治经济体通过新自由主义重组成为一个(不善)经济管理下的世界化反身后冷战政权。有趣的是，大多数所谓自由世界的冷战敌人最终都自愿在后社会主义过渡时期进入这种世界化的反身性当中。

## 第五节 （后社会主义）转型社会

### 社会主义现代化

国家社会主义以计划的重工业化为特点，是一种基于政治上最大限度地动员国家资源投入生产资料行业的浓缩经济发展的现代制度。在大多数国家社会主义国家，这种政治经济制度的历史建立反过来是一个高度浓缩、自上而下复制或仿效苏联模式的过程(Kornai 1992; Riskin 1987)。这与早期的一些社会革命形成了鲜明对比。在早期的社会革命中，地方基层利益与共产主义理想和战略之间精心构建的联盟，使社会和政治变革得以自我反思和在本土推进。① 无论是否受到当地基层的欢迎，从经济结构和产出方面取得的最初预期的结果来看，国家社会主义经济制度是极为成功的。国家社会主义国家的这种早期经济表现，为美国及其资本主义盟友带来了严重的政治焦虑，从而

① 关于中国革命和群众路线现代性，这方面的一个典型历史案例参见马克·赛尔登(Mark Selden 1971)的《革命中的中国：延安道路》(*The Yanan Way in Revolutionary China*)。

加剧了社会主义与资本主义现代性之间的文明战争。然而，从长远角度来看，这是一次盲目或冲动的导致经济和社会事务不可持续状态的举措（Kornai 1992）。矛盾的是，首先开始面临结构性经济萧条和社会士气低落的是处在领跑位置的社会主义国家，如俄罗斯、一些东欧国家和朝鲜。然而，几乎没有哪个其他的国家社会主义国家，能够避免无休止的自我反身性命令经济体系的失败所引发的结构性经济和社会危机（Riskin 1987）。

## 转型社会中的压缩现代性作为内化的反身世界化

经过激烈的内部意识形态斗争和政治斗争之后，中国和苏联公开开始了后社会主义体制向市场经济的过渡（在俄罗斯，也在形式上向代议制民主过渡）。随后，几乎所有其他社会主义国家也纷纷效仿，似乎完成了（资本主义）反身世界化的进程。正如早期向国家社会主义的过渡一样，向市场经济的体制过渡（或改革）也是一个高度浓缩的过程，在这个时候，它遵循或模仿先进资本主义社会已有的制度和做法。突然间，工业资本主义成为它的前意识形态对手追赶的对象。但这种系统性过渡存在三种固有的风险，即所有资本主义或市场经济体制所固有的风险，（前）社会主义公民对资本主义或市场经济体制的严重不熟悉和意识形态情感上的反感带来的风险，以及国民经济萧条导致的公民和企业资源禀赋低下相关的风险。① 当这些风险与国

① 参见张（Chang, K. 2017c）了解中国案例。

绕体制转型的政治不稳定或不良行为进一步混合时,就像许多转型社会(包括俄罗斯,这是一个特别棘手的案例)的情况一样,因为人类的痛苦和社会成本,相关国家的基本社会结构就会被摧毁(Rajkai 2016)。一些自由派(在转型政治经济背景下是激进派)西方顾问自相矛盾地认为,这些复杂风险的存在是推荐所谓的"大爆炸"(big bang)方法的主要原因,这种方法有望最大限度地减少体制混乱和人类痛苦的持续时间,在这方面产生冲击疗法效果。[①] 不幸的是,俄罗斯的"大爆炸"方法只会放大上述风险。与之相反,中国的渐进主义方法则可以在物质富足和意识形态制度重生方面取得相对稳定的进展。中国的案例似乎特别值得关注。

中国的渐进主义(因此也不那么浓缩)制度转型被称为"改革",它意味着社会主义、资本主义甚至(新)传统主义政治经济的组成部分长期共存,从而在中国人的生活中加强了一种超复杂的(压缩)现代性。[②] 有趣的是,一些社会主义制度、实践和遗产被证明对基于市场的发展是非常有用的,例如,受过高等教育的、纪律严明的劳动力被充分调用于爆炸性壮大的劳动密集型工业化,强大的地方政府制定积极而灵活的地方经济发展计划,稀缺资源(如土地)的公有制阻止了投机寻租活动,从而促进了经济投入的合理和公平分配,城市和农村之间严格的居住控制

① 其中一些西方自由主义者被转型国家政府正式任命为关键政策顾问。

② 越南的情况也非常相似(Masina 2006)。

有助于遏制或减缓贫困农民向已经出现工作岗位不足现象的城市的爆炸性外流,等等(Chang,K. 2020)。但解释这些看似偶然的社会主义遗产的效用时,必须同时考虑同样的社会主义遗产或其他的社会主义遗产所产生的各种负面影响和障碍。① 还需要承认的是,从改革初期,中国就试图在指定的"经济特区"内容纳以西方资本为首的现代和后现代产业。这可以被称为**飞地压缩现代性**(enclave compressed modernity)的制度框架。所有先进工业经济体的资本主义企业都梦想着在这个世界上最大的潜在市场中获得淘金热式的经济机会,于是开始涌入中国的沿海经济特区,并响应其他地方政府的迫切要求,又涌向各个内陆地区。这一趋势使中国成为一个内部世界化的经济实体,并直接暴露在激进的新世界经济的利益和风险之中。反过来,中国在后社会主义时代以国际为导向的发展成就同各种制度和社会文化因素联系在一起,使世界面临中国复杂的现代政治经济的利益和风险——整个世界一方面成为廉价、实用但可能有问题的中国产品的困惑的消费者,另一方面成为面对需要自然资源、技术和企业的"贪婪"中国买家的焦虑卖家(Chang,K. 2017c)。

东欧国家构成了另一组后社会主义(第二)现代性集团。它们各自的后社会主义转型,相比于中国式渐进主义,大体上更接近俄罗斯式休克疗法。因此这些国家的人民在转型的最初阶段

① 关于中国作为一个复杂风险社会的分析,参见张(Chang, K. 2017c)。该社会表现出高度多样的时空维度的风险趋势。

经历了极度的困惑和痛苦(Rajkai 2016)。但是,它们与西欧的地理毗邻关系和历史/文化联系,衍生出了(第一和第二)现代化或发展的某种"启动"效应——当然,东德是这种现象的最直接的案例,因为它实际融入了西德的经济和社会。① 毫无疑问,欧洲最近完成的政治和经济联合化从根本上放大了这种启动效应,因此,作为反身世界化的压缩现代性有效地涵盖了另一个关键的世界区域。东德人在后统一时代的极度矛盾情绪作为压缩现代性的一个永恒指标,将在第二现代时代的东欧成为一种更为广泛的东欧现象。

上述对第二现代性下的发达国家、不发达(或欠发达)国家和后社会主义国家的描述清楚地表明,第二现代世界中的反身世界化已经在全球几乎所有角落衍生出不同国家层面的压缩现代性模式。然而,这一发现应在以下两个方面加以限定。第一,国家社会迅速失去了其作为现代性单位的显著地位,而其他人类生存领域或层次,如个人、地方和世界区域则已成为现代性的激烈竞争单位。第二,这些相互竞争的单位越来越多地以压缩现代性为特征,再次与反身世界化相结合。这些趋势并不意味着国家社会或管理这些社会的国家将无所作为。事实上,正如许多国家主义政治经济学家令人信服地指出的那样,(第二)现代国家被赋予了不断扩大的、具有挑战性的职能职责。个人、家

---

① 关于东德的经验,参见辛恩和辛恩(Sinn and Sinn 1992)的《跳跃式发展:德国的经济统一》(*Jumpstart: The Economic Unification of Germany*)。

庭、地方、区域国家集团和整个国际社会也是如此。在反身世界化之下,国家社会(和国家)与其他人类生存领域或层次之间的功能关系不会停留在零和结构中,而是会成为相互升级的动态关系。同样,不同的存在领域或层次的压缩现代性也会相互强化。①

## 第六节 讨论:东亚与压缩现代性

虽然本章对压缩现代性的各种历史系统性实例的讨论表明了其在现代世界中的基本普遍性,但东亚的某些特殊性需要特别关注。21 世纪作为世界政治和知识话语中所谓的“亚洲世纪”,在很大程度上反映了整个区域的压缩经济和社会制度的发展,特别是包括中国和越南等后社会主义转型社会的极为成功的发展表现。毋庸置疑,日本、韩国和新加坡,以及中国台湾地区等(压缩的)工业化资本主义邻国和地区,在经济和社会事务方面继续表现强劲。(尽管大多数东南亚国家、印度等也加入了亚洲区域快速发展的行列,但我们在这里只关注东亚。)

关于中国和越南浓缩的自由体制转型(在市场经济、私有化生产、工资劳动等方面)是否以及在多大程度上促进了其惊人的经济发展和随之而来的社会政治稳定,这一问题仍有争议。但

① 布鲁诺·拉图尔(1993,2005)和约翰·厄里(2003)的世界观可以在理论上证明这一观点的合理性。

许多密切观察者认为,它们的后社会主义改革在很大程度上是受到其政治意识形态敌人,尤其是日本和韩国压缩发展及其他表现的影响(Whittaker et al. 2020)。当它们最终决定放弃对僵化的国家社会主义生产和治理制度的孤立主义依附时,它们的新启程并没有以任何自主设计的一揽子社会经济政策和计划为基础,而是关键性地反映了一种渴望效仿工业化资本主义邻国的发展压缩性及其社会制度条件的迫切愿望。正是在这种背景下,中国和越南开始向这些资本主义工业化和随之而来的制度变革的先行者派遣大量技术官僚、工业人员、技术人员和科学人员代表团,将所有意识形态和历史考虑抛在脑后。① 也就是说,压缩现代性(尤其是发展型压缩不可避免地伴随着各种浓缩的社会制度转型)不仅从根本上体现了每个东亚国家的国内社会经济转型的特征,而且描述了它们对彼此的感知和利用方式。

作为这种区域关联压缩现代性的一个非常有趣的历史事件,东亚的压缩资本主义工业化者们向这些后社会主义转型国家展示了它们许多社会主义时代的政治结构和社会经济制度特征——干预主义国家的工业参与,社会政治上有组织的劳动力动员、出于战略目的的对社会资源的威权式公共分配等——都可以在快速工业化和伴随而来的浓缩社会转型过程中循环利

① 作为一个发展成功的国家,韩国接待了这样的中国代表团,特别是在20世纪90年代初至中期,这在近2 000年的历史背景下被视为一种极具自我荣耀感的经历。过去,他们的祖先一直向中华帝国派遣朝贡代表团,这些代表团通常也充当文明学习工作组。

用，以模仿成功的晚期资本主义发展国家的治理方法（Chang，K. 2020，2012a）。虽然目前的研究无法提供关于后社会主义社会和晚期资本主义社会在全面实现各种国家、共同体和个人目标方面的政治和社会制度密切关联的进一步细节，但是很显然，压缩现代性是东亚各国（及其次国家社会单位）及其战略性相互关系的关键特征。

需要澄清的是，东亚社会中这种压缩现代性的个人和关系特征，在结构上即使不是完全否定了其独特的亚洲性（Asianess）或亚洲主义（Asianism）的集体文明或意识形态形成，也至少造成了阻碍。由于它们在发展和其他压缩方面的共同经验，它们实际上在几乎所有经济和社会文化领域都比以往任何时候变得更加世界化，包括本应研究这些现象的学术社会科学。① 另一个悖论是，这种多阵线的世界化反映并美化了每个国家及其公民之间的强烈民族主义情绪和共同目标。② 譬如，东亚人之间日益增加的相互文化消费，即从旅游到大众文化（像防弹少年团所代表

① 每个东亚国家的大多数主要大学都非常渴望通过（基于西方的）大型全球评估项目来提升自己的国际排名，如泰晤士高等教育世界大学排名（Times Higher Education World University Rankings）和 QS 世界大学排名（QS World University Rankings）。这给它们的教员甚至研究生带来了巨大的压力，要求他们在西方出版商的主要期刊上发表文章（通过 SCI、SCIE、SSCI、A&HCI 等），通过西方出版商出版书籍。

② 日本和韩国之间关于战时日本军对韩国人的劳动剥削和性奴役的政治和法律冲突最近被转化为敌对的贸易政策，日本试图抗议韩国对日本正式承认此类罪行和担起赔偿责任的严正要求。

的所谓韩流），显然无助于淡化这种日益高涨的民族主义。

回顾过去，这种压缩现代性的民族主义悖论始于19世纪末开始的东亚新国际秩序或现代国际秩序。在以中国为中心的前现代东亚，日本一直是一个孤立主义国家。但它通过著名的明治维新率先实现了西方化和现代化，从而确立了自己作为一个区域主导和具有全球竞争力的政治经济力量的地位。那些遭受日本残酷殖民侵略和剥削的社会和人民暗自渴望通过在压缩现代性中模仿日本的奇迹般的历史来获得平衡，这在其国家民族（主义）精英的大量回忆录、传记和学术报告中都有记载。① 日本的明治维新是一场西方反身性的激进制度转型，但其宏伟目标和基本进程构成了一个前所未有的以中央国家为中心的政治经济和社会意识形态秩序结构。直到21世纪，这种结构仍在其他地方被频繁复制，无论是有意所为还是无意所为（Chang，K. 2012a）。

---

① 朴正熙（Park Chung-Hee）是韩国压缩发展和现代化的关键人物，其个人的日本军事教育经历和职业史被视为他采取类似于军国主义日本在被美国击败之前的经济、社会政治和教育政策的关键因素（Eckert 2016）。朴正熙公开表达了他对那些引领国家的革命性变革，使国家跻身世界上现代化者第一阵容的日本和德国（普鲁士）领导人的敬意。

# 第二部分

# 压缩现代性的结构特征

# 第四章 | 内部多元现代性：韩国作为多元剧场社会

## 第一节 引言

塞缪尔·艾森施塔特（2000）在“多元现代性”论文中提出了一种比较文明的视角。它有助于认识到在不同的历史和结构背景下现代性的多种可能性和形式，以及其促进国家建立或民族复兴的过程。在本章中，我还认为，现代性和现代化进程不仅可以在不同的国家社会中是多元的（如艾森施塔特所解释的那样），而且也可以在个别国家社会中是多元的。如第二章所述，个别国家社会中不同的现代性单位和机构，例如个人、家庭、二级组织、地方以及各种社会单位（国家、公民社会、族群等）都可以被记录为现代性的内部多元性单位。这种内部多元性导致了国家现代性所呈现出的内部复杂性。此外，现代性/现代化的多元机构可以具有相互竞争、刺激、抑制、抵消或替代的关系，从而产生内部多元现代性单位之间的互动变异性。①

现代性/现代化的内部多元性也可以被记录为现代性

① 瑟伯恩（2003：295）关于“缠混现代性”的论文也强调了这一点，该论文指出：“不仅存在不同的现代性的共存，而且它们之间存在相互关系。”

化(modernization)的各种历史表现形式(见第二章)。自19世纪末以来,韩国社会(当时的朝鲜王朝)和人民一直受到一系列压倒性国际关系以及相关的地方动荡和对抗的影响。这些事件与韩国人在过去所经历的战争和冲突有着本质上的区别,因为它主要反映了国际区域政治军事关系的结构和变化。在19世纪末,日本成功地将其反身自我变革为源自西方的现代性之后,作为一支全球级别力量入侵了韩国。① 日本对韩国的殖民化对正在形成的现代性的新世界秩序产生了非常重要的影响,即韩国人通过西方现代性的代理机构屈从于西方现代性。日本在太平洋战争中输给美国,又给韩国人带来了另一种独特的文明体验。因为这个霸权的自由主义力量实际上命令韩国人加入以美国政治、经济和社会体系为中心的所谓自由世界。尽管韩国在反身自由制度化和结盟的政治立场方面不可避免地适应了美国的现代性(Mobrand 2019),但韩国人也试图以文化和经济上自我坚定的方式塑造自己的现代性。在文化上,一种新传统主义的现代性立即在几乎所有韩国人中迅速普及,因为他们试图将自己作为平等公民的现代社会政治地位,同(传统贵族)儒家主体主要在家庭关系和仪式上的同等尊贵文化地位相匹配。在经济上,朴正熙领导启动了一种国家资本主义工业化,以实现快速

① 见下文关于全球背景下后殖民反身现代化的结构特征的论述。日本的反身现代化并非后殖民主义的,但是具有类似特征,因其承认西方的文明和政治经济优势并开始参照西方的现代化(或现代性化)。

自主的国家发展。这不仅产生了显著的集体经济成果，而且形成了一种极为独特的政治经济体系。韩国作为一个在经济、社会和政治上具有许多特征的工业化国家，最近又迈入了新自由主义全球化的最新时代，而其在新形成的世界秩序中的活跃地位是在一系列复杂的国内社会经济风险和成本上建立的。所有这些重大的转型都将韩国重塑为一个引人注目的政治、经济和文明实体，吸引了全世界的注目，但其社会完整性和稳定性仍在经受考验或重建，因为被逐渐剥夺公民权的庶民群体占其人口的大多数。

通过上述历史转型以及伴随而来的文明和政治经济变化，韩国已成为一个具有内部多元现代性的国家。现在它似乎是一种多元剧场社会，受制于多种多样而且并存的现代性政权。每个现代性都不可能是特别韩国化或韩国独有的，因为它们已经融入现代社会变化的全球结构和进程。尽管如此，韩国在现代性的内部多元性、每一种现代性的戏剧性和强烈实现、每一种现代性的无限延伸以及这种多元现代性之间极其复杂的相互作用方面无疑是与众不同的。虽然这里只在社会层面讨论了内部多元现代性的论题，但它与现代性的其他单位和机构（如个人、家庭、二级组织、地方和民族区域）也有关联。[①] 内部多元现代性的社会生态复杂性实际上是无限的。

---

① 在这方面，请参见咸（Hahm, I. 2006）对韩国女性“多层次现代性”的清晰描述。

如果说现代韩国已经因如此多样的现代性过度饱和,那么它在许多方面和领域仍具有的明显的儒家特征应该被视为一个非常奇特的现象。本章稍后分析的**后殖民新传统主义现代性**(postcolonial neotraditionalist modernity)将会为这一现象提供部分线索,但需要对传统韩国(尤其是朝鲜王朝)及其现代转型和变形有更广泛和更系统的理解。儒家思想在韩国历史上的社会政治意义几乎与其在中国历史上同样重要。特别是,建立于1392年的朝鲜王朝将自己明确确立为一个正式的儒家国家,其儒家秩序详细定义并规范了从孝道和友谊到王室对公民的权力甚至朝鲜与中华帝国的朝贡关系等几乎所有社会文化和政治关系。从16世纪开始,朝鲜的儒家贵族阶级两班(yangban)试图采用并强化以家庭宗教仪式和关系为中心的中国新儒家思想,来进一步巩固其社会霸权(Lee,K. 1990)。儒家的霸权权威如此强烈和普遍,以至于朝鲜的社会经济解体时出现了一种矛盾的现象,即普通平民当中的普遍的、往往是虚假的"两班化"(yangbanization),他们开始遵守或假装遵守儒家的社会规范和仪式(Kim,S. 2003)。在20世纪初,日本殖民占领韩国后,一般将日本的社会政治规则与儒家思想相结合,从而创造性地利用韩国人的儒家规范和关系,有效控制和利用了韩国人。① 最后,

① 在这方面,作为在社会层面非常重要的意外现象,一种虚假的长子继承规范在韩国的仪式型长子继承传统和日本的实际家庭制度(称为家[ie])之间产生。在朝鲜,长子的家族权威主要在于他领导祖先崇拜方面的职能,(转下页)

正如本章后半部特别分析的那样，当日本在太平洋战争中败给美国，韩国人从日本统治中解放出来时，尽管（或者说，由于）他们普遍获得了现代民主政治权利和主权公民地位，但几乎所有人都立即试图通过接受儒家的规范和家庭关系在社会文化上维护自己的尊严（另见 Chang，K. 2018）。与此相关，后面（第八章）所阐述的**基础设施家庭主义**有助于儒家思想的实际影响力迅速扩散到各种社会（家庭外）领域和关系中，尤其是社会中的劳动和性别关系。儒家思想在传统、殖民和后殖民时代的韩国得到了连续的强化和应用，这无疑意味着无论出现了什么现代的相遇、变革和制度，它们都必然复杂地反映并影响了韩国的儒家秩序和文化。这需要通过一项认真的单独研究，具体分析并界定韩国内部的多元现代性及其潜在的儒家特征，但人们可以放心地判断，当代韩国的儒家思想是多种多样的，而且与传统一样现代。

随后本章讨论了以下几种现代性制度/类型。即殖民辩证

---

（接上页）而每个兄弟姐妹的正式贵族官僚地位，如两班，则必须通过国家管理的考试单独确立。在日本的家制度被移植到韩国儒家长子继承制文化之后，每个家庭的长子开始拥有仪式权威和物质优先权（在不成比例地或完全继承家族财产、企业等方面）。这种基本上偶然的家庭文化发展，后来导致兄弟姐妹之间以及父母和子女之间的广泛不和。例如，三星集团和现代集团的案例表明，财阀家族中兄弟姐妹之间的企业继承冲突经常被触发，尤其是当父亲，即企业创始人决定拒绝选择长子作为其集团领导层的继承人时更是如此（Chang，K. 2010a）。

现代性、后殖民反身制度(主义)现代化、后殖民新传统主义现代性、冷战与自由世界现代性、国家资本主义现代性与国家发展主义、新自由主义经济全球化与世界性现代性,以及正在形成中的庶民自由主义现代性。然后,本章分析了这些内部多元现代性之间的各种相互作用和矛盾。本章的结尾将强调韩国作为一个多元剧场社会的独特社会文化性质,在这个社会中,对现代性的各种主张激烈而响亮地并肩上演或接连上演,但它们之间并没有让人信服的相互和解的前景。

## 第二节 殖民辩证现代性

20世纪上半叶日本对韩国(当时的朝鲜)的大约40年的殖民统治,从根本上反映了它通过一个跨国重组资本主义的过程终将成为泛亚洲资本主义帝国的目标。日本的这种野心导致了日本在与美国的一场大规模战争中(日本不欢迎美国在亚太地区的影响力)遭到毁灭性打击,并使朝鲜半岛被美国及其战争盟友苏联分割和控制。韩国在随后的几十年里经济发展异常迅猛,其主要原因一直受到激烈争论,包括韩国人作为日本殖民地主体的经历是否对经济发展产生积极影响。这种经历常常被称为韩国在日本统治下的“殖民地现代化”。然而,考虑到日本显然有意将韩国作为其帝国政治经济的永久性部分来统治(Schmid 2010),其殖民统治本质上是日本在占领的海外领土上所呈现的那种**日本的、被日本推行的、为日本进行的扩张现代**

**化**（expanded modernization of Japan, by Japan, and for Japan）。[①] 日本对韩国的殖民统治体现了资本主义帝国主义，其基础是一种**养鱼场现代性**（fish farm modernity），即为了促进对韩国资源最大限度的调动和开发，在殖民地韩国支持和推行制度法律、观念和技术的现代化。此外，在后殖民时代，韩国人的殖民经历在什么条件下、在什么过程中被用作对国家发展和现代化有用的社会资源，这一点也仍然没有明确说明。

如果说韩国人确实在日本殖民资本主义统治下实现了现代化，那么只能说这是一个基本上基于阶级的现代化过程。韩国人要么被边缘化，成为结构上从属的农民（Shin, G. 1997; Kim, D. 2007），要么在城市第三产业和工业部门变成一种**殖民地不稳定无产阶级**（colonial precariat）（Kim, K. 1992; Shin, Y. 2001）。[②]通过实施有争议的土地调查工作（tojijosasaeop），日本

① 很多表现为“日本合作者”的韩国知识分子和企业家的立场受到激烈争论，他们的立场部分被描述或解释为他们接受了日本作为一个超国家实体的事实，并且韩国（朝鲜）在西方霸权的新国际秩序下必须属于这个超国家实体。这又与冷战时期亲美知识分子和政治家接受本章下文所述的“自由世界”的生存紧迫性立场相符。

② 性别维度可以作为殖民辩证现代性的另一个实例对此加以补充。参见尤（Yoo 2014）最近的讲述韩国女性对日本殖民主义的顽强反抗的专著。此外，日本的殖民家庭政策和法律既确立了女性在日益增多的核心家庭中的正式法律地位（Lim, S. 2019），又合法化了男性在韩国人口的社会行政控制中作为“户主”（hoju）的地位（Yang, H. 2006, 2011），这导致了性别关系的复杂变化。

非法侵占了韩国人的大部分公有土地(其所有权不明确),并将普通村民从公共道德经济主体转变为在政治操纵的市场经济中具有阶级利益的个人化耕种者(Kim,D. 2007)。殖民地工业化,一个在经济上将韩国人口并入日本资本和技术的政治框架过程,几乎根据民族划分彻底分化了工业阶级关系(Kim,K. 1992)。在这个过程中,韩国人开始发展具有强烈的庶民(subaltern)阶级意识的社会主义(种族)民族主义(Cumings 1981)。[①] 这将一次又一次地成为一种坚定的道德化意识形态,让(种族)民族主义者对抗所有资本主义统治力量,即日本、美国和美国支持的韩国政府及其客户资本家(Han,H. 2002)。[②] 这一现象可以被概念化为殖民辩证现代性(colonial dialectical modernity),而不是简单的殖民地现代化。资本主义的现代性常常被轻率地描述成等同于资产阶级的意识形态和地位,但在任

① 元山总罢工是这方面的一个里程碑式的事件。1929 年 1 月 13 日至 4 月 6 日,2 000 多名隶属于元山工人协会的韩国工人发动了一场针对殖民时期日本(及西方联盟)工业家的最有力的罢工。尽管罢工的经济影响范围有限,但殖民资本主义工业化帮助形成了一个现代的韩国无产阶级,并且其社会政治意识将随着日本(和一些西方)企业的经常性种族主义剥削的强度增加而增强。

② 与此相关的是,大多数韩国人在解放后的一段时期表达了他们对社会主义经济体制的偏好。在美国军事占领当局的一项社会调查中,首尔市民选择资本主义的比例为 14%,选择社会主义的比例为 70%,选择共产主义的比例为 10%。(《今日传媒》[*Mediatoday*],2017 年 4 月 21 日;http://www.mediatoday.co.kr/news/articleView.html?idxno=136310)

何地区，大多数与资本主义制度结合的人口都没有成为资产阶级。①

殖民辩证现代性的另一个例子是在日本统治下产生的一个狂热的（种族）民族主义公民社会（参见 Shin, Y. 2001）。② 在日本殖民统治期间，相对于作为代理政府的威权殖民当局，韩国人民作为一个整体构成了一个事实上的公民社会。即使没有形成一种系统的（反对封建国家的）自由主义精神，韩国人被日本殖民政府通过残酷镇压和剥削统治征服，促使韩国人将自己想象成一个对抗和抵抗侵略者国家的集体

① 在韩国的进步知识分子中，这种社会主义或无产阶级（种族）民族主义长期以来一直是一种具有广泛影响力的意识形态。20 世纪 90 年代中期，韩国的一些学生活动家试图将他们反对军事独裁和垄断发展资本主义的政治斗争重新定义为一个泛韩国项目，他们将自己与朝鲜领导层联系起来，并公开订阅主体思想文献（Park, C. 2016）。这一通常被称为 NL（national liberation，即民族解放）的团体实际上在学生政治运动和随后的有组织的劳工运动中成为主导力量，造成了这两个运动的最终衰退。NL 的许多核心人物摇身转变为（韩国的）新右派，表现出为保守统治势力（包括日本殖民统治）的存在必要性辩护的政治立场和意识形态，并在民主化、人权等方面推动反朝鲜的斗争。参见金（Kim, S. 2017）关于主体思想的研究。

② 东亚是世界历史上的一个特殊区域，因为这个区域的主要国家在连续的国家结构变化中长期保持着高度的种族同质性和连续性。因此，该区域的民族主义通常被看作是与民族意识甚至种族主义一致的（Shin, G. 2006）—— 在韩国，通常是以**单一民族**（danilminjok）的意识形态呈现。然而，这种种族维度并没有导致韩国民族主义的政治、社会和文化影响力减弱，在充满外国影响的动荡而不稳定的政治体制下尤为如此。

社会主体(Shin, Y. 2001)。① 例如,1919 年 3 月 1 日,韩国人通过非暴力手段在全国范围内发起了一场引人注目的抗议活动,要求终止日本的殖民统治。日本这个殖民国家的种族主义式虐待和剥削,立即唤醒了韩国人对其在全球政治秩序中岌岌可危的民族地位的认识,并无意中帮助形成了一个有争议的现代公民社会。其影响力一方面扩散到殖民主义侵占下的其他社会,另一方面,甚至持续到 21 世纪朝鲜半岛的政治格局中。

即使是后殖民政治也无法彻底消除这种(难以忍受的)外部影响。美国曾短暂地将自己确立为一个准殖民国家当局,帮助建立了美国支持的政府,或直到现在还一直试图确保既定国家领导层的亲美立场(Cumings 1981; Park, T. 2008)。不幸的是,大多数与美国有关的政权以及美国占领当局本身仍然对公民社会怀有高度敌意,这种敌意同时又有助于加强民间社会的(种族)民族主义情绪。相反,韩国(种族)民族主义通常具有固有的公民社会取向,其巩固了一种(种族)民族主义自由现代性。这种(种族)民族主义自由主义长期以来一直保持一种核心思想影响力,它与上述(种族)民族主义社会主义以及随后在朴正熙及其继任者

① 西奥多·休斯(Theodore Hughes 2014)最近对殖民时期和后殖民时期韩国文学和电影的描述可以被解读为暗示了其中的各种殖民辩证特征。

领导下的(种族)民族主义国家资本主义相抗衡。[①]

## 第三节 后殖民反身制度(主义)现代化

在许多后殖民社会中,现代化开始于一个反身的过程(Giddens 1990; Beck, Bonss, and Lau 2003; Chang, K. 1999),这些社会最初的批判性自我评价通常集中在相对于统治和剥削它们的西方势力而言其弱点和不足,导致它们公开决定在制度现代性和经济制度(资本主义或社会主义)方面效仿西方。[②] 虽然反身现代性理论最初主要是为描述西方社会晚期的现代社会变化而提出,但其更为明确的对应过程正作为后殖民世界的秩序而发生,这又使得西方能够从侵略剥削者形象被体面地重新定位为文明模式。这种反身现代化在国际和国内层面产生了不同情景的后果。在国际上,资本主义西方的一些前殖民剥削者因此成为后殖民时代现代化的导师和赞助者,同时一些所谓竞

---

① (种族)民族主义自由主义在社会学、文学以及最近的电影领域产生了特别强烈的影响。其重要人物包括韩完相(Han Wan-Sang)和白乐晴(Paik Nak-Chung)。在政治上,金大中(Kim Dae-Jung)总统(Kim, D. 2010)和后来的文在寅(Moon Jae-In)总统都清楚地说明了这一点。

② 贝克和吉登斯(Beck, Giddens, and Lash 1994)认为,晚期现代现实中的反身现代化是一个结构复杂的社会变革过程,在无法控制的选择洪流下,现代社会和人们面临的风险比机遇大。参见张(Chang, K. 2017b)在《威利布莱克威尔社会理论百科全书》中关于"反身现代化"的正式理论说明。从全球角度来看,这也是一个早期现代的现实。

争势力则通过赞助其他现代化路线（特别是社会主义）取得了类似的地位。在国内，相互竞争的力量（如国家、公民社会、社会阶级等）往往终将在社会政治上认同自己与西方同行，并促进大致相似或共同的发展、现代化或改革目标。①

美国在军事上击败了作为韩国前殖民统治者的日本，随后根据自己的自由主义原则和实践对日本遗留的政治、经济和社会进行了各种根本性改革（Chang，K. 2012a）。正是通过这样的过程，美国的政治、经济和社会体系开始成为韩国现代化和发展的反身标准。② 在某种程度上，考虑到韩国从日本殖民统治中解放后的几年里又遭到美国不请自来的（如果不是不受欢迎的话）军事占领，可以说后殖民反身现代化开始于一种新殖民过程（Cumings 1981；Park，T. 2008）。韩国和其他受美国政治军事影响的社会被诱导或被迫转变为“现代”（读作美国）的政治、经济和社会制度，最终在美国的领导和利益下融入新的全球政治经济体系。这种新殖民主义在韩国政治和社会的各阶层中并没有得到普遍的欢迎或容忍，但朝鲜战争有效地削弱了公民社会中批判立场和声音的力量。

① 蓝佩嘉（2014）所说的“全球缠混”可以与这一历史现象相对应。

② 作为对美国在日本吞并韩国时所作出的共谋性支持的回报，美国被日本允许在社会文化事务，特别是宗教、教育和社会工作领域对韩国人产生广泛影响。在日本殖民统治期间，许多韩国人来到美国人建立的教堂、学校和福利机构寻找避风港。这些经历为韩国在解放后各方面的美国化奠定了一个有益的大众基础。

在韩国和其他社会，后殖民主义/新殖民主义反身现代化通常具有制度主义特性，因为它的大部分相关努力都集中在模仿**先进国家**(seonjinguk)的政治、法律、经济和社会制度上。反身制度(主义)现代化是一种通过议会立法、政府法令、专业组织章程、民间共同体宣言，甚至通过独裁命令等制度宣言实现的现代化。在所有这些程序中，它基本上是一个跨国知识交易的过程，西方模式的当地大学在其中发挥了重要作用。[①] 特别是，学术社会科学在许多学者兼政治家/行政人员/活动家的职业道路中发挥了关键的工具性作用，这些人往往拥有西方大学的学位(见表4.1)。[②] 然而，这些知识专家在很大程度上未能帮助构建这种跨国输入或适用制度的重要社会物质性——特别是，将制度嵌入具体的社会利益和关系，组织资源流动以实现有效和可持续

---

① 最重要的是，首尔国立大学在1946年仿效了美国综合研究型大学模式，并吸收了一些独立学院，其第一任校长是一名拥有博士学位的美国军官。这所大学成为随后在主要的地方中心建立的其他国立大学的标准模式。因它所具有的压倒性社会影响力，迄今为止，它一直在韩国的反身制度现代化中扮演着民族主义美式机构的角色。见《首尔国立大学五十年史，1946—1996》(*The Fifty Year History of Seoul National University, 1946 - 1996*, Seoul National University 1996)。

② 这是在韩国普遍所称的“政治化教授”(polifessor)兴起的一个核心原因(Noh, S. 2008; Byeon, C. 2012)。政治化教授在研究和教育中的严重不作为，甚至一度促使国会试图对其进行监管(Sohn, H. 2009)。政治化教授有时被比作朝鲜王朝时期的儒家绅士，不过大多数是出于批判性观点(Byeon, C. 2012)。尽管如此，政治化教授们还是会很轻松地提醒自己，这种学者兼官员的身份是一种有价值的传统。

的制度运作，等等。① 也许，这些任务既是政治、行政和社会运动的直接使命，也是学术界的副业，但毕竟许多参与其中的学术界人士也曾担任过政治家、行政人员和民间活动家。

表 4.1　1945—2013 年按学科组分列的韩国博士学位主要来源国

| 排名 | 社会科学 | | | 工学 | | | 人文学 | | | 自然科学 | | |
|---|---|---|---|---|---|---|---|---|---|---|---|---|
| | 国家 | 人数 | 占比/% | 国家 | 人数 | 占比/% | 国家 | 人数 | 占比/% | 国家 | 人数 | 占比/% |
| 1 | 美国 | 5 881 | 62.8 | 美国 | 5 261 | 63.8 | 美国 | 2 217 | 33.4 | 美国 | 3 400 | 70.3 |
| 2 | 德国 | 846 | 9.0 | 日本 | 1 965 | 23.8 | 德国 | 962 | 14.5 | 日本 | 698 | 14.4 |
| 3 | 日本 | 817 | 8.7 | 英国 | 297 | 3.6 | 日本 | 786 | 11.8 | 德国 | 251 | 5.2 |
| 4 | 英国 | 569 | 6.1 | 德国 | 248 | 3.0 | 法国 | 664 | 10.0 | 英国 | 164 | 3.4 |
| 5 | 中国 | 325 | 3.5 | 法国 | 197 | 2.4 | 中国 | 640 | 9.6 | 法国 | 102 | 2.1 |
| 5 国总和 | | | 90.1 | | | 96.6 | | | 79.3 | | | 95.4 |

资料来源：摘自韩国高等教育研究院（Korea Higher Education Research Institute, KHEI）2014 年新闻稿《1945 年至 2013 年间，海外博士学位中的 57% 为美国学位》表 3（http://khei.re.kr/post/2099）。

然而，在公共治理领域，对国家管理及地方治理的传统制度的历史记忆和参考，似乎批判性地补充了反身建立制度的有缺陷的社会物质性。尽管存在着封建或前现代的社会和政治主权概念，

① 这种社会局限性与韩国所谓的**反身社会科学**（reflexive social sciences）或**反身实证主义社会科学**（reflexively positivist social sciences）的一般性质密切相关，其特点普遍倾向于测量西方标准与韩国现实之间的距离，而不是用自己的方式分析韩国的现实问题。

但朝鲜王朝统治时期国家的政府结构、预算机制和公民观念与现代非常相似。① 甚至高丽王朝也没什么不同（Yi，K. 1984）。对大多数韩国人（除了那些直接参与西方导向的反身制度化的学术、法律和技术官僚专家）来说，比起任何关于反身制度的基础和相关性的公开声明或学术解释，他们对传统国家的介导性记忆是理解和适应大量反身制度的更重要的文化基础。由于所采用的反身制度拥有自由主义基础，所以这种对封建国家制度的历史参考在本质上是有限的，并且在逻辑上是虚假的。但结果是，作为一个悖论，当韩国的民主主义退化为一系列具有新传统主义诉求的威权国家主义规则时，这种参考在认识论上是方便的（Cumings，2005）。②

在跨国衍生制度的社会物质性普遍并长期不足的情况下，后殖民/新殖民反身现代化在许多公共领域和民间领域仍然处于一个可以被称为**农舍现代性**（cottage modernity）的阶段或状态。浅植的树枝状社会和法律制度不可能长期有效地运作，在复杂的后殖民现实中，它们的直接使用或滥用往往减缓甚至抑制其稳定成长为根深蒂固的树木状状态。这种困境在韩国民主主义的混乱波动中表现得最为清楚、最为痛苦（Choi，J. 2002）。除这种对制度现代性的愚化之外，农舍级制度的失灵和不成熟操作性往往导致

---

① 参见柳（Lew，S. 2013）和金（Kim，S. 2011），了解关于朝鲜王朝或整个东亚的文明和制度原始现代性的重要论据。

② 特别是，朴正熙试图通过所谓的儒家思想"**忠孝**"（忠于国家和孝敬父母）来巩固自己的统治地位，暗指公民应该像对待父母一样为国家服务（具体服务于国家领导人）。

或允许其他类型的制度被用作替代品——这是一种被广泛观察到的现象,可被称为**制度功能混淆**(institutional functional conflation)。当一些组织惰性和结构性利益被替代性机构巩固时,它们往往会不断威胁所谓恰当的制度的正常发展和运作或使其复杂化,并同样严重扭曲其原有的制度功能。例如,韩国军队和媒体强烈并长期的政治化严重阻碍了正常政党的巩固和稳定发展,同时阻碍和扭曲了其自身的制度演变。①

一个看似相反的现象是制度之间普遍和长期的隔离和孤立趋势。反身制度现代化通常通过文明的或系统的**反向工程**(reverse engineering)的过程进行,即每一个包括先进社会制度文明的核心社会制度都由社会委托或合法授权的独立部门工作人员模仿或改编。② 最初使用的**分割的制度模仿**(compartmentalized institutional simulation)实践已逐渐退化为相互孤立的制度模仿划分的僵硬结构,而学术界是相当糟糕的案

① 关于韩国媒体的政治性质,参见《媒体力量与议程动态》(*Media Power and Agenda Dynamics*,Park and Chang, 2001)。

② 这种战略逆向工程从根本上预设了模拟文明或系统的长期一致性(以及其内部制度/概念一致性)。在解放后不久,韩国对美国制度的严重依赖讽刺性地帮助满足了这种条件,但美国占领当局和韩国政府的成本最小化动机、殖民时期韩国精英的残余影响,以及美国在冷战时期对朝鲜半岛政治军事稳定的优先考虑等很快就结合起来,在国家制度现代化模式中造成了长期的结构复杂性、不一致性和分裂(Park, T. 2008; Kim, D. 2018; Chang, K. 1999)。

例之一。[①] 分割模仿或调整的制度会因其潜在的相互不和谐和不协调，以及习惯性地忽视它们共同存在的普遍秩序和社会目的而产生额外的功能问题。这些问题将加剧上述制度功能混淆的趋势。

## 第四节　后殖民新传统主义现代性

在区域历史文明的背景下，日本被视为一个落后于中国及其忠实的文明拥护国如朝鲜（现在的朝鲜半岛）和琉球（现为冲绳）的国家。因此对韩国人来说，当韩国沦为日本的殖民主义牺牲品时，他们感到一种极为强烈的民族耻辱。这种情绪也是可以理解的。因为在日本殖民统治期间，韩国反殖民主义抵抗的主要动力来自许多前贵族家族（即两班）中博学的儒学精英，尽管许多臭名昭著的殖民统治合作者也是这些家族的成员（Chang，K. 2018）。日本对韩国社会所做的根本性改变之一是正式重申了由短命的大韩帝国在名义上废除的朝鲜王朝封建身份

① 例如，截至2020年，首尔国立大学作为韩国领先的综合性大学，拥有15个本科学院和82个学科系（http://www.snu.ac.kr/organization）。首尔大学普通研究生院的硕士学位课程有5个领域、70个系和28个合作课程，其博士学位课程有5个领域、72个系和29个合作课程。它还有12个特殊研究生院。每个系或研究生院课程基本上都作为独立机构运作，因而具有相互分离的教育职能和研究职能。在本科，系与系之间不存在隶属关系，因此教员聘用具有很强的近亲繁殖特性。它很难成为一所普遍存在的综合性大学。

制度（由两班、中民、常民、贱民，或称绅士、中间人、平民和奴隶等组成的身份制度）。但从对成本效益的控制和剥削韩国人的务实考虑出发，日本对儒家文化的立场仍然是融合和灵活的（Lee，H. 2011；Rhyu，H. 2005）。

韩国从日本统治中解放的同时，一些以前具有影响力的儒家家族和传统社区学堂的成员立即作出各自的努力，谋求恢复公共生活和社会政治秩序中的儒家原则。尽管这些精英的努力在很大程度上是无效的，但普通的韩国人开始在他们的私人领域广泛而热情地完善儒家文化。这一现象开始与普遍的民主主义公民权的新政治秩序、土地改革下建立的新经济秩序，以及普遍（初级）公共教育的新制度结合在一起。也就是说，作为韩国（现在是一个拥有同等主权平民的民族国家）的正式成员，几乎所有的韩国人都试图在政治、农业和教育等方面维护自己的崇高文化地位，同时维护自己的新公民权。这种趋势导致文化上自私自利的贵族化（两班化）——主要在家庭关系和仪式中——立即在全国各地发生，使现代韩国社会比其祖先朝鲜王朝社会更具儒家色彩（Chang，K. 2008；Jeong，J. 1995）。当然，这一趋势激怒了许多传统贵族家庭的成员，他们声称自己才是更恰当地拥有或保持儒家专属地位的人。①

---

① 然而，朝鲜王朝晚期又出现了在王朝早期出现的**两班化趋势**（Kim，S. 2003），其目的更具实质性，即通过各种非法手段获得**两班**身份，来逃脱国家的剥削。

以家庭为基础的儒家思想被视为一种社会优越的文化资产,因此它构成了自由现代性的核心社会文化基础(在韩国版本中)。通过严格参与(扩展)家庭生活,每个公民都能感受到同等的优越感和道德感。这种文化上的自我尊严化通常是通过复杂而奢华的家庭仪式(如婚礼、葬礼、祭祖等)来实现的。但这一趋势严重困扰了发展型国家的努力,即最大限度地减少国内消费,同时实现工业投资和经济增长最大化(见照片 4.1)。这种现象是**新传统化**(neotraditionalization),而不是**再传统化**(retraditionalization),因为基于这种文化平等主义的儒家思想与在朝鲜王朝作为贵族阶级(两班)核心地位资产的儒家思想完全不同(Chang, K. 2018,第四章)。正如伊利·扎列茨基(Eli Zaretsky 1973)权威性解释的那样,现代(核心)家庭生活的贵族性质,作为新传统主义现代性也可以在西方语境中找到——维多利亚时代的家庭文化随着资本主义生产体系和劳动制度的转变而被资产阶级和无产阶级依次侵占。相比之下,西方案例更多地是一种长期的政治经济现象,而韩国的案例更多是一种即时的社会政治现象。① 在各种新韦伯主义分析中,儒家现代性一

① 在这两个案例中,家庭新传统化对女性的影响截然不同(Chang, K. 2018)——与将西方女性作为现代核心家庭文化支柱的情感浪漫化相比,韩国女性除农业劳动之外,还在扩大的家庭关系和仪式中遭到过度剥削。应该指出的是,韩国女性的地位规范也受到了殖民时期日本良妻贤母(ryosai kenbo)思想的影响(Choi, H. 2009)。这种思想与儒家家庭规范不仅不矛盾,而且加强了其规范。除家庭管理之外,韩国女性日常从事农业和 (转下页)

照片 4.1　1969 年参加《家庭仪礼准则》公开宣示仪式的家庭主妇

照片来源：《京乡新闻》(*Kyunghyang Shinmun*)，2017 年 8 月 27 日。

作者注：1969 年，朴正熙政府宣布了《家庭仪礼准则》，以限制普通公民在祭祖、葬礼、婚礼等新传统儒家仪式中的过度实践和消费。

直是分析韩国(或东亚)民主、资本主义、社会保障、企业管理、教育、宗教等的特殊性的一个热门话题(Kim, K. 2017; Lew, S. 2013)。虽然这些话题中的每一个都吸引了大量的学术研究和公众关注，但它们都有一个共同的局限性，即没有无可辩驳地确立所谓儒家实践和秩序的真正儒家意义。可以肯定地说，无

(接上页)其他生产劳动的现实情况也暴露了培养女性地位所需的复杂影响因素。然而，这并不是通过父系亲属体系在制度上得到明确表达的，事实上这是伴随着女性在日益增长的核心家庭中的正式地位的殖民合法化呈现的(Lim, S. 2019)。家庭文化中的后殖民新传统化将大大有助于消除女性在日常生活中的法律地位的实际影响。

论成功与否，儒家文化已被务实和灵活地应用于管理或解决这些现代任务。在这个过程中，上述对韩国人日常生活中家庭关系和仪式的后殖民儒家化，可能有助于所谓儒家礼仪和秩序在政治、工业、福利、教育甚至说教方面奠定认识论和道德基础（见照片4.2）。① 正是基于这个原因，许多所谓儒家式的组织、机构和关系公开使用了各种关于私人家庭关系和角色的术语——最常见的是“作为家庭的企业”，其中**企业总首**（gieopchongsu）（企业的总负责人，意为拥有企业所有权的最高执行官）被定位为行政和文化意义上的大家长。②

同样重要且更系统的是，儒家思想在广泛的公共事务和平民事务中产生了各种制度化效应，因为韩国家庭直接充当了儒家的主要机构和行为者（Chang, K. 2010a）。韩国的发展和现代化有许多众所周知的（或引人注目的？）特征，如过度的教育热、固执的自立式福利和富于攻击性的企业集团（财阀）等，这些特征在制度上是以家庭关系、利益和责任为基础的。与西方福利国家、劳动力市场、生活方式等的“制度化的个人主义”

① 甚至韩国新教教堂的社会秩序和关系也被认为是高度儒家化的（Gey, J. 2010）。他们中的一些人一直按照其创始人牧师的男性血统进行遗传式管理（Bae, D. 2013；《韩民族日报》[*Hankyoreh*] 2017）。公共地位或职位的家族继承并不一定是儒家的，但儒家父权制一直是此类非法行为和不虔诚行为背后的主要组织性秩序（Im, H. 2000）。

② 作为这种企业文化的扭曲表现，企业总首对员工施加的身体暴力事件常常登上新闻头条（例如，《韩国日报》[*Hankookilbo*]，2017年7月18日）。

照片 4.2　安东市儒学园（Yugyoland）开业

照片来源：韩国联合通讯社（Yonhapnews），2015 年 7 月 16 日。
作者注：由于儒家思想在国家公共领域中的统治性社会政治意义已不再有效，因此一些儒家绅士的传统居住地已经开始进行复兴儒家的区域化努力。例如，2013 年，安东市推出了儒学园，以象征其作为朝鲜王朝时期统治性儒家绅士中心的传统地位。

(institutionalized individualism)(Beck and Beck-Gernsheim 2002)形成鲜明对比的是，**制度化的家庭主义**(institutionalized familialism)(Chang, K. 2010a; Chang et al. 2015)在韩国人管理各种社会和经济事务时已成为一种私人驱动但政府认可或强化的范式。对子女教育的鼓励和投资一直被视为父母最光荣的(文化)责任。强烈的孝道(hyo)伦理长期以来帮助推迟了老年社会保障措施的公共准备，从而导致韩国老年人面临工业国家中最严重的相对贫困水平。历届政府中的大多数对企业集团所有权和管理权的普遍世袭家族继承保持冷漠或宽容态度，不仅导致了逃避应付费用（税收）和绕过其他相关方公平话语权等广泛的法律和财务违规行为，还导致了继承人兄弟姐妹之间围绕（文化意义上？）公司继承的合法顺序和份额的频繁冲突。

如果社会和经济事务的管理是在制度化的家庭主义下进行的，那么儒家规范——不管是历史上有效的还是轻松断言的——决定了相关各方的具体主张、选择和行动。至少从那些直接参与人的角度来看，教育、福利、公司治理以及许多其他以家庭为中心的事务确实证明了韩国现代性的儒家本质。但其严重不良后果是，各种所谓的公共事务对女性的长期歧视和剥削，得到了家庭成员和其他相关方以及时常对女性不利的儒家家庭规范的支持和正当化（Chang，K. 2018）。

## 第五节 冷战与自由世界现代性

美国对韩国的政治独立（以及与朝鲜的分裂）的影响是决定性的，这不仅是因为它战胜了日本，而且还因为它构想并建立了一个新的国际政治秩序（即威尔逊主义）。实际上，美国在太平洋战争中的胜利并没有使美国对其解放或帮助解放的国家和领土处于无忧无虑的状态。根据美国设想的自由国际主义新世界，这些被解放的国家必须被转变或巩固为世界范围内自由资本主义秩序的适当组成部分。但这一历史要求不可能通过恢复这些国家以前存在的本土秩序和文明来实现，而是通过吸收以美国为例的“现代”政治、经济和社会制度来实现。① 现代化的定义从一开始就反映了特定的全球历史政治背景（Apter 1965）。

然而，美国只能在朝鲜半岛一半地区帮助促进这种同化或现代化。由于朝鲜战争后美国在管理社会局势方面的疏忽（不管当时是多么方便）安排，再加上苏联几乎是被邀请参与半岛的北部事务，美国立即成为南北分裂并最终导致半岛的资本主义和共产主义分裂的主要责任国（Cumings 1981）。对韩国来说，美国勉强的、最低限度的参与（除了在全国范围内实施的为消除社会主义影响而进行的军事行动）以及同时对日本殖民制度资源、人力资源和基础设施资源的许多回收，未能帮助建立正在形成的新政权（韩国）的坚实物质基础和制度基础，其脆弱性将因朝鲜政权统一国家的行为而受到严重考验（Park，M. 1996）。尽管苏联在朝鲜战争（1950—1953 年）中的作用仍有争议，但这场全面内战至少同时呈现出资本主义集团和社会主义集团之间全球冷战的必然性质。冷战结构会因这场内战的加剧而变得

① 在这方面，无数的韩国社会科学家参加了美国大学的研究生课程，他们通常得到韩国或美国政府的公共支持，并回国引领教育、研究和制度现代化（Kim，J. 2015）。前面已经介绍的于 1946 年成立，在韩国国内具有顶尖教育和研究地位的首尔国立大学，其首任校长就是一位具有一定学术背景的美国军官。

稳固。①

威尔逊自由国际主义在冷战的超级大国竞争中贬值——正如朝鲜战争所引发的那样——再次证明了韩国的自由资本主义要从一个后殖民国家工程转变为自由世界国际政治的紧迫必要性。也就是说，韩国的发展和现代化开始呈现出一种集团性质，这种性质由美国对全球自由资本主义区域和国家的霸权影响所定义（Cumings 1997；Kim，D. 1997）。自由世界作为一个整体集团成为自由资本主义现代性的基本单位，其基础是美国政治、经济和社会制度的中心地位。对于那些受美国霸权主义影响的国家（通常被称为“盟国”）来说，美国的制度实际上已成为其现代化和发展的直接因素。正如一种**自由世界公民权**（Free World citizenship）所表明的那样，这些盟国的个人、民间组织和商业企业可以优先获得美国的教育、文化、技术、商品市场和公共援助。②

此后，韩国的发展和现代化必须取得成功，这不仅是韩国的国家目标所需，也是自由世界对共产主义系统性优势所需。至少，韩国必须作为自由世界的战略政治军事前哨生存，因此美国开始尝

---

① 自布鲁斯·卡明斯（1981）的开创性研究以来，朝鲜战争的历史政治起源成为太平洋地区政治科学家和历史学家争论最激烈的话题之一。

② 关于教育参见韩（Han，J. 2003）和金（Kim，J. 2015），关于技术参见韩（Han，J. 2010），关于文化参见李（Lee，B. 2015），关于经济援助参见李（Lee，H. 2009）。

试在必要时通过各种手段在政治和社会上稳定韩国。[①] 美国要确保每一届韩国政府的亲美态度,即使这需要容忍非法的权力交接或民主主义公民权滥用,尤其是对军事政治家也是如此。[②] 对试图以国家重商主义方式实现韩国工业化(见下一小节)并建立一些自主的军事基础(包括疑似核武器计划项目)的朴正熙,美国也不得不容忍他将近 20 年(Kim,H. 2004)。

韩国的(保守派)政治和军事精英们欢迎国家命运的这种(再)国际化,特别是因为他们出于历史和社会原因长期缺乏对国家统治的合法性。直到今天,他们一直试图与(朝鲜的——译者注)共产主义者进行一场持续的或隐蔽的战争来定义韩国的局势。韩国保守主义的政治支柱被定义为国家领导的反共斗争,鉴于与朝鲜处于长期休战状态,因此需要发明或标记内部左派分子,将其称为外部敌人的间谍或合作者。[③] 在这种情况下,

① 参见金(Kim, D. 2018),了解韩国"反共自由主义"同新自由主义在各种社会经济政策和实践(尤其是对工人权利和社会福利的压制)方面相似性和兼容性的有趣观察。

② 与此相关,美国在越南战争期间动员韩国军队与美国军队一起打击共产主义北越,试图通过越南战争遏制共产主义在中南半岛的扩张。

③ 这种政治行为被批评家和媒体称为公安统治(由公共安全部门统治)。其法律基础是《国家保安法》。这个统治集团的许多核心公共官员及合作官员,如公共安全检察官、情报部门官员和保守派记者,已被历届右翼政治领导人邀请或任命担任政党、议会和政府职务。例如,事实证明,最近被弹劾的朴正熙的女儿朴槿惠(Park Geun-Hye),在她不完整的总统任期内几乎就是依赖于这些公安统治时期的公职人员。这些公职人员与朴槿惠一起因非法活动而被监禁。

无论是军事任命的还是政治选举的每一位右派国家领导人，都必须（或希望）与美国进行事实上的受批准程序——通常在就任总统后的第一个正式国事出访国为美国。① 在某种程度上，除了朴正熙对发展的贡献，韩国的政治保守主义一直是一艘空船，因为它只关注国家安全，不允许在其监管之外的工业精英（财阀）有任何潜在政治影响力。② 在韩国的非自由自由主义中，其非自由部分被专门保留给进行法律胁迫和人身胁迫的国家机构各部门，而其自由主义部分在很大程度上被授予商界精英。

当冷战在全球范围内戏剧性地结束后，韩国作为自由世界客户的身份突然发生了重大变化。新自由主义的美国开始将韩国视为一个拒不服从和忘恩负义的经济主体，并为了让其遵守新的全球经济秩序而施加越来越大的压力。在这种秩序下，韩国的产业将在结构上与美国的全球化金融利益结合在一起（Kong，T. 2000）。这种压力被韩国的财阀和金融机构适时抓住，

① 在基层，最近反对文在寅政府的政治集会中，许多保守派老年抗议者不仅挥舞着韩国国旗，还挥舞着美国国旗，展示了他们作为自由世界公民（或间接美国公民）的自觉或无意识认同感。他们亲身经历了朝鲜战争和基于冷战的激烈政治社会化过程。

② 尽管如此，现代集团的两位人物郑周永（Chung Ju-Yung）和郑梦准（Chung Mong-Joon）也雄心勃勃地试图成为韩国总统。虽然两人都没有成功，但他们分别获得了相当广泛的政治支持。

以利用西方热钱来满足他们对更多资本的渴望。而由前民主斗士金泳三(Kim Young-Sam)领导的政府,决心展现与朴正熙相当的发展成就,心甘情愿地支持韩国制造商和银行的风险极高的金融商品交易。但由此确保的不是另一种发展动力,而是一场前所未有的国家金融崩溃,韩国只有接受所谓的"国际货币基金组织附加条件"才能从中获救。这些条件旨在将韩国经济重组为一个完全(新)自由主义化的实体,为全球金融资本主义的最大利益服务(Chang, K. 2019,第三章)。从某种意义上说,韩国根据彻底的新自由主义条款在经济层面上为完成自由世界的构建作出了贡献,但普通公民因这些条款遭受了难以忍受的痛苦。

## 第六节 国家资本主义现代性与国家发展主义

虽然资本主义起源于欧洲的自由社会革命或改革,但它向世界其他区域的扩张导致了那里的人民和社会屈服于军事组织的资本主义利益和种族主义。这些被征服的臣民已经经历了本土建立的民族国家统治,资本主义帝国主义通常会引发各种(种族)民族主义的社会政治抵抗,并无意中唤醒或刺激当地精英,让他们意识到建立自己的资本主义或过渡到社会主义作为一种对策的必要性。在这种背景下,资本主义(很像社会主义)被认为是一种涉及整个民族(人口)及其统治国家的基本的集体冒险。人们开始设想一种通常由国家占据资产阶级主导地位的民族国家资本主义（Chang, K. 2019）。日本之所以与众不同，是因为它有先见之明地——在被西方资本主义殖民主义者征服之前（或没有被征服）——成功公布了国家资本主义。我们可以说俾斯麦的德国是另一个国家资本主义的例子，尽管鉴于其在欧洲的地理位置，它并不需要类似程度的先见之明。①

毫无疑问，日本对韩国的资本主义殖民化立即点燃了韩国精英对资本主义国家发展的渴望。因为韩国人尤为强烈地意识到日本的压倒性力量来自国家组织的资本主义转型（即明治维新）（Cumings 1987）。但日本没有兴趣使韩国人成为或让他们自主成为资本主义主体（Shin, Y. 2001）。此外，因为韩国在李承晚（Syng-Man Rhee）领导下对后殖民制度的直接政治经济统治更接近于纯粹自由主义的美国，所以未能有意义地促进平民资本主义。② 李承晚的经济失败和政治背叛促使韩国公民将他赶下台，但他们很快不得不看到朴正熙通过军事政变确立自己的国家领导人地位。对于朴正熙来说，资本主义被视为国家生存和复兴不可或缺的历史工具，这体现在他的富国强兵

① 在亚洲，新加坡可能拥有最独特的国家资本主义制度，它不仅定义了经济的基本性质，而且还定义了政治和社会的基本性质。参见蔡明发的《否认自由主义：新加坡的共同体主义与国家资本主义》（*Liberalism Disavowed: Communitarianism and State Capitalism in Singapore*, 2017）。

② 李承晚的立场甚至与保守的韩国民主党（Hangukminjudang）的立场大相径庭，后者主张工业国有化（直到韩国民间资本充分形成）和土地改革（基于补偿和付款）的必要措施（Park, T. 2008）。

(bugukgangbyeong)和民族中兴(minjokjungheung)的口号上。① 为了实现国家主导的资本主义工业化(Lim, H. 1986),朴正熙将国家元首的政治地位转变为韩国国家资本主义的资产阶级政治经济地位,因此韩国通常被戏称为"韩国公司"(Korea, Inc)。

此后,国家发展主义或(种族)民族主义国家资本主义成为政治和社会中事实上的霸权意识形态,凌驾于公民社会的正式政治中采用和提倡的所有其他意识形态之上(Jeon, J. 1999)。例如,政党的正式名称,即使包括朴正熙控制下的政党(民主共和党,Minjugonghwadang)在内,大多源自美国的政党,但它们并没有有意义地反映或改变以集体国家发展主义及其衍生的个人物质主义精神为中心的主流政治价值观和利益。此外,韩国主要的名义上的资产阶级,即财阀(工商业集团),被定位为(并被支持作为)国家资本主义的附属工具,否认任何有意义的社会政治或意识形态地位作为公共舞台上自由资本主义现代性的关键领导阶层(Chang, K. 2010a,第七章)。显然,财阀对这种意识形态或文明的边缘化感到相当舒适甚至方便,他们更倾向于通过对国家的习惯性公开依赖或与威权国家精英的战略隐藏性勾结

---

① 军人作为朴正熙的背景,是一个负责管理物理洲际关系的职业。因此,世界各地许多军人出身的政治家——尤其是朴正熙(Oh, J. 2007)——在其他公共事务和政策中都表现出强烈的民族主义倾向。参见埃克特(Eckert 2016)关于朴正熙在日本帝国军队职业生涯的政治经济影响研究。

关系来追求自己的利益。①

最后，作为国家资本主义的正式政治支持者，或者仅仅作为发展主义国家的成员，普通韩国人在意识形态上被劝诫要形成一种作为**亲和资产阶级想象**（bourgeoisie-by-affiliative imagination）的集体主义（或假想的？）意识。② 通过公共宣传、准政府媒体报道、正规教育等，他们被顽强地说服，并被迫将国家发展想象成他们自己的公共责任和权利。我在其他地方将这种做法分析为**发展公民权**（developmental citizenship）（Chang，K. 2012b）。然而，这种政治文化身份往往会同日常工作及生计现实发生正面冲突，因为大多数人只是被国家支持的资本主义雇主剥削的无产阶级

① 从这个角度来看，财阀实际上一直在贿赂所有对其商业利益有直接或潜在影响的人，即政治家、政府官员、法官、检察官、记者、学者、民间活动家等等。这种贿赂的形式并不是完全非法的，而且一直在巧妙地演变。在韩国公众当中最为臭名昭著的是三星，它催生了韩国公众中的“三星共和国”（指韩国）和“三星奖学生”（指三星奖学金［读作贿赂］获得者）等词汇。参见宋（Song，H. 2007），夏（Ha，S. 2011），金（Kim，S. 2007）。财阀的意识形态机构，如附属的经济研究机构和报社，对国家资本主义发展主义的绝对影响力以及随之而来的财阀边缘化地位，基本上保持着暧昧态度。比起宣传任何可能以财阀为中心的坚定的市场自由主义立场或意识形态，这些机构更倾向于对国家经济状况和政策发表机会主义意见，即根据财阀的直接利益，要求或谴责更多的国家干预和支持（Ohmynews 2007；2017）。

② 这种想象通过 1968 年 12 月 5 日颁布并由朴正熙通过演讲加以强调的《国民教育宪章》得到正式规定（见第五章，方框 5.1）。

主体（Chang,K. 2019,第二章）。① 在政府的解释中,忍受这种剥削通常被看作一种爱国主义行为,是为具有国际工业竞争力的集体国家产品和资本主义快速发展服务的。幸运的是,或不幸的是,由于韩国人职业生涯比较短暂而且这种短暂性是一种长期存在的社会现象,因此大多数韩国人作为无产阶级的社会认同通常是脆弱并短暂的（Choi and Chang 2016）,而他们作为抽象的发展主义公民,曾在朴正熙领导下强烈形成的政治历史意识,目前在韩国的老年人和中老年人当中得到有力的支持。②

## 第七节 新自由主义经济全球主义与世界性现代性

长期持续的快速经济发展使韩国成为“先进”或“工业化”经济体行列的成员,1996 年韩国加入经济合作与发展组织就是一个缩影。在这种状况下,全球多边贸易自由化和一体化的接连趋势对韩国构成了遵守经济监督和管理规则的国际压力,同时也成为进行进一步工业扩张的国家机遇（Ji,J. 2011）。同

① 我在其他地方解释了国家与企业经营上的共谋及其对劳动关系的社会政治和经济影响,这是**发展自由主义**（发展国家的社会政策体制）的一部分（Chang, K. 2019）。

② 这种被称为“朴正熙怀旧”的现象帮助其女儿朴槿惠在 2012 年当选为韩国总统。反过来,朴槿惠因金融和政治丑闻被弹劾,其在政治上的失利严重挫伤了韩国人对朴正熙的怀旧情绪。

样的状况也使该国面临来自早期发达国家日益增大的压力和诱惑。这些发达国家通过金融自由化过度积累资金，草率而随意地满足韩国的银行和各种行业获得更多、更便宜的政府无法控制的贷款的欲望（Kong，T. 2000）。鲁莽并轻率的金融自由化导致了1997年该国的全国性金融崩溃。债务续期所附加的"国际货币基金组织条件"自相矛盾地要求韩国除了在劳工、福利、金融等方面对债务人采取通常的紧缩措施，还要进一步加强金融和贸易自由化。尽管（或由于?）有如此全面的新自由主义处方，但许多可以被称为韩国产业（其所有权结构和生产地点与现在的韩国一样全球化）的产业开始了第二次大飞跃。

毫无疑问，韩国资本主义现代性的主要参与者（即主要是以出口为导向的工业集团）现在不论在国家的内部还是外部都是全球化的。其所以被称为内部全球化是因为其所有权结构和技术构成反映了广泛的全球贡献者，同时其又被称为外部全球化是因为他们的生产基地和商品市场遍布全球，尤其是在亚洲地区（Chang，K. 2019，第八章）。资本主义晚期现代性建立在经济活动和社会关系的广泛全球性基础上，韩国无疑已经成为其中不可或缺的一部分。如上文所指出的那样，冷战需要一个自由资本主义现代性的集体或联合单位，韩国是其中的一个关键部分。现在，新自由主义全球主义使资本主义现代性呈现出世界范围的集体或联合属性。韩国已经是这种全球化资本主义现代性的积极推动者和关键组成部分。

与许多处于类似发展水平的社会一样，韩国在全球资本主义现代性中的稳固地位，必然讽刺地导致普通公民在经济和社会领域中的广泛分歧。这些**变革受害者**（transformative victims）包括在“国际货币基金组织危机”期间大量下岗的工业工人、因工厂和办公室的大规模海外搬迁而面临失业的年轻人、被强迫牺牲自己以扩大制造业出口市场的农民等（见下文第五章；Chang，K. 2022，第九章；见照片 4.4）。这些经济受害群体终将面临社会再生产危机的各种症状（见第七章），其中就包括被迫单身的农村和城市边缘地区的许多中年男性。从 21 世纪初开始，他们中的许多人以一种前所未有的趋势开始与其他亚洲国家的女性结婚。其顺序大致如下，中国的朝鲜族女性和随后的汉族女性与城市边缘贫困韩国男性结婚，东南亚女性（尤其是越南女性）与韩国农村男性结婚，其中多数是中年男性（Chang，K. 2018，第六章；见照片 4.3）。有趣的是，这种婚姻跨国化引发了民间倡导团体以及中央和地方政府机构为多元文化主义而进行的社会文化运动。随着亚洲各地外籍新娘的大量到来，社会和政府努力促进她们与当地家庭及共同体融合，同时将韩国社会重新塑造为一个多元文化或世界性实体，使人们热切展望一种世界性现代性（见下文第六章）。许多大型工业集团都热情地给予支持并参与这种多元文化活动。韩国社会的世界性文化转向对这些全球化商业实体来说无疑是一个根本上的有利状况。但颇具讽刺意味的是，目前韩国社会的多元文化化的具体物质性，恰恰来自因这些工业集团在世界经济中的战略利益而在经济和社会上受到侵害，从而变得对于韩国女性来说缺乏吸引力的韩国男性。

照片 4.3　韩国槐山郡（Geosan Country）“多文化夫妇”集体婚礼

照片来源：槐山郡政府，2019 年 3 月 9 日。

作者注：在韩国，新自由主义引发的经济危机是以一系列更为广泛的新自由主义全球化措施来应对的，包括世界上最积极的追求——对自由贸易协定的追求。它通常以牺牲国内农产品市场为交换条件，战略性地支持出口产业。这一政策恰逢农民人口的迅速老龄化，导致农村社区的社会经济衰退不断加剧。由于物质条件恶化，农村单身汉作为婚姻伴侣的吸引力变得越来越低。在一个根本上出乎意料的转变中，农村共同体和家庭开始了他们自己的社会文化全球化，积极地寻找来自其他亚洲社会的“外籍新娘”，特别是来自越南的新娘。许多这样的国际婚姻基本上都没有令人满意的婚礼，因此韩国的地方政府、企业赞助商、其他捐助者经常为一些已婚的“多文化”夫妇举办集体婚礼。

## 第八节 正在形成中的庶民自由主义现代性：作为（联合）庶民共同体的公民社会

在上面解释的现代性中，其中四种现代性，即反身制度（主义）现代性、冷战现代性、国家资本主义现代性和新自由主义全球现代性，似乎独自或通过相互作用对韩国社会和人民产生了持续的主导性影响。这些现代性有一个关键的共同属性，即国家的积极参与和支持。也许正是因为对国家的共同依赖，它们才产生了广泛的社会影响。反过来，这些现代性似乎使韩国成为一个依然高度以国家为中心的社会政治实体。但是，那些疏远或屈服于这种现代性的庶民韩国人开始组成一个广泛的公民社会，它对于这个国家以国家为中心的社会政治秩序和经济结构具有辩证抵抗性质。（这种辩证性质可以与韩国人在日本殖民统治时期作为无产阶级和公民社会所假设的殖民辩证现代性相媲美。）韩国政府一直受到广泛的社会批评，这些批评来自那些在政治、行政、文化、哲学和宗教、教育、医学以及经济生产方面的活动被西方制度现代化推翻或歧视的人、那些渴望整合（种族）民族主义或社会主义未来而受到麦卡锡式镇压的人、在国家资本主义工业化中被积极调用劳动力和生活世界资源却得到不公平补偿的人、在暴力的新自由主义结构重组和全球化下被不公正地剥夺或无法实现经济公民权的人。

一个公民社会，不是主要由自由资产阶级组成，而是由一系列受到反身制度化、冷战秩序、国家资本主义发展和新自由主义全球化等的不利影响的庶民公民组成，每当遇到国家领导层及其权力机构和社会经济客户堕落成一个威胁社会的专制政权时就会强烈爆发。四月革命（1960 年）、光州起义（1980 年）、六月革命（1987 年）、烛光起义（2008 年）和烛光革命（2016 年）都是这种公民社会的爆发，它们从根本上重塑了韩国的社会政治现代性的进程和结构（见照片 4.4）。公民社会每一次的爆发都不能根据对某一社会阶级的特定忠诚来识别，涉及这些爆发的庶民力量通常只能根据他们与国家的辩证对抗来分类。人们可能会将韩国理解为一个“强势的国家，充满争吵的社会”（Koo，H. 1993）。然而，他们对于国家的共同对抗所产生的政治整合效应，往往在这些抵抗的社会行为者中培育了政治改革或现代化方面的国家中心主义，阻碍了公民社会的持续有机发展。他们中有太多人最终被那些在合法性或合理社会代表性方面长期存在缺陷的主导性政党所引进。①

在 21 世纪的韩国，这种国家力量在反身制度现代化、麦卡锡式统治、国家资本主义发展主义和新自由主义经济治理的相继失效或脱轨中被决定性地清算。强势国家的衰落并不一定意味着公民社会及其现代化项目的统治性崛起，但文在寅领导下

① 这一趋势在上一届文在寅政府时期尤为明显，该政府部分是作为社会运动团体的广泛统一战线而成立的。

照片 4.4　2016 年冬季的“烛光革命”（chotbulhyeokmyeong）

照片来源：《周刊东亚》（*Weekly Dong-A*），2016 年 11 月 18 日。

作者注：因为朴槿惠总统对其秘密亲信的行政干预和企业勒索行为负有责任，于 2016—2017 年冬季引发了全国性民间抗议，最终被弹劾。作为朴正熙的女儿，她堕落的总统职位象征着从解放初期到 21 世纪的多层次的不公正，促使几乎所有类型的社会抵抗同时上演。

的广受欢迎的政府——就其核心政策议程和任命的主要官员而言，似乎是社会运动与其支持者的广泛统一战线——显然标志着一个庶民自由现代性的新时代的潜在开始。① 在这种自下而上的自由主义中，庶民社会主体的广泛而复杂的多样性对于 20 世纪现代性下那些**变革受害者**（见第五章；Chang，K. 2002）而言，既是其仅仅松散联系的群体的社会政治力量，也是弱点。至于哪一方的声音更响亮，关键取决于能将它组织成一个新的联合

---

① 并非巧合，文在寅有着长期作为人权律师的职业生涯，他曾为这些反对非法国家暴力的庶民公众提供法律服务。

文明和政治实体的有效的社会政治企业家精神。

## 第九节 （内部多元）现代性的冲突？

鉴于其内部多元现代性，韩国通常表现为一种受制于多样并存的现代化体制（或如第二章所述的**现代性化**）的多元剧场社会。每一种现代性都不是韩国独有的，因为它们已经嵌入现代社会变革的全球结构和进程。特别是，其他东亚国家也都共享上述多元现代性。尽管如此，韩国在现代性的多样性、每一种现代性的戏剧性和强烈实现、每一种现代性的长期运作以及这种多元现代性之间的高度复杂的相互作用方面都是非常引人注目的。最后一个方面，即这种现代性之间的复杂的相互作用仍然需要进一步阐述。本节通过关注殖民辩证现代性、后殖民反身制度（主义）现代性和新自由主义经济全球主义，讨论韩国内部多元现代性之间的各种矛盾和污染。

### 殖民辩证现代性的碰撞

韩国的（种族）民族主义公民社会和作为殖民辩证现代性的阶级认同继续以各种不同方式对后殖民政治和社会产生重要影响。在进步知识界中，韩国人是否“真正解放”一直是一个争论不休的问题，尤其是在现代性的几乎所有方面都长期受制于美国的巨大影响的情况下。美国军事管理当局在占领期间甚至邀请了许多韩国人殖民合作者来管理公共机构和基础设施，其中很多人是从日本统治时期回收的（Cumings 1984）。然而，由此而持续的（种族）民主主义精神即使并非完全不可能，但也很难适应以美国为蓝本的新自由共和国的正式政治制度和程序。

在朴正熙的国家资本主义统治时期，政治民族主义受到了更为热烈的欢迎。这种政治民族主义实际上废止了正常的政治程序，与此同时试图以富国强兵（bugukgangbyeong）的重商主义意识形态为基础补充建立（种族）民族主义的政治合法性。朴正熙没有继承带有社会主义或自由主义取向的殖民辩证（种族）民族主义，但能够通过某种资产阶级民族主义议程和宣传（如上所述）从普通韩国人那里得到广泛支持。殖民辩证（种族）民族主义的另一个复杂影响与韩国资本主义政治经济中的进步阶级政治的结构性利益相对立。许多有历史意识的（种族）民族主义者常常认为朝鲜是民族解放斗争的潜在伙伴。但许多工人活动家和工人组织领导人断然否认了这一立场，他们对朝鲜政权持怀疑态度的同时，促进了韩国工人的直接阶级正义（Park，C. 2016）。① 尽管如此，后者最初成功建立一个具有重要认可度和影响力的正式工人阶级政党的努力，被前者通过地下策略劫持，导致最终没有人能够从中获益（Chang，

① 这两个团体通常被称为 NL（National Liberation，即民族解放）和 PD（People's Democracy，即人民民主）。另请参见本章中关于 NL 的历史背景和政治轨迹的注释（第 81 页注①）。

K. 2022，第三章）。①

## 后殖民反身制度（主义）现代性的碰撞

如上所述，当大多数自由主义社会制度反身地模仿或改编所谓先进西方国家时，最初都遭遇了不同程度的社会物质性的不足状况。国家在初始文明中建立民间社会制度方面的决定性作用，产生了同样关键的困境——无论是在市场经济、新闻业、高等教育、法律职业、医学，还是在自由社会体系的一系列其他基本要素上都是如此（Chang，K. 2019，第二章）。这些自由社会制度的核心领导人和普通成员都习惯性地要求国家的监管和财政支持，而严重忽视建立社会基础及其合法性的必要性（Song，H. 2016）。相反，有关制度的社会物质性缺陷似乎促使他们寻求国家的参与和支持作为快速解决方案。② 反身制度同冷战秩序和国家资本主义制度相结合，在长期的国家参与和支持下，其自

① NL 团体给韩国民主主义带来了意想不到的问题：第一，它严重破坏了有组织的工人运动及其政治制度化（由 PD 团体领导）；第二，它通过与朝鲜的公开互动，帮助延长了公安统治（基于冷战的公共安全方式的统治）的寿命。由于其核心成员继续信奉教条主义式的国家威权主义，他们向保守派的转变似乎并不真正构成一种转变。

② 作为这种国家主义解决方案的特有副作用以及与国家的互动，许多所谓自由社会制度的领导人一方面试图通过讨好国家官员和政客的亲信来建立自己的地位，另一方面试图进入国家办公室并以此作为个人职业抱负。他们通常是通过操纵自己的职责和职能来达到隐藏的政治目的。例如，许多韩国主要大学的学生毕业后成了政治家、部长，甚至总统秘书。

由完整性受到了严重伤害。

首先,冷战作为一种国家暨全球秩序,将自由制度现代性从一个国家文明的重建项目重新定位为一个政治军事保护的国际目标。矛盾的是,冷战国家的自由政治超出了国家关于政治、社会和经济的理想自由主义制度的法律和意识形态准则,开始丧失公民社会对国家发展和现代化目标、措施和实质进行自主辩论的自由。① 公民社会对此类国家行为的任何批评都很容易被认定或被指控为共产主义/社会主义因素(与朝鲜的潜在联系)。随着被赋予相关强制姿态的政治社会力量(特别是公安[gongan]机关的精英成员,如检察官、警察,甚至麦卡锡式媒体都是一种自封的意识形态警察)越来越牢固地建立在国家政治结构中,韩国由此形成的非自由自由主义一直在加剧,而不是弱化。② 当军队的发展专制在国家的民主化和后发展转型中突然失去政治效力时,这些军人开始占据主流保守党的大多数关键席位,并帮助将国内冷战延长到21世纪。③

---

① 即使是学术社会科学,过去也曾受到《国家保安法》的严格监视和控制。

② 订阅量最大的三家报纸《朝鲜日报》(*Chosun Ilbo*)、《中央日报》(*Joongang Ilbo*)和《东亚日报》(*Dong-A Ilbo*),通常都积极主动地在正式政治场合中维护或恢复反共和反朝鲜意识形态。批判性的公民通常将其简称为"朝中东"(Chojoongdong)。

③ 例如,朴槿惠被弹劾的那天,她手下三位最有权力的行政人员,即青瓦台秘书室长(金淇春,Kim Ki-Choon)、总统民政事务首席秘书长(禹柄宇,Woo Byung-Woo),以及总理(黄教安,Hwang Kyo-Ahn)都是前公安检察官出身。

其次,自由主义经济制度被发现与民族(主义)工业化和经济发展的国家资本主义制度广泛而长期地不兼容,这实际上正是因为自由主义制度现代化未能促进最为重要的国家经济变革。这种困境导致了经济制度秩序在纸面上的规则和形式同实践中的规则和形式之间的严重二元化。韩国在国家资本主义发展方面的持续成功,往往会加强非正式主导性经济规则和形式,即企业所有权和治理的财阀制度、基于政策的市场扭曲,以及国家控制的劳动关系等的优先地位。① 冷战秩序和国家资本主义制度对自由制度现代性的不稳定影响,有力地证明了反身自由制度化在国家的普遍参与和支持下进行时所产生的关键结构性风险。

## 新自由主义经济全球主义的碰撞

新自由主义经济全球主义以极快的速度融入韩国社会。其直接背景在国内和国际上都是众所周知的,包括 20 世纪 80 年代末以来企业和金融界推动对海外融资的最大限度扩张,以及伴随 1997 至 1998 年国家金融崩溃而来的国际货币基金组织附加条件(Chang,K. 2019,第三章)。然而,其他一些原因,只有在韩国国家资本主义发展的特定政治经济背景下才能理解。

---

① 阿姆斯登在关于韩国发展的权威著作《亚洲的下一个巨人:韩国与晚期工业化》(*Asia's next giant: South Korea and Late Industrialization*,1989)中,认为一些非正式经济规则和形式对发展具有重大影响。

首先,韩国的国家资本主义工业化催生了一种畸形的制度和金融秩序。财阀的利益不但是不公正地实现,有时甚至是通过牺牲其他经济参与者和普通公民的应有机会、权利和利益而非法实现(Chang,K. 2010a,第七章)。在这方面,一些国内经济改革活动家发现全球(新自由主义)资本对财阀的批评和改革要求——正如全球金融媒体、咨询公司、投资银行以及多边组织(如世界银行[World Bank]和国际货币基金组织)所宣扬的那样——在战略上符合他们对财阀的改革议程(Chang,H. 2014)。反过来,全球资本也发现,这些韩国活动家有助于促使财阀进行符合全球资本自身利益的改革。双方的契约仅限于财阀关联企业的股东责任问题和其他大体上有关自由监管方面的问题。①

其次,财阀在新自由主义经济全球化中也发现了一些战略效用,以应对韩国工人和公民要求为他们在国家资本主义发展下牺牲的利益进行补偿性改革的巨大压力。为了抵御国内对其改革所施加的社会政治压力,财阀通过在(新)自由主义全球经济背景下重新认识和重新定位自己,试图制定有利于自身的逻

① 张夏成(Chang Ha-Sung)是这场股东问责运动的关键人物。他曾担任青瓦台(总统办公室)政策事务首席秘书长,文在寅总统对他在经济改革中所作出的贡献给予了高度认可。参见张夏成的著作《资本主义在韩国》(*Capitalism in Korea*,2014),了解他对经济改革议程和思想的全面自述。有趣的是,他在剑桥大学的堂弟张夏准(Chang Ha-Joon 2012)通过强调财阀的战略发展效用,对财阀持相反的立场(《韩民族日报》,2012 年 9 月 20 日),这与爱丽丝·阿姆斯登的观点相呼应。

辑和战略——这种逻辑和战略称作全球企业竞争力、海外劳动力供应条件，以及企业投资和管理的海外环境等。无论哪种因素最具决定性，韩国的新自由主义经济全球主义无疑是其现代性多元剧场结构的关键组成部分。

即使没有相互影响或相互矛盾，或者仅仅是共存，内部多元现代性也会对人们的日常生活、社会关系和制度活动的各个方面产生复杂的影响。这种多元现代性的共存往往体现在社会的代际差异中，但每个个人、家庭、组织、当地社区或区域也可能在内部受到类似条件的影响。也就是说，多元现代性不仅可以在一个国家社会整体的内部体现，而且可以在每一个组成国家社会的亚单位内部体现。在国家一级，多元现代性之间或其不同的体现主体（即个人、家庭、组织、社区和区域）之间彼此分离、隔离、冷漠的社会状况，从本质上构成了一个结构性问题，因为一个国家社会及其国家制度是根据组成成员彼此可接受的关系、义务和权利来决定的，无论是在意识形态上、道德上还是在法律上。其他集体层面也存在类似的结构性问题。在个人层面上，同样的情况可能会导致有机一致生活的结构性不可能性或文明精神分裂症。**灵活复杂的个性**（如第二章所述）可能是每个人在内部多元现代性下可持续生活的最低要求。灵活的复杂性对包括国家社会本身在内的其他单位可能也非常有用，但如何成功地实现它（以及即使实现了又如何解释它）仍将超出普通人类的智力。

## 第十节 观点：作为多元剧场社会的韩国

现代性/现代化的内部多元性可以被记录为**现代性化**的各种历史表现形式（见第二章）。自19世纪末以来，韩国社会（当时的朝鲜王朝）和人民经历了一系列压倒性的国际影响力以及相关的地区动荡和对抗。这些事件与韩国人之前所经历的战争和冲突有着根本的不同，因为它主要反映了区域政治军事关系的结构和变化。在韩国，具有深刻历史讽刺意味的是，虽然在冷战的政治和意识形态影响下，现代化/现代性的内部多元性得到了尤为强烈的体现，但冷战帮助一个特定的政治派别登基成为国家政权，反对广泛的当地社会的理想和利益。自由资本主义被强制统一归纳到独裁的冷战国家下之后，自相矛盾的是，对解放和幸福的不同愿望却催生了多个相互竞争的现代性/现代化的轴心。这与斯大林统治下的许多国家社会主义国家中所谓的"第二社会"现象相对应（Hankiss 1988; Suh, J. 1995）。冷战背景下现代性的这种互动多元性和差异性可以被理解为瑟伯恩（2003:295）所称的"地缘历史缠混"的典型表现。也就是说，冷战时代可能被视为一个内部多元现代性缠混的世界。最近，在一个无视国家特殊性和区域壁垒的多方面全球化背景下，新世纪正迅速成为一个内部多元现代性普遍化的时代，其中韩国再次成为一个突出的案例。

随着所有这些现代性的推动力和形式在密切相关的国家紧

急情况下，或在不同的世代、性别、阶级、部门、区域的认同和利益中体现出永久延长的寿命，韩国社会已被结构化并重新结构化为一个**多元剧场社会**。在这个社会中，所有可能的现代性主张都在激烈而响亮地并肩上演或接连上演。这种多元现代性所上演的内容中显然有人们熟悉的各种物理表现，如大规模群众街头示威、坚定的罢工和静坐示威、多彩的群众游行、激进的个人抗议、庞大的正式会议、炫耀性的宣传文化活动、大型展览、带有口号的巨大标语牌、频繁的群体灌输性会议、突出的社会经济统计数据、大声喧哗的媒体宣传、自信或浮华的个人行为、炫耀的家庭仪式和象征、暗示性的纪律制服、排得很长的队伍、威权主义（或威权主义式）的命令展示、有目的的集体饮酒、带有刺激性的网上内容等等。在任何一年中的任何一天，韩国社会通常都同时上演着对现代性的多重对立主张。韩国作为一个具有内部多元现代性的社会，通过这些社会舞台上通常是壮观的、同时存在的和相互竞争的后殖民现代性力量的声音和愿景得以持续和再现。[①] 韩国社会的这一戏剧性特征受到了全球实时媒体的追捧，这些媒体经常将韩国的事务当作头条新闻。

每一种现代性的社会上演，其普遍必要性批判性地反映了以下三种情况。第一，每一种现代性大多是一种情境驱动的适应性反应，而不是一种社会嵌套的进化或革命，因此其广泛的合

① 参见崔（Choi，J. 2019），了解对当代韩国社会应对民主主义、成长主义、民族主义和性别主义方面的“集体仪式”的生动描述。

法性和有效实施需要不断重复的社会呈现和说服,以赢得给予支持的群体的同意,更不用说需要得到整个社会的同意了。例如,韩国的国家资本主义现代性是从日本资本主义剥削中解放出来的工业资本主义的国家理性框架,但是,国家主导的资本主义工业化的启动和加速需要通过对几乎所有公民施加广泛的政治压力和说服来实现。这些压力和说服是以爱国义务的名义大声宣传的,而不是用科技术语系统解释的(Chang,K. 2012b)。韩国屈从于自由世界现代性似乎是其战后经济和政治军事生存的一条不成问题的道路,但是其麦卡锡式的社会政治参数必须通过公共宣传、媒体操纵、教育军事化等一系列手段强加给韩国人。普通韩国人的新传统主义儒家思想要求通过等级(类似说教)对话和关于家庭服务(如配偶之间的承诺、孝道和祭祖)的严肃仪式,对其文化和道德有效进行反复的自我保证,而这反过来又被社会理想化为"传统"美德。

第二,尽管如此,每一种现代性都涉及一种社会上的主张或社会上的自诩(关于整个国家和普通民众的社会制度、文明、政治经济秩序),因此其启动和实现需要基于战略性构建的社会交流平台。例如,自从韩国的基层社会主义情绪和(种族)民族主义社会自由主义方面的殖民辩证现代性在美国军事占领和朝鲜战争时期遭到猛烈挫败以来,进步(种族)民族主义知识分子和活动家通过高调的文化运动、社会抗议活动和政治斗争,追求"韩国人真正的民族解放",这些运动构成了公民社会的主要意识形态力量(Koo,H. 1993; Kim,S. 2000)。后殖民反身制度(主义)现代性使国家通过无数形式、内容,以及公共宣传和教育活动,一次又一次地宣布和重申现代化(实际上模仿西方[尤其是美国]的政治、经济和社会制度)是一项国家历史工程,其权威领导应无条件地受到尊重。①

第三,现代性的内部多样性催生了一种强调竞争性传播和公共化的社会生态必要性。例如,韩国社会的晚期现代多元文化主义工程,作为一种通过外籍新娘大量涌入进行的世界性自我重塑,要求这些新公民忍受其“外国”身体的反复上演,并强制冻结民族文化差异,从而使她们同整个社会中传播的自由全球主义合作(反对其狭隘或沙文主义的过去)。作为庶民自由共同体,组成公民社会的各个社会群体一直与政治、经济和社会中根深蒂固的同盟势力进行着坚定的象征性斗争,这些势力使韩国的每一条街道都成为自由地促进社会正义新事业的实际或潜在舞台。

克利福德·格尔茨(Clifford Geertz 1980)的政治人类学著作中,有一段关于19世纪巴厘政治中“剧场国家”的描述:

> 政治生活的主要形象是什么,毕竟这也许是最清楚的,即王权。整个尼加拉(Negara)(宫廷生活、组织它的传统、支持它的榨取、伴随它的特权)基本上都是为了定义什么是

---

① 这种现代化的宣传方式促使普通韩国人规范地沉浸其中。“近代化”(Geundaehwa,意思就是现代化)作为店铺名很受欢迎,与此类似的还有“现代”(Hyundae)、“国际”(Gukje)等等。

> 权力而上演;什么是权力,什么是国王……更高政治的驱动目标是通过构建国王来建设国家。国王越完美,中心就越是堪称楷模。中心越是堪称楷模,王国就越真实。
>
> (Geertz 1980: 124)

在格尔茨看来,巴厘岛国家是通过仪式化的舞台场面存在的,这种舞台场面提醒了其政治主体注意嵌套在国王地位中的特殊文化力量。在后殖民时期的韩国——一个据称由强大的国家权力驱动和控制的社会,现代性的内部多元性促使国家和社会复杂地互动,并融合成各种不同的社会政治形态,它们通过各种社会舞台化的存在主义来展示其竞争力量。通过这种方式,韩国已经成为一个**多元剧场社会**,各种各样的现代性主张在这里同时上演,它们之间却没有文明和解或社会政治和解的明确线索。

# 第五章 | 变革贡献权：压缩现代性中的公民（权）

## 第一节 引言

韩国(当时的朝鲜王朝)在1905年被日本殖民侵略者统治之前,一直是世界历史上持续时间很长的王朝国家之一。韩国人在20世纪上半叶的大部分时间里都是作为日本殖民地的臣民生活,而在三八线以南美国的军事占领下,韩国人又面临几年的半殖民地臣民的生活。(资本主义)韩国1948年的正式独立不久就因1950年至1953年的与(社会主义)朝鲜的全面内战而失去光泽。然而对于韩国人来说,20世纪后半叶的大部分时间充满了戏剧性的制度、发展、社会政治以及种族民族结构的变革,通过这些变革,他们的国家和社会最终带着完全盛开的现代性或**压缩现代性**呈现给世人。自20世纪80年代末以来,由于快速的经济发展和强有力的政治民主化,韩国似乎正进入现代性的全盛时期。然而新自由主义全球化(既是从外部强加的又是从内部接受的)立即使该国陷入了令人寒心的经济危机和变革,这些危机和变革在结构上又使其人口和社会两极分化。

在每一次激烈而根本的转变中,韩国人不仅要面对这些根本性变革固有的困难,更重要的是还要面对管理这些变革的粗鲁体制条件所带来的困境。虽然国家和公民社会都不成熟且不稳定,并且自身的生存仍然存在问题,但内部条件和国际环境要求它们进行迅速的制度现代化和技术科学现代化以及积极的经济发展等变革。事实上,进行这种变革往往是为了从战略上克服社会政治困境,这种困境源于国家机制和主导的社会秩序的不成熟、依赖性甚至不合法性。这样就出现了**以变革为导向的国家、社会和人口,每一次变革都成为自身的最终目的,变革的过程和手段构成了主要的社会政治秩序,变革嵌入的利益构成了核心的社会认同感**。虽然这些变革通常是间接性必要的,甚至是被迫的,但变革秩序的主导地位显然类似于马克斯·韦伯(Max Weber 1946)所阐述的现代性下的手段-目的逆转所导致的现象。

这种环境中产生了一种独特的公民权模式,即**变革贡献权**(transformative contributory rights)。"贡献权"(contributory rights)是布赖恩·S. 特纳对现代民主国家的公民权——尤其是相比于个人权或人权的社会权利——的定义(Turner 2001; Isin and Turner 2007)。这个权利之所以说是根据贡献的权利,是因为"公民通常通过工作、战争或养育子女等对社会作出贡献,才有可能对社会提出有效的诉求"(Isin and Turner 2007: 21)。同样,**作为变革贡献权的公民权可以被定义为公民对国家和社会资源、机会、受尊重的有效或合法诉求,这些权利诉求的根据是每个公民对国家或社会变革目的所作出的贡献**。由于韩国一直在积极而仓促地进行制度和技术科学现代化、经济发展、政治民主化、经济和社会文化全球化,以及最近的种族民族结构改革,韩国公民被劝诫或敦促积极参与其中的每一项变革。这样由认同感、义务和权利构成的公民权在很大程度上被这些变革参与的条件、过程和结果所决定和证实(参见方框 5.1 中的国民教育宪章,了解国家明确颁布的这种变革公民权的情况)。在接下来的内容中,我将通过关注韩国人的变革贡献权,从广义的公民权视角审视韩国的压缩现代性。

**方框 5.1　国民教育宪章(gukmingyoyukheonjang)**

我们出生在这片土地上,肩负着振兴国家的历史使命。现在是通过重新点燃我们祖辈的卓越精神,在内部树立自力更生的姿态,在外部为全球人类的共同繁荣作出贡献的时刻。我们在此宣布我们的前进道路,并设定我们的教育目标。

我们将以真诚的思想和身体的力量从事学术和艺术活动,培养我们每个人的天赋,并利用我们当前的处境作为取得初步进展的垫脚石,培养我们的创造力和开拓精神。我们将以公共利益和秩序为首要考虑,重视效率和实质,并继承根植于敬爱和信义的互助传统,激发愉快而热情的合作精神。我们认识到一个国家是通过创造性和合作而成长的,个人的成长是建立在国家繁荣的基础上的,我们将尽最大努力履行与我们的自由和权利相关的责任和义务,并提高自发参与和服务于国家建设的国民意识。

基于透彻的反共民主精神的爱国爱族是我们赖以生存的道路,也是实现自由世界理想的基础。期待着我们的子孙后代享有一个统一家园的荣耀，作为一个充满信念和自豪的勤劳民族，让我们以民族的智慧和不懈努力创造新的历史。

1968年12月5日

总统朴正熙

资料来源：韩国国家记录院（National Archives of Korea）（https://theme. archives. go. kr/next/koreaOfRecord/charterNaEdu. do）。

## 第二节　制度和技术科学现代化与教育公民权

在殖民朝鲜后，日本为了象征性地证明其帝国统治的合法性，在首尔建造了具有经典西方风格的大型公共建筑。这些西式建筑包括现已被拆除的朝鲜总督府（殖民政府）大楼、朝鲜银行（现韩国银行）、首尔火车站、京城帝国大学等。特别值得一提的是，总督府大楼就建在朝鲜皇宫的正前方，挡住了韩国人瞻望整个景福宫（朝鲜王朝的主要宫殿）的视线。通过这些建筑，日本作为一个被重新包装的西方大国对殖民地韩国实施了全面的行政、财政、空间和其他领域的控制。① 从战败的日本获得解放后，韩国人不得不面对另一阶段的殖民统治，这一次是由美国军事占领当局直接领导的西方势力实施。然而，上述日本建造的西方建筑在物理和功能上都完好地维持其作用。韩国的正式独

① 卡明斯（2005）将日本在韩国的统治描述为“行政殖民主义”，这也许与其他欧洲殖民统治不同，因为后者往往直接受到私人企业利益和活动的影响。

立也未能在20世纪后半叶的大部分时间里改变这一状况。事实上,韩国人自己也开始用可以说是西方的风格建造他们的大多数新建筑和设施,并在美国规定的西方现代性下寻求国家重建和发展的道路。显然,在美国的霸权主义影响下,这种文明依赖性是不可避免的政治问题,并且在冷战背景下得到加强,但韩国人对此也没有太多的道德不情愿或认识论混淆。他们对日本殖民主义的愤怒被转化为以(西式)现代化的方式超越日本的一种民族(主义)愿望,而美国的参与和影响帮助加强了这一集体的历史性愿望(Jeon,J. 1999; Lim,H. 1996)。由此,韩国人脱胎换骨成为一个充满热情的、学习西方现代性的学生国家,并一直保持到今天。(韩中关系的两千年历史也有类似的特点,即韩国的历代王朝对中华帝国文明的热情和战略包容,往往是出于克服中国的统治和侵略的目的。)

效仿美国并得到美国支持的后独立现代化主要在两个方向推行:一个是社会和公共制度现代化,另一个是技术和科学现代化。在韩国独立之前,美国军事占领当局与韩国知识分子紧密合作,以便尽早建立并普及有效的公共教育体系(Seth 2002)。它甚至在1946年协助建立了一所综合性公立大学(即首尔国立大学)。该大学几乎涵盖了现代化的所有领域,并成为随后在国内主要区域中心建立的国立大学的标准模式。① 并非巧合的是,

① 1946年8月22日,美国军事政府宣布一项关于成立首尔国立大学的法案,并任命美国军官哈利·比得维尔·安寺替(Harry Bidwell Ansted)博士为首任校长。

依赖于美国的教育制度现代化进程与一种受教育支配的压缩现代性体制(educationally governed regime of compressed modernity)联系在一起。在这种制度下,公共、社会和工业领域中几乎瞬间形成的各种现代(即西方)制度和专业都被教育框架化,并通过大学,尤其是本科的各个专业学科部门的一系列短期课程得到认证。① 可以说,大学教育证书的效用有时会通过企业考试、公共考试或专业考试得到加强,从而成为国家驱动的西方模式现代性的通行证。

考虑到以多阶段知识认证(即科举)为基础的精英国家统治的古老祖先传统,韩国人在接受并理解正规教育的决定性意义方面没有感到太大的文化上的困难。来自各个阶层的韩国人没有在道德或政治上挑战由此产生的学阀社会(hakbeolsahoe,被教育背景所统治的社会),而是通常试图通过过度的教育投资和对子女(有时还有兄弟姐妹)的劝诫参与教育竞争。这样一来,韩国最终成为世界上私人学院教育支出比率最高、大学教育几乎普及全社会的社会(Chang,K. 2010a,第三章;Chang,K. 2022,第六章;见表5.1)。在这样一个社会里,普通公民对于教育课程及其代表和实施的文明制度,很少就其哲学基础或道德基础进行辩论,父母对孩子教育的投入和牺牲已经成为公共道德

① 这有助于强化正规教育认证的寻租性质,并激发了具有成本效益意识的公民对私人教育的投资(Chang, K. 2010a, 第三章)。

的重要组成部分——外界观察家和韩国人自己都将其誉为一种“民族美德”。① 更不用说，历届政府都在努力提供足够的教育机会，以满足韩国人的教育渴望。②

表 5.1　具有高等教育学历的 25—34 岁人口比例高于经合组织平均水平的经合组织国家（最新：2018 年及以前）

单位：%

| 国家 | 25—34 岁人口中具有高等教育学历的比例 |
|---|---|
| 澳大利亚 | 51.39 |
| 比利时 | 47.40 |
| 加拿大 | 61.75 |
| 丹麦 | 44.82 |
| 法国 | 46.94 |
| 冰岛 | 47.01 |
| 爱尔兰 | 56.17 |
| 以色列 | 48.03 |
| 日本 | 60.73 |
| **韩国** | **69.57** |

① 巴拉克·奥巴马（Barack Obama）总统一直是韩国人的教育热和职业道德的狂热支持者之一。在他的公开演讲中，特别是在次贷国家经济危机之后，奥巴马时刻鼓励美国人效仿韩国人的教育投入和成就（Chang, K. 2022，第六章）。

② 教育机会的扩大往往伴随着通过教育强化政治控制（Seth 2012）。

续表

| 国家 | 25—34 岁人口中具有高等教育学历的比例 |
| --- | --- |
| 立陶宛 | 55.58 |
| 卢森堡 | 54.78 |
| 荷兰 | 47.60 |
| 新西兰 | 45.81 |
| 挪威 | 48.21 |
| **经合组织平均** | **44.48** |
| 俄罗斯 | 62.66 |
| 瑞典 | 47.51 |
| 瑞士 | 51.21 |
| 英国 | 50.75 |
| 美国 | 49.37 |

资料来源：整理自《经合组织数据：具有高等教育学历的人口》(OECD Data: Population with Tertiary Education)(https://data.oecd.org/eduatt/population-with-tertiary-education.htm)。

同样重要的是，历届政府在组织和监督正规教育方面都非常谨慎，以确保在获得高等或更好的学校的教育机会方面进行公平和透明的竞争。① 就高等教育机构而言，在反思性和批判

① 任何对教育竞争制度的管理不善(特别是高考制度)都会对政府的声望产生严重的负面政治影响，必要时政府甚至会免职教育部部长。政府作为"考试政策政府"(exam policing state)(Chang, K. 2010a，第三章；Chang, K. 2020，第六章)的作用一直是其政治优先事项之一。

性地评估西方现代性的历史条件和文明基础，并自主提出文明替代方案方面，它们广泛失败（甚至是故意疏忽？），这种失败却因为对西方思想、理论和技术的极为强烈的教育性复制和模仿得以弥补。因此，韩国主要大学的绝大多数教授拥有西方大学（主要是美国大学）的博士学位也就不足为奇了。① 由于韩国学生仍然对本国高等教育在西方或全球教育体系中的有效性感到不满，因此有数量惊人的学生报考海外院校，直接接触外国知识。②

在当今大多数国家，基础公共教育是社会公民权最普遍的组成部分，通常是宪法规定其为所有公民的义务和权利。韩国的不同之处在于其教育框架下的（压缩）制度和技术科学现代化进程，以及伴随而来的学阀社会的社会结构。③ 教育证书决定性地影响了个人在每个现代部门获得职业机会的可能性。经济公民权、社会公民权，有时甚至政治公民权都是通过每个

① 截至 2012 年，首尔国立大学 45%的教员拥有美国大学的博士学位，占所有拥有外国博士学位教员的 79%（《韩民族日报》，2012 年 7 月 6 日）。

② 根据学生与交流访问学者信息系统（SEVIS）的数据，韩国过去向美国高校输送的留学生人数是最多的，甚至超过了印度和中国。中国后来赶超了印度和韩国。

③ 其他东亚社会，包括日本、新加坡、中国台湾地区、中国香港地区和改革开放时期的中国大陆，都具有类似学阀社会的特征（Morris and Sweeting, eds. 1995），但在其他东亚人眼里，韩国是非常独特的。

公民的正规教育背景和资源偶然实现的(Chang,K. 2022,第六章)。因此,国家在确保公平廉洁的教育竞争体系,使公民获得进入更高等、更好的教育机构的机会方面的作用,已成为一项核心的公民权政策。尽管对民主且合理的教育竞争进行了特殊的公众监督,但韩国已成为一个教育造成的社会和经济不平等问题极其严重的社会。[①] 这导致最近的每一届政府都大力采取补救政策,以解决社会、经济和其他领域因教育而产生的对公平公民权的伤害。[②] 然而,这些政策更多是象征性的,而非实际性的。因为政府的政治呼吁和道德劝说很少伴随着严厉的激励和惩罚措施,难以促使民间部门系统地纠正教育造成的不平等现象,更不用说对国家教育体系进行重大改革了。

即便是韩国几十年的高质量现代化和发展也没有从根本上改变学阀社会的基本参数。在新世纪,相较于技术科学(超)现代化相关的效益,正规教育与制度现代化相关效益的相对权重可能有所下降。这一趋势似乎被信息化(jeongbohwa)、技术立国(gisulipguk)、知识经济(jisikgyeongje)、

---

① 参见苅谷刚彦(Kariya 2013),了解日本的类似情况。

② 这些补救政策包括金大中领导下的新知识人(sinjisigin,新智者)运动、卢武铉领导下的废除基于学历的歧视、李明博(Lee Myung-Bak)领导下的反歧视性聘用高中毕业生,以及文在寅领导下公共部门的凭证盲聘式招聘。这些政府的连续性努力反映了在慢性青年就业危机下,教育造成的不平等现象在政治上变得越来越敏感。

知识强国（jisikgangguk）、头脑强国（dunoegangguk）以及最近的第四次工业革命（sachasaneophyeokmyeong）的响亮口号所反映或预料。① 然而，具有讽刺意味的是，近年来在韩国积极的经济全球化中，新自由主义对劳动力市场的破坏加剧了年轻人对医学、法律、教学等领域教育认证工作的竞争（Chang, K. 2019，第四章）。此外，医学、法律和其他专业领域的制度合理化（以及技术科学升级）的必要性日益得到认可，这加大了学习专业知识的正规教育平台的效用——通常表现在专业研究生院的延伸教育方面。② 这一趋势又将许多大学生的生活与高中生的生活同化，因为考入此类专业研究生院是一件难度极高的事情。

---

① "第四次工业革命"作为"物理、数字和生物世界"加速融合，及其经济、社会、人类和学术成果的广泛标志，由世界经济论坛创始人克劳斯·施瓦布（Klaus Schwab）于 2016 年在第三届达沃斯论坛上首次提出（Schwab 2017）。文在寅领导下的韩国政府几乎立即将其作为一个新的发展口号。在大多数其他国家还没有熟悉此用语之时，它就已经在韩国的官方、新闻界和社会上广泛传播（https://www.4th-ir.go.kr/）。早在 2017 年 10 月，总统直属第四次工业革命委员会（Presidential Committee on the Fourth Industrial Revolution）就作为一个具有最高行政权力的大型工作组成立（https://www.4th-ir.go.kr/article/detail/258? boardName-internalData&category=）。

② 最近法律、医学、福利和教育等专业教育的升级也效仿了美国的专业研究生院。这意味着，一方面，具有教育认证的专业教育的短期性质显著减弱，另一方面，专业教育的财政负担大幅增加。

## 第三节 经济变革与发展公民权

对于任何一个后殖民国家来说，制度和技术科学现代化都不是一件容易达成的任务，即使取得了成功，也不能保证每个国家稳定和有尊严地生存，特别是在物质方面更为如此。尤其是韩国，曾经被殖民主义剥削、被战争摧毁、经济制度过时、人口负担过重，甚至生态遭到了破坏。事实上，正如许多社会科学家有利论证和充分研究的那样，西方模式的自由经济制度和实践往往被证明在解决为第三世界国家带来急需的发展这一问题上是无效的（Evans, Rueschemeyer, and Skocpol 1985; Wade 1990; Weiss 1998）。相反，韩国对经济发展的非自由或国家主义做法常常被分析为其国家工业取得巨大成功的主要因素（Amsden 1989; Evans 1995; Chang, H. 1994）。

韩国发展政治经济的特点在于国家积极的工业倡议和管理干预、国家依赖型财阀的形成和发展、工人的从属性但热情的合作，以及家庭积极的储蓄和教育投资（Amsden 1989）。这种独特的经济行为者和因素的组合是以国家政治假设为前提的，即经济发展是一项集体的国家议程，要求国家在必要时发挥积极的政治和企业家作用，动员、组织和约束作为**发展公民权**具体主体的民间经济行为者（如企业家、工人、家庭等）（Chang, K. 2012a）。在后殖民时期民族愤怒、朝韩对抗以及社会普遍贫困的情况下，所谓的**发展民族主义**（developmental nationalism）成为一种事实上的统治意识形态，这些发展公民成为公认的政治支持者。

这里出现了一个政治制度性困境，即相继执政的发展主义政党无法正式认同自己为发展主义政党。这些执政的发展主义政党根据西方衍生的政治意识形态和术语来命名，如“自由”“民主”“共和”“正义”，或者最近的那些用模糊的包容性或民粹主义口号命名的“大国家”“国民会议”“新世界”“韩国”等。也就是说，即使在威权发展主义统治有效的情况下，正式政治仍然必须以（西方模式）政治制度现代化的迫切性为依据（或伪装？）获得其正当性；然而，在民主化和不断延伸的后发展的时期，尽管它模棱两可，但它在修辞上加强了其大众（或民粹主义）政治基础。此外，发展主义现实政治的相当程度上自主启动的路线主要在国家发展中的迫切政治经济要求方面得到证实，正如制度主义社会科学家所描述的那样，如国家的“嵌入式自治”（embedded autonomy）（Evans 1995）、国家与企业之间的“受管制的相互依存”（governed interdependence）（Weiss 1995）等。

这种所谓发展国家的工具主义政治对发展公民权的政治性质具有根本性的影响。也就是说，在发展公民权下，普通公民对国家经济长期发展的集体责任已经优先于他们获得直接物质利益的个人权利（Chang, K. 2012b）。尽管普通公民牺牲性的经济参与和对于威权政府及剥削型企业的服从被视为他们对国家经济发展的公民义务，但由此产生的物质成果的分配很少体现相应的集体主义原则(Chang,K. 2019)。[①] 就国家产业竞争力而言,国家公共资源的优先分配和对财阀相关出口产业的战略监管支持依然是合理的,只要它们继续或至少看起来忠实于所谓的**企业发展公民权**(corporate developmental citizenship)。事实上,在朴正熙的高度发展主义时代,财阀实际上被视为国家经济发展的半公共工具,所以,即使总统期望财阀的个人消费行为达到可接受水平,他们也必须依然保持警惕(Chang,K. 2012b)。[②] 威权军事国家习惯性并且经常性地暴力干预发生冲突的劳资关系,因为国家将其视为国家与劳动的关系,而非公民与公民的关系(Chang,K. 2019,第二章)。然而,受到不对称对待的无产阶级的不适并不一定使这些无产阶级成为发展主义统治下最弱势的公民群体。因为在以发展为导向的政治统治及其伴随的国家资本主义经济制度下,那些身体或精神上不适合、年龄上不适合或被暂停从事资本主义生产活动的人,或者在社会上被阻碍从事资本主义生产活动或被与之隔离的人,自动失去

---

① 具有讽刺意味的是,在1997年至1998年所谓的"国际货币基金组织经济危机"期间,一种苦痛分担(gotong bundam)的逆向集体主义教条以"先拯救国家经济"为由,迫使带薪工人和其他基层公民再次接受大规模解雇和减薪(Chang, K. 2019, 第三章)。

② 在通过政变夺取国家权力后,朴正熙以腐败罪名围捕了主要商界人士,试图为这一威权统治建立一个道德平台。即使这些人后来承诺参与国家主导的发展项目,并以此为条件被赦免,但他们仍然非常谨慎,以免激怒朴正熙的禁欲主义。参见金(Kim, H. 2004),了解对朴正熙时代政治和经济的详细描述。

了主流公民权(Chang,K. 2012b)。在一个社会福利受到抑制的国家,残疾人、青年、老年人和家庭主妇因缺乏其个人的发展公民权,直到今天只能作为二等公民存在。①

1997年至1998年的国际货币基金组织经济危机及其对劳动力市场的彻底重组、对生产要素的积极全球化和对众多行业金融紧缩等方面的新自由主义救助,从根本上动摇了发展主义统治的社会基础和政治合法性。所谓的"结构调整"中的大规模裁员虽然帮助挽救了许多濒临破产的企业,但无论是通过自动化、工作外包还是生产的海外迁移,这些企业的最终复苏都朝着"失业增长"的方向迈进(Chang,K. 2019,第四章)。鉴于**发展公民权的侵蚀**(erosion of developmental citizenship)现象十分严重,且出现此现象的普通韩国人数量激增,国家-企业发展联盟的政治正当性开始成为最根本的问题。尽管如此,财阀和他们的技术官僚赞助人之所以继续坚持亲商政策的变革效用,往往是因为韩国被认为处在快速追赶的中国和仍然遥遥领先的工业国家之间的所谓"夹心"地位——一场所谓的当前或即将到来的经济危机——或者仅仅是为达到进一步经济增长所需的简单必要措

① 根据经合组织的公开数据(2020b),韩国在福利方面的公共支出仍处于工业化国家中的最低水平。例如,截至2018年,其社会支出占国内生产总值的比例仅保持在11.1%,而经合组织的平均水平为20.1%(参见《经合组织数据:社会支出-合计数据》[OECD Data: Social expenditure-aggregated data])。截至2000年,韩国和经合组织分别为4.5%和17.4%。尽管仍存在较大差距,但还是有一些明显的追赶趋势。

施(Chang,K. 2012c)。

在一个巨大而具有过渡性的政治悖论中,朴正熙时代的前企业家李明博,在2007年总统选举期间成功地将因被剥夺发展公民权而绝望的韩国人团结起来,并大声向他们承诺立即恢复发展公民权(Chang,K. 2012b)。然而,他所承诺的发展治理立即而且明显地失败了。这导致2012年下一届总统选举的主要候选人都作出了"福利国家"和"经济民主化"等后发展承诺。有趣的是,朴正熙的女儿朴槿惠在这场意识形态重塑的政治竞选中取得了最大的成功,尽管她是参选执政的保守(迄今为止是极端发展主义)政党的候选人。她作为总统当选人与财阀负责人会面时坚定地表示:"我认为(你们的企业)具有很强的国民企业(gukmingieop)性质,因为这些企业直到成长为像现在这样的大企业之前,都有无数国民的支持和牺牲,以及国家的大力支持。"她补充道:"因此,我认为大企业的管理目的不应仅仅停留在企业利润的最大化上,而是应该追求与整个社会的共同生存。"(《财经新闻》[*Financial News*],2012年12月26日)朴槿惠的建议虽然源于她的竞选承诺"经济民主化",但可以概括为**从企业发展公民权到企业社会公民权的过渡**(transition from corporate developmental citizenship to corporate social citizenship)。虽然企业公民权(或企业社会责任)是当今全球流行语,但是在韩国,由于跨国大企业的(通常是不健康的)主导性经济地位,韩国的集体主义国家发展历史似乎为企业公民权提供了一个独特的政治道德平台,以挽救迄今为止牺牲的社会群体和整个民族共同体。

## 第四节　民主化与变革政治公民权

一个重要的历史悖论是,韩国宣布启动自由民主主义的同时对受进步(种族)民族主义强烈影响的公民社会进行了严厉的打击(Cumings 1981)。宪法规定的自由民主主义是韩国非自愿加入美国领导的全球自由秩序的结果,而不是一个自治的公民社会的变革性政治成就。在这种情况下,韩国人获得民主政治权利时不是作为一个真正的公民社会的积极成员,而是作为一个后殖民但具依赖性的民族国家的被动主体。① 因此,韩国人的政治公民权经常受到国家精英的不断侵犯,这些精英通过获得外部影响力(如李承晚)或军事权力(如朴正熙)安身立命。在朝鲜战争结束后的大部分时间里,韩国人不情愿地放弃了民主政治权力,但又在 1987 年得以恢复民主政治。② 与以前不同的是,这一次自由民主主义是通过韩国人自己严肃的政治斗争重新建立起来的。他们与国家历届独裁政权斗争的长期经验构成了一种**变革政治公民权**(transformative political citizenship),即他们的民主政治权利因他们对民主化的积极政治贡献得到了保障。

① 参见贝特朗·巴迪(Bertrand Badie 2000)对世界各地类似情况的讨论。

② 1960 年,一场由学生领导的政治运动成功颠覆了李承晚的独裁统治,但随之而来的是朴正熙的政变。

就群众基础而言,韩国民主化是一个全国性的几代人共同参与的广泛社会进程。但具有讽刺意味的是,威权国家国民经济快速发展的成就导致了城市中产阶级的迅速形成,以及高等院校(即学院和大学)学生的爆炸性增长(Kim, S. 2000; Han, S. 2009)。鉴于这两个群体对民主政治权利的强烈的智力和道德渴望(Choi, J. 2002),他们成为变革政治公民权的积极行为者。此外,由于工人阶级非常了解他们的不对称或受歧视的发展公民权是亲资本主义国家专制的结果,所以他们对政治和工业民主主义产生了强烈的工具主义欲望。并非巧合的是,许多学生活动家战略性地将自己转变为工业工人(他们被称为学出[hakchul],意思是"来自学界"),并帮助从内部组织和政治动员工人阶级(Koo, H. 2001)。韩国的民主化是通过这样强有力的阶级联盟框架得以推进的。① 因此,1987 年 6 月,韩国的活动家学生和知识分子以及民间反对派政治家可以有效地团结起来,反对军事政府无限期延长其政治权力的企图。有组织的工人和城市居民即刻加入他们的行列,要求立即恢复民主政治程序。

为对抗历任独裁者(即李承晚、朴正熙、全斗焕[Chun Doo-Hwan],按理朴槿惠也可以包括在内)所进行的每一次历史性民

① 公民社会和工人运动的父权制性质一直是一个备受争议的问题。尽管女性工厂工人在无产阶级斗争中发挥了作用,但民主化的主要受益者是重工业、公共部门等领域的男性同行(Koo, H. 2001)。即使是新社会运动也在结构上存在性别分化,因此大多数女性活动家和以社会运动为业的女性公民会感到被这些政治导向运动的大多数男性同行所排斥甚至歧视(Moon, S. 2012)。

主化斗争，不仅激发了公民社会的政治（重新）活跃化与民主政治改革，还帮助形成了主要的政治阶级来负责代议民主主义的可能性。矛盾的是，在这个过程中形成了一条重要的政治路线，即试图通过战略性地（重新）唤起中产阶级公民、城市青年等群体的反独裁政治情绪，从而切实利用这种明显的倒退趋势。这群“运动圈”（undonggwon）政治家试图将政治固定在对根深蒂固的，甚至最近重新形成的威权势力的永久斗争中。① 可以说，他们试图在公众中重新激活变革政治公民权。但是，正如令人失望的选举结果一再表明的那样，他们的目标似乎并没有有效地说服大多数韩国人。相反，他们有时会被怀疑或批评为知识分子精英主义，因为有些前活动家傲慢而武断地将自我中心的政治目标强加在草根公民的永久政治责任上。② 然而，从他们的角度来看，同国家主导的制度和技术科学现代化以及经济发展进程相比，民主化是一个以公民社会为中心的项目，民主主义应该

① 2013 年 1 月 1 日，韩国著名政治学家崔章集（Choi Jang-Jip）在接受《京乡新闻》（*Kyunghyang Shinmun*）（2013 年 1 月 1 日）的新年采访时，批评了主要反对党（民主统合党）中重要政客的“民主主义运动主义立场”。据他所言，这种运动主义立场导致了他们在接受基层民众生活现实和情感方面的严重政治失败。

② 这种精英主义被批评为“垄断真相的态度”（《Sisain》，2013 年 1 月 2 日）。已故总统卢武铉因这种政治姿态而备受争议，并引发了保守派政治和媒体精英的强烈愤怒。他同时疏远了政治温和的一般公民，并导致这些公民在随后的时间里为保守党候选人投票。最近，许多具有令人羡慕的经济、教育背景的进步知识分子政客被贬损为江南左派（Gangnam jwapa，意为虚伪的资产阶级左派）。

意味着公民社会对国家的永久性控制。不幸的是,或者说不可避免的是,这一立场为民主活动家积极主动地自我任命为国家公职人员提供了正当性,特别是在卢武铉总统任期内,以及十年后,在最近的文在寅总统任期内也是如此。①

当代韩国的民主主义在政治文化上的相对稳固性是根植于民主化运动的广泛大众体验上的。② 然而,这一集体的历史资产并不一定能确保政治逐步过渡到实质有效的民主治理的过程,欧洲社会民主制度的兴起和延续就是一个例证。事实上,具有民主意识的公民选举出来的后军事国家领导人,在经常性依赖于新自由主义思想和政策的情况下,最终模仿或补充了过时的发展主义统治(Yoon,S. 2008)。极具讽刺意味的是,由此引发的经济和社会灾难(包括1997年至1998年的经济危机)导致越来越多的韩国人在经济上有效的政治治理方面产生了所谓的“朴正熙怀旧情绪”。当所谓进步的政党和政府未能启动向广为宣传的福利国家的有效政策过渡时,已故的朴正熙却能够让他的直接模仿者(即李明博)和他的女儿(朴槿惠)民主当选为总统。

因此“民主化以后的民主主义”(与崔章集[2002]的政治制度主义立场相反,崔章集以这个标题撰写了一本有影响力的专

① 2017年,当文在寅政府成立时,总统府的大多数关键职位都被社会运动、统一运动、经济正义运动和其他领域的前活动家所占据。这让有影响力的保守媒体感到非常不安。

② 在这方面,参见韩相震(Han Sang-Jin 2009)关于中民(jungmin,中等草根阶层)的论文。

著）会涉及与根深蒂固的中央集权势力及其利益的长期社会斗争。毫不奇怪，这场斗争是一场艰巨而艰苦的斗争。部分原因是许多民主化运动的前参与者和活动家现在拥有自由民主主义公民（liberal democratic citizen）和国家主义发展公民（statist developmental citizen）的双重身份认同，并占据着绝大部分经济机会（Lee, C. 2019）。当"运动圈"政治家试图警告显而易见的朴正熙政治继承人当选为国家领导人的后果并认为这是一场自动的政治危机时，大多数普通韩国人似乎并不同意他们的观点。李明博和朴槿惠的腐败丑闻是否从根本上改变了以自我为中心的自由主义政治家和普通物质主义公民之间的分歧，仍然是韩国政治中的一个关键问题。总之，韩国人的变革政治公民权因未能进行有意义的实质性演变而严重受到损害。

## 第五节　全球化与新自由主义对世界性公民权

在以全球轰动的速度和水平实现了制度和技术科学现代化、经济发展和民主化之后，仍渴望变革的韩国人从 20 世纪 90 年代初开始了另一个重大变革项目，即全球化，或说世界化（segyehwa）——这是金泳三总统任期内的韩国人对全球化的一种特殊表达方式。从某种意义上说，该国早期的现代化、发展和民主化变革也构成了全球化，因为这种变革的压力、动力、方向、资源、知识和模式都涉及跨国影响和关系。自 20 世纪 90 年代初以来，其更加积极主动的全球化可以被理解为对制度、技术科学、经济、社会文化和政治变革的一个极度加强和扩大的阶段。然而，由于其全球化并非始于自身，而是在许多方面受到西方主导的新自由主义全球化的政治经济竞争的影响，因此相关的变革自然而然体现了各种新自由主义的倾向（Chang，K. 2019，第三章）。①

如果说新自由主义化意味着西方及其周边区域的自由主义原则和结构的强化或恢复，那么韩国的情况也是如此。韩国早期的制度、技术科学、经济、社会文化和政治变革基本上都是在自由主义（和通常的国家主义自由主义？）的背景下发生的。在这种环境中，所谓的“全球标准”成为使国家的法律、经济、社会和文化制度同不受约束的全球资本主义制度保持一致的口号，企业和学术组织的技术研发和科学研究受到大力支持，但有时被迫追求全球级别的自由经济企业和合资企业。从跨国生产和营销以及全球金融利益的调节角度来看，企业全球化已成为维持和加强国家经济实力的核心战略。韩国民主主义在民族国家层面和公民社会层面都越发感受到效仿西方民主主义所带来的压力，即通过发展和社会援助、人权倡导、全球生态承诺等方式

① 尽管存在经济上的副作用，但韩国的全球化（主要是新自由主义导向的全球化）已被少数社会团体明确否定或抵制。在这方面，英语作为（新自由主义）世界性公民权的一种手段，在公共教育中占据几十年的主导地位之后，其实际重要性开始得到进一步增大。地方政府竞相建设“英语村”，据说这些村的设计是为了在英语口语社会的模拟物理环境中，进行英语的密集体验式学习。不幸的是，这些豪华设施未得到充分利用，因此其用途正逐渐转变为旅游景点。

在全球竞技场上倡导和支持自由主义共同体的目标时所感到的压力（Kim,T. 2019）。此外，作为史无前例和令人惊讶的发展，韩国积极地将外国人力资源外包用于国内工业生产（即主要在劳动密集型产业中签订不可续签合同的外籍工人）和社会再生产（即大多在农村和城市贫困家庭中的外籍新娘）。表面上看，这些趋势加起来似乎使韩国成为全球化的领导者，在亚洲背景下更是如此。①

在某种程度上，韩国最近的全球化运动代表了其变革现代性的一个更高和更广的阶段，作为**变革贡献权**的公民权，其相关性和重要性仍然有增无减。同样，尽管偶尔会有人对自由贸易协定的条款和程序、外国资本收购国内公司等提出抱怨，但令人惊讶的是，很少有人对全球化本身的基本原则提出过具有争议性的反对意见。② 相反，韩国所有阶层的人民和制度在为全球化做准备和投资时不仅竞争非常激烈，还经常大声要求国家的

---

① 在许多媒体文章和政治性演讲中可以发现，日本早先对韩国的激进全球主义所持有的悲观立场最近演变成对韩国的羡慕和敬畏。

② 在这方面，几乎没有具有影响力的舆论领袖公开出来反对全球化。这些人当中的很多人是报社的专栏作家。大多数关于全球化的专栏要么提倡全球化，要么指责全球化的负责人和机构没有为成功的全球化做好充分准备。自20世纪90年代初金泳三政府启动世界化运动以来，尽管韩国在“国际货币基金组织危机”期间受尽了痛苦的经济危机，但一种**全球化拜物教**（globalization fetishism）一直主导着韩国社会。韩国自20世纪90年代以来的全球化并不会与早期的发展主义战略分割开来，其特点是积极参与以贸易为基础的国际经济秩序，并积极与西方进行技术和教育融合（见第四章）。

支持。[①] 有趣的是，从逻辑上讲，这种竞争更具共生性，而非相互干扰性，因为每个参与者都发现其他人的全球化努力有助于稳定国家对全球化的承诺，从而保障自身对全球化的投资拥有令人满意的获益前景。[②] 通过这种工具主义方式，全球化已成为几乎无可争议的国家和社会议程，而且韩国人的公民义务和权利也得到相应调整，尽管缺乏一个全面监督公共权力的机构。

韩国的工具主义全球化，或者说实际上是没有全球主义哲学（如世界主义）的全球化，多少让人想起了一个世纪前的东道西器（dongdoseogi，东方精神、西方技术，这实际上导致了没有西方意识形态或哲学的西方化）。然而，这种工具主义作为韩国人以自我为中心的民族主义、企业资本主义甚至家庭主义的潜在表现，开始直接与他们迅速扩大的全球利益、影响力和关系的合法性（如果有的话）相矛盾。韩国人认为自己生活在一个特殊的国家——他们自豪地建立了如此巨大的全球利益、影响力和威望且没有任何帝国主义历史，因此韩国人对他们的全球物质地位和狭隘的观念条件之间的明显不一致越发感到不安。[③]

这种不一致性所导致的文化和哲学上的羞耻随着作为韩国邀请的新成员，即来自亚洲各地的大量外籍工人和新娘的到来，

---

① 例如，几乎所有大学都将全球化作为其发展方向，如"全球"校园、"全球"研究、"全球"教员等。这些举措通常有资格获得政府的教育全球化专项预算。

② 见南希·阿伯曼在家庭层面对这一趋势的极具引导性的研究（Abelmann 2004; Kang and Abelmann 2011）。

③ 韩国在越南战争中的军事参与是这方面唯一的（部分）例外。

开始转变为道德和政治上的责任(Seol, D. 2014; Kim, N. 2012; Kim, H. 2012, 2014)。虽然在工业部门工作(即外籍工人及其韩国雇主,主要在血汗工厂)和婚姻(即外籍新娘及其韩国配偶,主要在农村和城市周边地区)关系中,跨国联系的所有个人及其对应方都有正当的务实理由建立这种关系,但韩国对应方的工具主义立即转化为在语言和生活中对这些受邀外籍公民的极端虐待和疏远行为(Seol, L. 2014; Kim, H. 2012, 2014)。然而,这些不幸的做法不应轻易被视为任何意义上的种族主义偏见的表现,因为在过去它们也曾经被强加在韩国人身上。在一个关键方面,劳动力和婚姻市场的全球化(主要是亚洲化[Asianization])被视为**通过外籍身体恢复韩国过去工作和婚姻条件**的战略尝试(Chang, K. 2022)。这些冷酷的韩国人中的许多人,作为处境不利的小工业家、小店主和被疏远的农民,在韩国残酷的两极政治经济分化下有着长期的牺牲经历,但现在正试图通过从海外调动人力资源来弥补他们的劣势。在一个划时代的转变中,外籍工人和新娘的悲惨遭遇开始唤醒韩国人,让他们意识到世界性价值体系的绝对迫切必要性。通过一种**反身性反思**(reflexively reflective),也就是说,通过借鉴其他国家在类似情况下的经验和对策,韩国公民社会提议社会和政府应积极追求**多元文化主义**(multiculturalism)。虽然韩国政府立即响应了这一建议,但并没有放弃其坚定的亲商发展主义立场。其结果就是所谓的"多文化家庭"(multicultural family)政策,而该政策只适用于外籍新娘及其子女,也就是说不包括外籍工人(Yoon,

I. 2008；见第六章）。

这项政策间接地通知外籍工人，他们应该以非公民身份工作（或受到剥削），同时他们永远不会被允许成为韩国公民或成为社会服务和福利的对象（Seol, D. 2014）。① 相比之下，鉴于外籍新娘在这里永久居留，帮助韩国人组建和维持家庭并生育后代，她们的种族背景和文化资源应该得到尊重和保护。同时她们在语言、家庭规范、人际关系和其他一系列问题上的困难应该得到跟踪观察和解决（《Danuri》2013）。因为她们以及她们的孩子变得越来越多，现在她们甚至被视为韩国国家和社会进行理想的世界性重组的重要资产，构成了一种**变革文化公民权**（transformative cultural citizenship）。事实上，几乎所有国家和地方公共机构、不同的公民社会行为者、各个领域的商业企业、各级学校和所有类型的媒体对“多文化家庭”的热情宣传、服务和支持（尽管实际获得此类福利的外籍新娘比例仍明显不均衡［Kim et al. 2010］），表明韩国社会现在正试图将自己重塑为一个表面上的世界性实体，同时将日益增多的，具有高度多样化的民族、种族和文化背景的外籍新娘作为一个方便的可利用平台（见第六章）。

① 最重要的是，韩国尚未加入联合国人权条约。条约要求每个加入国保障跨国移徙工人与家人一起生活的权利（Lee, K. 2008）。其实许多外籍工人是和子女一起生活的，但他们的非法滞留身份使他们无法获得公共教育、医疗和普遍的福利保障。

当外籍工人和新娘大量涌入韩国的时候,韩国人也持续外流到全世界几乎所有角落。有些人只是跟随雇主,但更多的人是为自己,有时为他们已出生和即将出生的子女在探索工作、教育、公民权方面的全球性机会。① 鉴于韩国作为一个积极全球化的国家,它一方面具有持续发展的强势前景,另一方面又具有结构上的不稳定性和脆弱性,因此那些为探索全球性机会而外流的韩国人中,大多数试图让自己在不完全脱离该国家的前提下,在战略上实现身份、资源和机会的跨国化(Lee, K. 2008; Kim, H. 2006)。这种灵活的、适应性的行为与韩国企业的迅速跨国化非常相似,现在已成为新自由主义化程度很高的韩国人公民权的一个通用部分。此外,根据孔锡己(Kong,Suk-Ki 2012)的研究,韩国公民社会现在正在努力实现其目的和活动的跨国主义化和世界性化。随着韩国公民、非政府组织和公共机构越来越多地参与其中,一个**四海同胞公民社会**(cosmopatriotic civil society)(参见 Jurriens and de Kloet 2007)似乎正在形成,尽管其速度是非常缓慢的。

---

① 很多韩国孕妇通过战略性地前往美国或加拿大进行紧急分娩,来试图确保其未出生的子女获得美国或加拿大公民权。如果检测到男性胎儿,这种被称为远征出产(wonjeongchulsan,即远征分娩)的母体行为会变得更加频繁。这是因为,拥有美国或加拿大公民权的男性可以避免韩国的兵役,并在北美享受愉快的生活。尽管这一趋势显然激怒了美国和加拿大移民当局以及许多韩国公民,但它并没有得到有效遏制。

## 第六节 民族重构与同胞公民权

直到21世纪10年代初，韩国对外籍新娘(和外籍合同工)的持续接受以及对"多文化家庭"的热情支持运动，不仅仅表现在一些务实的做法和相关的面子工程。甚至知识分子和其他社会群体也开始对歧视外籍工人的严重社会问题予以严厉批评。① 韩国人认知甚至定义自己国家的方式暗示了一个相当根本的转变(Lee, S. 2008; Kim, H. 2006)。这也可以从对待海外同胞的各种社会氛围和趋势中发现。

韩国动荡的政治历史及其构成的复杂国际关系使韩民族成为世界上离散广泛的民族之一。在欧亚大陆(如中国、日本、俄罗斯和中亚)，以及最近在北美洲和大洋洲的西方国家(如美国、加拿大、澳大利亚和新西兰)都有相当规模的海外韩民族人口。② 即使是生活在朝鲜半岛的7 000万人口也大致以2比1的

---

① 根据我对一位主要的国家官员的采访，截至2013年初，韩国政府曾短暂考虑合并迄今为止分离的针对外籍劳工和婚姻移民的政策项目。迄今为止，合并尚未进行。

② 根据外交通商部(Ministry of Foreign Affairs and Trade)的官方统计(2012年6月20日)，截至2011年，海外韩人同胞数据如下。中国270万人(包括37万韩国国籍)、美国218万人(包括108万韩国国籍)、日本90万人(包括58万韩国国籍)、俄罗斯22万人(包括少数韩国国籍)、乌兹别克斯坦17万人(包括少数韩国国籍)、哈萨克斯坦11万人(包括少数韩国国籍)、加拿大23万人(包括13万韩国国籍)、澳大利亚13万人(包括10万韩国国籍)等等。

比例生活在分裂的韩国和朝鲜。直到20世纪90年代，尽管韩国政府一方面通过宣传，另一方面通过隐蔽的方式努力争取海外同胞的优于朝鲜的排他性政治支持，但韩国与这些不同国家的同胞（除了美国、加拿大、澳大利亚和新西兰等国家）的接触和关系在很大程度上受到了韩国与这些同胞所在国之间僵硬的双边政治关系的限制。有趣并可以理解的是，在韩国与大多数（前）共产主义国家建立外交关系之后，韩国为争取海外同胞的支持所付出的努力明显开始减弱。

然而，在国家金融危机之后突如其来的全球化进程促使政府、企业和民间行动者等多方面机构，探索同主要居住在东亚、中亚和北美的海外韩人同胞建立积极的实际关系的可能性。据估计，在全世界分布的海外韩人超过700万，这些人开始成为韩国的社会经济全球化的战略性人力平台。韩国的这种探索部分参照了中国的经验，中国积极利用世界华商网络的经验被世界韩商大会（segyehansangdaehoe）所效仿。随后相继出台的一系列积极主动的活动和政策，使韩国国内企业与海外同胞同行建立战略性经济和社会关系（这让人联想到改革开放以来中国与海外华人企业之间的关系拓展）。[①] 此外，许多来自中国和中亚的

① 例如，在外同胞财团（The Overseas Koreans Foundation）是韩国政府对海外同胞的政策性官方机构，自2002年起每年在韩国不同城市举办世界韩商大会（http://www.hansang.net/portal/PortalView.do）。与之相对，自1991年开始，世界华商大会每两年举办一次（http://www.11thwcec.com.sg/en/index.html）。

韩人进入韩国的劳动力市场,并成为一种无产阶级居民。

总之,从 20 世纪 90 年代中期开始,韩国政府和企业界开始重新认识到海外韩人在人力、管理和金融方面是新的经济资源。韩国与海外同胞的关系根据韩国与海外韩人各居住国关系的基本经济性质进行了调整、分级(Lee,C. 2014; Seol,D. 2004)。也就是说,来自先进资本主义经济体并拥有相对丰富的金融和技术资源的韩人,在韩国工作或生活时得到了特殊优待条件。不过,来自中国、中亚和俄罗斯的韩人也被热切地视为韩国全球腾飞不可或缺的宝贵资源,特别是这些同胞可以充当韩国跨国企业与当地工人、消费者和官员之间的中间人,并来到韩国提供有用且负担得起的服务业劳动力。① 通过这种方式,全球不同区域的海外韩人立即成为韩国经济和社会全球化进程中不可或缺的组成部分。

与海外韩人同胞形成相当有趣对比的是,尽管脱北者/难民进入韩国的人数开始迅速增加(特别是自 20 世纪 90 年代朝鲜经济危机以来),但对他们的政治兴趣和公众热情都急剧下降。② 2000 年的朝韩首脑会议起到了加快这一进程的效果,因

① 朝鲜族在这方面特别积极。许多在中国经营的韩国企业在很大程度上依赖朝鲜族的管理、文化以及语言服务劳动力(Piao, K. 2006)。同时,随着韩国人口的快速老龄化,朝鲜族移民为许多有患病或残疾老人的家庭提供了负担得起的护理劳动力(Hong and Kim 2010)。

② 参见成(Sung,M. 2010),了解关于韩国在“脱北者”和“难民”用词上的不同政治含义。

为首脑会议之后的社会政治环境一直围绕着现实问题，例如，国家统一所需的财政成本、韩国向朝鲜提供人道主义援助所带来的军事转移风险、朝鲜长期侵犯人权的行为等问题。过去唯一受到持续关注的朝鲜人群体是2004年至2006年间韩国企业在位于开城的开城工业园区雇用的大约4.8万名朝鲜工人。如今，许多脱北者/难民公开表示，对韩国政府逐渐减少的特殊福利以及普通韩国民众对他们越来越冷漠的态度感到非常失望和不满(Yoon,I. 2012)。其中一些人甚至决定返回朝鲜，而另一些人则选择使用新获得的韩国护照移民到第三国。此外，考虑到多元文化事务的政策优先性和资源性，脱北者/难民有时也会作为多元文化公民获得保护和福利。实际上，这种做法在很大程度上会激怒一些新来的脱北者，因为他们被灌输了将朝韩结合在一起的强烈的民族历史认同感。

所有这些对外籍工人和新娘、海外韩人、脱北者/难民的氛围倾向似乎暗示着韩国的(种族)民族主义认识论基础发生了根本性转变，即从历史强化的**生物文化认同**(bio-cultural identity)转变为实用主义重构的**表演性共同体认同**(performative communal identity)。在21世纪，即使是(种族)民族也已成为一个从根本上具有变革性的主题或项目。因此民族公民权一方面作为民族社会的边界和身份，另一方面作为国家的义务和权利不断被重构。在这一过程中，每个同胞群体或移民群体需根据其各自的功能适配性(有时是文化适配性)，对民族公民权的个人地位及相对地位进行大规模重塑，以适应韩国的全球腾飞。

## 第七节 展望：向后变革社会的变革？

> 必须建立“一个即使没有经济增长也能维持的社会”。当前的时代已经成为一个无法忍受缺乏增长或变化的时代，但有必要创造一个没有发展也依然美好的社会。
>
> （对柄谷行人［Karatani Kojin］的新年采访，《京乡新闻》，2013 年 1 月 7 日）

尽管享誉全球的日本进步自由主义知识分子柄谷行人的上述建议不一定只针对韩国，但其吸引力在部分韩国人中尤为强烈。这些韩国人反对并批判韩国对于持续的国家和社会变革的极端草率、痴迷而且往往缺乏哲学思想的追求，以及这些变革伴随的各种问题成本和后果。然而，上述向后变革社会的转向依然构成另一种变革，这可能比以往任何变革都更具挑战性，因为当代韩国社会的变革秩序已经变得根深蒂固。

自 20 世纪中叶以来，被后殖民主义和战争蹂躏的韩国通过积极而迅速地进行制度和技术科学现代化、经济发展、政治民主化、经济和社会文化全球化，以及最近的种族民族结构改革，不断给世界乃至本国人民留下了深刻的印象。虽然每一次的变革都是后殖民社会的一种普遍经历，但韩国对这些变革冲动性的积极追求，促使该国成为一个具有固定变革性的社会实体。这种变革现代性中产生了以变革为导向的国家、社会和人口，每一次变革都成为其自身的最终目标，变革的过程和手段构成了主要的社会政治秩序，而变革中嵌入的利益构成了核心的社会认同感。与此相关，一种独特的公民权出现了，即变革贡献权——可以定义为，每个公民根据对国家或社会变革目的所作出的贡献，所拥有的对国家和社会资源、机会、受尊重的有效或合法的诉求。

到21世纪初，令人痛心的是，尽管变革贡献权的公民权体制在产生和加速连续的社会和国家变革方面所表现出的效果是显著的，但存在一个致命的问题，即在结构上急剧产生的**变革受害者**，其数量和产生范围都不亚于**变革受益者**（transformative beneficiaries）。这些受害者不仅是每一次变革的实质性本质所固有的（例如，依赖西方的现代化中的传统主义者和本土主义者、资本主义工业化中的农民、新自由主义全球化中的地方利益和共同体机构等），而且还根植于追求变革的冲动、过度和暴力的方式中（即挤满教育机构的学生、受到独裁发展国家控制甚至折磨的工人、在父权制资本主义家庭中受到虐待的女性、受机会主义雇主和姻亲虐待的外籍工人和外籍新娘等）。这些变革受害者所作的牺牲和所受的伤害通常被委婉地认为是他们变革公民权的一部分，应该与所谓的未来福利支票一起被接受——就像“先增长，后分配”“首先拯救经济”等口号那样。

由于这种支票的到来被过分拖延，有时甚至无限期推迟，因此这些受害者中的许多人试图通过减少或逃避义务（例如逃避兵役、抵制税收、避免或尽量减少生育、拒绝［低报酬］就业等），或转移他们的实际法律归属(例如追求海外教育和工作机会、寻求[隐蔽的]双重国籍等),或有时甚至剥夺他们自己纯粹的身体存在(即世界上最高的自杀率)来自主重建其公民权(Chang, K. 2018,2019)。变革受害者的这些通常是绝望的反应是否清楚一致地表明,他们会在社会政治上支持并在实际上推动迈向后变革的变革?或者,他们是否仍然希望当前的社会和国家变革持续下去,直到他们能够从更有准备或优势的位置参与,或直到他们早期变革贡献的延迟支票终于兑现?

# 第六章 | 复杂文化主义对多元文化主义

## 第一节 引言

直到21世纪前夕，韩国（和朝鲜）仍自觉而自豪地保持着一个所谓的单一民族国家。这种民族同质性甚至为作为最高政治目标的南北（重新）统一奠定了坚实的道德基础。然而，仅仅过了几年，韩国突然宣布自己成为一个“多元文化”社会。就好像韩国所有背景的各种机构和公民都毅然决然地决定在现代（和晚期现代）做一件拖延了很久的家庭作业。韩国文化自我重塑的急剧性，同主要发生在底层韩国男性和来自较贫穷亚洲国家外籍新娘之间的跨国婚姻的突然增长有很大关系（Kim, H. 2012, 2014）。

直到20世纪90年代末，韩国的国际婚姻还非常少见。但从21世纪初开始，这种趋势突然发生了转变。为了克服后国际货币基金组织危机的发展僵局，韩国政府决定积极地向海外同胞寻求金融和人力资源。因此，许多来自中国的朝鲜族开始通过定期访问或长期访问的方式流入韩国劳动力市场。与此同时，许多朝鲜族女性还进入了城市周边的婚姻市场，这也为许多汉族女性与韩国人的婚姻起到了中介作用。继城市婚姻中的这种偶发性跨国化之后，在农村发生的“被迫”单身的单身汉与东南亚女性,尤其是与越南女性的婚姻趋势更具激进性。从 21 世纪 00 年代中期开始,农村单身汉集体组织(和商业资助)的国际婚姻成为一种全国性趋势(Chang,K. 2018,第六章)。

这一前所未有的趋势促使民间专家和倡导者积极敦促韩国政府提供各种公共援助,并将其正式整合成为“多文化家庭支援政策”(《Danuri》2020)。民间活动家和当地媒体甚至将公众对国际婚姻家庭的支持正式化。这等于是宣布了韩国是一个(渴望成为)多元文化社会的国家(Yoon,I. 2008,2016)。不得不承认这是一种非常有趣的概念转变,因为韩国人过去常常自豪地将自己视为一个据称具有独特文化和历史的单一民族。在这种看似矛盾的背景下,如何解释当前的这种国家对多元文化主义的热情?多元文化主义的驱动是否标志着该国过去的单一文化历史(?)的根本性转变?如何用文化甚至文明的术语来描述前多元文化主义时期的韩国人?

本章通过关注韩国所谓前多元文化时期文化体系的结构特征及其在当今华而不实的多元文化中的各种延伸或转换来回答这些问题。(本书第九章更系统地讨论了韩国婚姻跨国化的社会人口维度。)本章的一个核心论点是,韩国的后殖民(和战后)现代化和发展需要一个高度复杂的文化体系,该体系在外部是自由主义的(虽然不完全是世界性的),在内部是新传统主义的。到 19 世纪末,当东亚国家显然有必要转向西方的政治、经济和技术体系,以此作为国家生存或复兴的最后手段时,它们都公开宣布了“东方精神,西方工具”的战略方针——韩国的东道西器、中国的中体西用，以及日本的和魂洋才（wakonyousai）（Yoon, S. 2017）。其实这些国家都没有严格遵守这一准则，而是为了物质和社会政治利益而务实地接纳西方思想和文化，同时灵活地重新加工本土传统以供实际使用。这一趋势在韩国尤为明显：在来自美国的强大外部影响力和基于社会普遍化的儒家规范的后殖民新传统主义下，韩国建立了制度和文化现代性。① 在这种可以被概念化为**复杂文化主义**（complex culturalism）的情况下，韩国的机构和公民工具性地、选择性地、灵活地将各种文化的历史和文明资源融入自身，以便于巩固后殖民时期的社会政治秩序，进而实现社会经济发展的最大化。②

这种复杂的文化体系过去作为一种看似单一的种族实体体现在韩国民族或人口中。外籍新娘越来越多地在法律上被接受并在身体上融入韩国社会，或者伴随而来的政府和民间对多元文化的推动，都不意味着韩国过去在文化上是孤立的，也不意味着它现在才希望转变为一个多元文化或世界性的实体。"多文化新娘"出乎意料的大规模出现似乎进一步强化了复杂文化主义，这让韩国公民和机构对当前的多元文化的解释变得更加方便，即他们认为对婚姻移民的开放包容和积极支持有助于使他

① 参见第四章，关于韩国人的后殖民文化的**新传统化**（neotraditionalization），而非再传统化（retraditionalization）。

② 参见金（Kim, M. 2010, 2018），了解对于韩国追赶式发展与政治文化复杂性关系的清晰分析。

们的文化复杂性成为一种更加自足的文明财产。也就是说,最近的多元文化推动似乎并没有减弱或稀释韩国的自我中心全球主义的道德观(或主观性?),反而强化了这种道德观。

## 第二节　复杂文化主义:压缩现代性的文化平台

怎样去理解韩国流行文化(最初被中国、现在被全世界称为"韩流")的各种体裁在全球范围内的流行这一现象,一直困扰着世界各地的分析者、媒体,甚至有时是观众(Chua, B. 2012; Joo, J. 2011; Shim, D. 2006; Kim, Y. 2013; Lie, J. 2012)。许多分析者试图将韩国流行文化产品的内容和风格解读为压缩现代性的文化表现。① 韩国电影、电视剧、"K-Pop"歌曲和其他流行文化流派中的韩国性(Koreanness),是韩国人在关于极其多样文明元素的生活体验和情感的动态复杂性中发现并享有的,不管这些文明元素是韩国本土的、亚洲的、西方的或全球的,还是传统的、现代的或晚期/后现代的(Ryoo, W. 2008; 见照片 6.1)。韩流为分析韩国文化体系提供了重要的启示。韩国人社会文化生活的动态复杂性是我下面提出的复杂文化主义的理论基础。(与此相

① 对韩国流行文化中压缩现代性的主要分析包括:马丁-琼斯(Martin-Jones 2007)和白(Baik, P. 2012)对韩国电影的分析,卡布林斯卡(Keblinska 2017)、李(Lee, K. 2004)和阿伯曼(Abelmann 2003)对韩国电视剧的研究,里加特埃利(Regatieri 2017)、张和金(Jang and Kim 2013)关于 K-Pop 的文章。

关，韩国流行文化的各个流派在全球的突出影响力表明，它们似乎比依赖西方的学术社会科学更能成功地把握韩国的特征，并从这个国家的具体现实中获益。）

照片 6.1　2016 年法国韩国流行音乐演唱会（KCON 2016 France），2016 年 6 月 2 日

照片来源：韩国文化体育观光部（The Republic of Korea Ministry of Culture, Sports, and Tourism），2016 年 6 月 3 日。

作者注：推动所谓“韩流”的文化、企业和行政机构并没有积极说明在全球备受瞩目的流行文化中关于韩国性的定义。韩国人制作和演出的无数电视剧、电影和流行音乐以各自不同的方式和感性受到了世界各地不同观众的喜爱。韩国流行文化引人注目的实质性、审美性和技术复杂性似乎使任何社会的观众都能从中找到或发展与自己的想象力、愿望、经历的有趣联系。这张照片中 2016 年 6 月举办的“2016 年法国韩国流行音乐演唱会”和世界各地其他类似的年度活动一样，吸引了来自欧洲各国的热情观众，现场因这些观众变得水泄不通。

由于韩国的后殖民现代化受到了另一个霸权外国势力（即美国）的严格控制和影响，其文化重建在多元内容和自由模式方面都不得不密切反映美国的文化体系（Kim, H. 2013； Lee,

B. 2015)。事实上,在美国的军事占领统治下,后殖民时代的韩国经历了一个非自由自由化的政治进程,在冷战背景下的朝鲜战争的经历加剧了这一进程。虽然左派势力和思想遭到了政治打击,但是在后朝鲜战争时期西方文化的各种形式和内容开始在公民生活中公开泛滥(Kim,C. 2014)。由于韩国在政治意识形态上对美国的依赖意味着现代化所需的自我推进意识形态和哲学的不足或缺乏,因此美国对韩国的直接统治在公民文化领域受到严格限制。反过来,公民力量在文化中找到了一个可以对抗历届非民主国家领导人的独裁政治规则的社会政治空间(Song,E. 2011)。即使该国对其公民实施了准麦卡锡式打击,但最终还是巩固了公民社会作为意识形态话语和文化想象的唯一合法机构的地位(Koo,H. 1993; Kim,S. 2000)。与外部依赖和对意识形态有偏见的国家相比,公民社会开始主张作为一个压缩现代性的文化机构的地位。这个文化机构一方面积极灵活地容纳韩国本土、亚洲、西方和全球元素,另一方面容纳传统、现代和后现代元素。

随着现代化的推进,韩国的机构和公民开始更加积极、热情地迎接西方文化。现代化被设想为对西方文明和物质的赶超时,西方文化(以及西方知识和技术)便成为现代化的目标和方法。以广泛依赖西方正规课程为基础的公共教育,被视为以西方化为现代化的核心工具(Seth 2002;Chang,K. 2010a,第三章;Chang,K. 2022,第六章)。其他机构也纷纷效仿,既实现了其自身的制度现代化,又对国家现代化和发展作出了贡献。然而,根据特定的制度需要和利益，它们对西方文化的迎接更具融合性和流动性。在**对西方的逆向设计**（reverse-engineering the West）的现代化体制中，社会制度及其文化资源以相互分隔的方式产生和演变，为整个社会系统创造了范围广泛又不尽相同的文化平台（Kim，M. 2010；见上文第四章）。

韩国政府成立之初就呈现出国家与公民社会之间、各社会阶级之间严重的冲突关系。这种关系在现代化和发展过程中愈演愈烈，导致并促使大多数韩国人通过高度以家庭为中心的价值观和努力来构建自己的生活（Chang，K. 2010a，2018）。他们战略性地调动了家庭关系和资源，用于竞争性的社会追求（如教育、商业等）。但这种务实的家庭主义本身将构成一种核心道德价值观，因为它意味着家庭成员之间的共同牺牲。由于家庭的奋斗旨在私人的社会收益最大化，因此家庭生活将所有社会价值和利益都体现为日常事务——这是我早期研究中分析的**偶发性多元主义**（accidental pluralism）的一个共同特征（Chang，K. 2010a，第二章）。此外，韩国家庭通过基于媒体的文化消费和共同的后殖民愿望，在没有传统种姓差异的前提下，每天接触西方家庭价值观和生活方式，以追求新传统化（或两班化）的家庭生活，使得韩国家庭成为容纳从过去到现在、从东方到西方的各种家庭价值观和规范的复杂容器。

对于韩国的个人而言，必须培养一种极其复杂但高度灵活的文化个性。这些人的个人生活处于充满了惊人的文化多样性和转型的国家、制度、家庭环境中，并在这些环境中被管理。在一方面体现韩国本土、亚洲、西方和全球的特征，另一方面又体现传统、现代和后现代的特征之后，韩国人需要巧妙地选择和实践在每个相关情况下都被视为合理的或有效的某些文化属性（Chang，K. 2016a）。虽然这种**灵活复杂的个性**让韩国的个人长期承受过重的负担，但它也用每一种文化属性带来的所有好处和乐趣丰富了他们的生活。

韩国文化的动态复杂性或复杂文化主义包含了各种系统特征，这些系统特征反映了上述全球的、国家的、机构的、家庭的和个人的文化生活条件和过程。首要的是，工具主义者对文化的多元（外向和内部）来源持开放态度，但这种工具性带来了文化挪用的游历方式、融合方式和偶然方式（Kang，M. 1999）。第二，文化多元性反映了背后的社会政治和制度秩序，通常受到不同文化来源之间相互分割的或分层的结构关系的限制（Kim，J. 2019）。第三，同样，在依赖西方的国家发展和现代化制度下，政治、经济和文化等级制度的国际秩序内化于国际文化包容的等级模式中，这往往以自我东方主义为代价（Kim，M. 2018）。第四，与此相关，外向的文化开放性和依赖性导致了一种反应性的文化本土化，其影响强化了民主社会文化和威权政治动机下的后殖民新传统主义原则（Chang，K. 2018）。第五，在缺乏或难以确定国家或社会文化范式的现代制度下，对种类最大化的外国（主要是西方）文化的模拟消费（参见 Baudrillard 1994）构成了一种替代性的文化自我，对其而言，文化理解和实践通常保持在肤浅、矛盾或物质化的水平（Kang，M. 1999）。第六，在个人和家庭层面，文化多元主义通常是根据个人的生命历程和家庭生命周期的不同阶段被依次组织——也就是说，个人和家庭系统地改变指导性文化价值观和规范，从而使西方/现代文化在一生中逐渐让位给（本土的）韩国/传统文化（Chang, K. 2010a，第二章）。

应该仔细考虑复杂文化主义的这些系统特征，以便理解韩国最近的多元文化主义推进。这种多元文化主义推进反对曾经统治并将继续统治韩国的社会文化生活的历史社会背景。在引发、管理和篡夺韩国（以及任何其他社会）多元文化主义的过程中，文化体系的语法特征比其实质内容更为重要。下文将表明，“多文化新娘”的出乎意料的大量出现加强了复杂文化主义，这让韩国公民和机构对当前的多元文化的解释变得更加方便，即他们认为对国际婚姻移民的开放包容和积极支持有助于使他们的文化复杂性成为一种更加自足的文明财产。因此，最近的多元文化推进不管看起来多么即兴，但似乎并没有减弱或稀释韩国的自我中心全球主义的道德观，反而强化了这种道德观。

## 第三节　再生产全球化背景下的特设多元文化主义

在韩国空前快速的工业化和城市化背景下，农村地区形成并维持了传统农民生活的一个社会生态博物馆式的环境，其中贫瘠的生计和陈旧的生活方式成为社会同情和文化浪漫主义的主题。[①] 该国的工业化和城市化很大程度上是一个年龄选择性的过程。在这个过程中，绝大多数农村少年和青年迁移到各种类型的城市部门开始工作、学习、生活。剩余的中老年农民在永久冻结的家庭农民的经济体制和文化条件下，在农村地区经历着“老龄化”。许多中年单身汉由于无法在当地找到愿意接受父权制农民生活的配偶，不得不与年迈的父母生活在前所未有的畸形家庭结构中（Chang, K. 2018，第六章）。但是，突然之间，他们中的许多人最近发现，来自许多贫困亚洲国家的外籍新娘是维持农村社会经济的一种便利人力资源。

直到20世纪末，韩国人的国际婚姻都极为罕见。但因该国的积极全球化政策，特别是1997—1998年国家金融危机以来，局面突然被扭转。除此之外，这一全球化政策还与中国积极的社会经济一体化相关联。朝鲜族通过对韩国的定期访问和长期访问机会，开始积极谋求合法的赴韩方式。这一趋势的一个明显出乎意料的结果是，21世纪00年代初，许多朝鲜族女性通过与生活在城市周边地区的贫困韩国男性结婚的方式进入等级森严的韩国婚姻市场。与此同时，许多汉族女性开始被介绍给类似的韩国男性结婚。

不久之后，城市婚姻市场的这种跨国发展更具创造性地适应了农村社区，从而为那些找不到韩国配偶而绝望的农民单身

① 在一家韩国电视台的傍晚节目《6点钟我的家乡》（www.kbs.co.kr）中，生活在农村的老年农民几乎都会被电话采访问到他们的乡村生活方式和道德。

汉提供寻找外籍新娘的机会(见表 6.1)。这与稍早的中国台湾经验(Wang and Tien 2009; Kung, I. 2009; Kojima 2009)非常相似,来自东南亚贫困家庭的年轻女性(尤其是来自越南农村家庭的女性)开始大量涌入这个婚姻市场。在这个婚姻市场里,结婚往往是根据商业配对安排进行的。安排农村单身汉与东南亚女性结婚的想法,作为社区组织(和商业资助)的努力在 21 世纪 00 年代中期开始出现,并很快成为全国性的热潮(Yoon, I. 2008, 2016)。在很多村子,三分之一到一半的男性村民最近与外籍新娘结婚(Kim et al, 2010)。

表 6.1 截至 2018 年,按来源和与韩国配偶关系分类的累计婚姻移民和其他归化者数(数量 =280 020)

| 来源 | 占比/% | 人数 | 有配偶者中与韩国配偶联系的方式(数量 =205 887) | | | | | |
|---|---|---|---|---|---|---|---|---|
| | | | 家人、亲戚介绍/% | 朋友、同事介绍/% | 婚姻中介所/% | 宗教机构/% | 自己/% | 其他/% |
| 中国内地汉族 | 19.3 | 54 070 | 17.2 | 39.2 | 10.3 | 0.9 | 32.0 | 0.4 |
| 中国朝鲜族 | 31.1 | 87 003 | 30.1 | 36.6 | 3.3 | 0.6 | 29.2 | 0.1 |
| 中国港台地区 | 1.7 | 4 700 | 8.5 | 35.8 | 0.8 | 2.0 | 51.1 | 1.9 |
| 日本 | 4.2 | 11 734 | 3.5 | 21.7 | 0.5 | 36.6 | 36.8 | 1.0 |
| 越南 | 23.4 | 65 490 | 18.2 | 23.7 | 50.9 | 0.3 | 6.9 | 0.1 |
| 菲律宾 | 6.2 | 17 451 | 15.5 | 31.2 | 23.7 | 12.3 | 17.1 | 0.1 |
| 泰国 | 1.3 | 3 516 | 11.6 | 30.0 | 5.7 | 7.3 | 44.9 | 0.5 |

续表

| 来源 | 占比/% | 人数 | 有配偶者中与韩国配偶联系的方式（数量=205 887） | | | | | |
|---|---|---|---|---|---|---|---|---|
| | | | 家人、亲戚介绍/% | 朋友、同事介绍/% | 婚姻中介所/% | 宗教机构/% | 自己/% | 其他/% |
| 柬埔寨 | 2.6 | 7 199 | 22.8 | 19.2 | 52.3 | 0.9 | 4.7 | 0.0 |
| 其他东南亚国家 | 0.5 | 1 500 | 12.6 | 26.8 | 13.9 | 3.7 | 41.6 | 1.4 |
| 南亚 | 1.2 | 3 448 | 12.9 | 22.1 | 22.5 | 3.2 | 39.1 | 0.3 |
| 蒙古 | 1.1 | 3 077 | 12.8 | 33.4 | 14.6 | 3.1 | 35.6 | 0.6 |
| 俄罗斯/中亚国家 | 2.1 | 5 904 | 14.0 | 31.9 | 18.5 | 3.3 | 31.5 | 0.7 |
| 美洲/欧洲/大洋洲 | 4.7 | 13 252 | 7.5 | 36.6 | 1.2 | 4.3 | 49.4 | 1.0 |
| 其他 | 0.6 | 1 676 | 5.1 | 25.3 | 0.1 | 3.6 | 64.0 | 1.9 |
| 所有有配偶者 | | | 19.0 | 31.5 | 21.1 | 3.5 | 24.6 | 0.3 |

注：在 280 020 人中，婚姻移民 238 567 人（85.2%），其他归化者 41 453 人（14.8%）。其中女性为 231 474 人（82.7%），男性为 48 546 人（17.3%）。

资料来源：数据基于《全国多文化家庭实际状况调查研究》（*The National Survey Study of the Actual Conditions of Multicultural Families*），第 63—64、70—71 页。

韩国（晚期）现代化的一个巨大悖论是，具有近乎冻结的传统社会经济特征的农村通过接纳来自亚洲各地的外籍新娘作为当地家庭的新成员，引领了一种世界主义化进程。随之在婚姻和家庭生活中出现的一长串困难和矛盾，促使政府和民间努力帮助外籍新娘适应当地生活和家庭生活。由于村民们对当地男性长期单身生活的担忧遇上了当地政府和国家对农村人口消失的担忧,因此农村婚姻的全球化(或亚洲化[Chang,K. 2014])很快被批准为一项事实上的国家政策,这项政策通过各种官方协助和计划来促进国际婚姻和缓解跨文化婚姻生活困难。在民间专家和活动家的敦促下,政府最终决定将这些援助和计划称为"多文化家庭支援政策"。反过来,这一官方(化)的政策被民间活动家和媒体解读为等同于宣布韩国是(或即将成为)一个多元文化社会。韩国社会的几乎所有部门、机构和地方都开始参与各种娱乐活动、公益活动和计划,来协助"多文化新娘"并促进多元文化意识(Yoon,I. 2008)。

自1948年颇具争议的后殖民政治独立以来,这个国家一直饱受长期意识形态冲突的困扰,政府和民间对多元文化事业的热情也随之互补性地升级(Im and Park 2012; Yoon,I. 2008)。自20世纪60年代中期以来,韩国在国家主导的资本主义工业化中取得了前所未有的成功。它通过所谓的**发展民族主义**,短暂地帮助巩固了国家与社会之间的意识形态裂痕(Jeon,J. 1999; Kim,D. 2010)。自20世纪90年代末以来,迅速推进的国民经济的新自由主义重组,大幅削弱了这种重商主义意识形态的社会效力。在这种背景下,多元文化主义开始成为一项罕见而珍贵的国家议程,甚至克服了国家政治中臭名昭著的两党政治意识形态对抗。卢武铉、李明博、朴槿惠和文在寅领导下的历届政府,尽管其意识形态差异很大,但都强调了多元文化的公共重要性,并为其实际推广分配了大量资源(《Danuri》2020)。在公民社会中,即使是严重政治化且相互冲突的媒体也一致承认韩国社会进行多元文化重建的可取性和紧迫性,甚至为其制作了旨在促进多元文化主义的特别节目和报道。① 大型商业企业、绝大多数工会、各种积极的非政府组织、各个领域的学校以及各种志愿者协会都似乎为促进不同定义的多元文化事业激烈地相互竞争(Yoon,I. 2008; Im and Park 2012)。

一个广为人知的秘密是,公共的和民间的多元文化项目为农村的外籍新娘带来的实际利益是相当有限的(Kim,H. 2012)。但一个重要的隐性(且更为关键的)影响在于这样一个事实,即此类项目往往是一个使韩国公民和机构能够在其他世界性美德中发展或承担多元文化属性的权宜平台。作为最积极全球化的国家政治经济下的物质世界性化的主体,韩国人发现,从某种自我服务的社会文化角度来看,亚洲各地的外籍新娘的大量到来对他们来说是一个相当恰当的发展方向。也就是说,由于这些亚洲新娘,他们现在开始觉得自己终于在一个(当代向往的)多元文化社会中生活了。② 随着亚洲新娘突然的大规模到来,以及将她们视为世界性他者来包容的公众和民间的运动,韩国人曾

① 例如,参见韩国教育广播公司(Educational Broadcasting System,EBS)制作的每周一期电视节目《多文化婆媳传记》(Damunhwa Gobuyeoljeon)(https://home. ebs. co. kr/gobu/main)。

② 因此,曾占据主导地位的单一民族(danilminjok,即一个同质的种族民族)意识形态几乎一夜之间从公共话语中消失了。

普遍感到的社会地理上的孤立感，以及他们在后殖民时代现代化和发展中所感受到的强烈的复杂文化主义，都轻松地被削弱了。

这种认识论上的实用性导致外籍新娘常常被期望或甚至实际上被要求永久保存和展示其祖国的文化特征。地方政府和社区、各种民间社会组织和商业企业以互补性升级的方式推动了各种类型的“多元文化”项目和活动。在这种情况下，作为一种常见的做法，她们被上演、被展示，当然还会被拍照，于是她们的出现可以帮助韩国人以某种方式感受到世界性化（Chu，B. 2011；《莞岛时报》［*Wando Times*］，2012 年 1 月 9 日）。她们通常穿着本国服装，并被希望展示本国文化（烹饪、唱歌等）。这最终不可避免地会让她们更多感觉到与韩国本土人的差异，而不是与之融合（Yoon，I. 2016）。这种对文化外来性的隔离表演，是韩国本土人生活世界的多元文化化的即兴条件。矛盾的是，当大多数外籍新娘结束这种表演回到家庭以后，都不得不扮演一个大多数韩国女性都断然拒绝的（新）传统韩国家庭主妇的角色。

## 第四节　借来的顺从：通过外来身体实现的再传统化（或新传统化）、特殊主义多元文化主义和复杂文化主义

通过婚姻相关的移民身份，亚洲新娘被授予了一种**跨国再生产公民权**（transnational reproductive citizenship）。她们需要履行社会再生产领域的各种家庭义务，例如家务劳动、生育和养育

子女、奉养老年人，以及农业劳动和其他创收活动（Chang，K. 2022，第八章；Turner 2014）。然而，在私人层面，多元文化主义往往导致外籍新娘无法同其韩国配偶、姻亲和邻居进行有效和谐的日常互动（Kim，H. 2012，2014）。一个巨大的悖论是，这种互动的困难被父权制韩国家庭的单向专制愿望所巩固，这个愿望即通过尚未受到伤害的（或尚未现代化的）外国身体恢复所谓的传统社会再生产规范和做法（Chang，K. 2022，第八章）。

在韩国的农村，传统文化通过一个非常晚期的现代社会条件即过度老龄化，延长了自己的寿命（Chang，K. 2018，第六章）。因大多数年轻人的迁出，不少农村确保其人口基数主要依靠寿命不断延长的老年人，并同时保持着传统文化实体。在农业生产和家庭维护中，这种传统性都是由代际和性别之间的父权家庭关系维持的（Kim，J. 1994；Chang，K. 2018，第三章）。年轻人（特别是年轻女性）的大量外流不可避免地开始动摇以家庭为中心的农业生产和家庭维护。在这种难以摆脱的困境下，农村的传统性受到了人口状况的工具性威胁——也就是说，高龄村民只能在剩余的短暂寿命内维持传统的农村文化。在这种背景下，农村婚姻跨国化是一种具有讽刺意味的努力，因为它的目的在于动员外国（女性）身体来维持和维护农村家庭和农业生产的传统格局（Chang，K. 2018，第六章）。另一个具有讽刺意味的事实是，如上所述，中央和地方政府以及各种民间机构和支持者都只是在多元文化的华丽框架中接近这些婚姻移民，将其当作维持韩国传统农村生计和工作的跨国人力资源。

并非巧合的是，大多数外籍新娘都来自亚洲各地的农村社区（Kim et al. 2010）。她们的农村背景，一方面反映出一种需要通过婚姻移民来克服的贫困，另一方面，能够提供对韩国农村常见的大家庭关系的社会文化熟悉感（Kim，H. 2014）。这是韩国农村单身汉与来自亚洲不同农村地区的外籍新娘结婚所产生的跨国文化互动的一个隐藏层面。民间和政府将这些互动定性为多元文化，未能揭示外籍新娘的原籍家庭与其姻亲之间潜在的社会文化共性。事实上，无数将外籍新娘吹捧为韩国宝贵的新的多元文化主体的活动和宣传都没有表明，她们身上受欢迎的、被用于韩国家庭社会再生产劳动的社会文化品德，是一种**借来的顺从**（borrowed docility），用来应对温顺的韩国女性从农村消失的问题（Kim and Kim 2008）。① 这与许多韩国农村家庭对朝鲜族和汉族女性表现出较低偏好也有关联，因为她们原本或最近更可能具有城市背景（Kim，H. 2012）。

一个巨大的矛盾是，韩国的多元文化推动具有**本质的特殊性**（particularistic nature），因为它将外籍劳工与外籍新娘严格区分，并只将后者看作多元文化主义化政策的公共社会服务的正

---

① 岩渊功一（Koichi Iwabuchi）在《重新进入全球化：大众文化与日本跨国主义》（*Recentering Globalization; Popular Culture and Japanese Transnationalism*, 2002）中提出了“借来的怀旧”的概念/理论，以解释日本人对其他亚洲文化的自我定制消费的跨文化性质。这是“一种发现人们在源自其他地方的大众媒介文化形式的基础上构成记忆的条件”（Iwabuchi 2018）。与此相关，参见金（Kim，S. 2012）把东亚描述为一个混合共同体的研究。

式对象(Chang, K. 2013)。20 世纪 90 年代初,来自亚洲各地的外籍劳工首次获准进入韩国。自 21 世纪 00 年代以来,他们在低端制造业、建筑业、农业和渔业等产业领域填补了大量雇佣劳动力。他们对生产劳动的剥削条款感到沮丧,同时也对多元文化政策对他们的**官方性排斥**(official exclusion)感到沮丧(Seol, D. 2014)。这项政策的官方术语,即"多文化家庭支援政策"明确规定,只有在韩国组建家庭的移民才有资格成为其政策对象,然而与韩国公民结婚实际上是在这个社会里组建家庭的唯一方式。外籍劳工被正式排除在多元文化政策之外的一个严重后果是,他们在韩国定居或邀请家人在韩国生活的权利被永久合法剥夺(Seol, D. 2014)。这一政策方向与韩国对西欧和北美的多元文化主义信条的热切拥护相矛盾,因为后者的多元文化转型主要是由于大规模外籍劳工的永久定居。

多元文化政策仅适用于婚姻移民这一严格限制并不是因为外籍新娘和外籍劳工之间有着本质上的文化差异,而是出于对外籍新娘社会再生产劳动的基本性质的实际物质考虑。配偶结合、生育和养育子女以及奉养老年人都需要长期(如果不是永久)提供劳动的身体存在。这就是为什么合法婚姻几乎已经成为世界各地的普遍制度。(欧洲人越来越多地避免合法婚姻并不意味着家庭结合与其成员之间长期联系和承诺的全面清算或消失。)从这个角度来看,韩国的多元文化政策建立了(或被希望建立)一种对那些需要永久居住在该国的移民而言需要长期努力才能入籍的制度。

韩国引人注目的多元文化主义的特殊性不应简单地被视为该国世界性地位的结构性限制，而更应被视为一种**有管理的**(managed)世界主义或世界主义化战略平台。如上所述，“多文化新娘”意外的大规模到来加剧了韩国人的复杂文化主义，这让韩国公民和机构对当前的多元文化的解释变得更加方便，即他们认为对国际婚姻移民的开放包容和积极支持有助于使他们的文化复杂性成为一种更加自足的文明财产。不论是迅速增加的外籍新娘在法律上被接受、身体上融入韩国社会，还是随之而来的政府和民间对多元文化的推动，都不意味着这个社会过去在文化上是孤立的，或者它现在才希望转变为一个多元文化或世界性的实体。总而言之，最近的多元文化推动似乎并没有减弱或稀释韩国人的自我中心全球化道德观（或主体性？），反而强化了这种道德观。

## 第五节 讨论：衣帽间世界化

> “衣帽间式共同体”这个名字很好地抓住了他们的一些特征……尽管他们白天的兴趣和消遣有所不同，但正是晚上的表演把他们带到了这里。在进入观众席之前，他们都把在街上穿的外套或夹克衫放在剧场衣帽间里……演出期间，所有的目光都集中在舞台上，每个人的注意力也是如此。振奋与悲伤、欢笑与沉默、阵阵掌声、赞许的欢呼声和惊讶的喘息声是同步的——仿佛是精心编写和导演的那

> 样。然而，在幕布最后一次落下后，观众们从衣帽间领取了自己的物品，他们再次穿上街头服装，又回到了他们平常的平凡和不同的角色，几分钟后，他们消失在几个小时前从中出现的城市街道上的各色人群中。
>
> （Bauman 2000：200）

> 衣帽间共同体需要一个舞台场面，来吸引蛰伏在不同个体中的类似利益。因此当那些让他们分裂而非团结的其他利益暂时被搁置、放慢或完全沉默时，衣帽间共同体就让他们在一段时间内聚集在一起。舞台场面作为衣帽间式共同体短暂存在的场合，不会将个人的关注融合到“群体利益”中；通过被累加，所关注的问题并没有获得新的特性，舞台场面可能产生的分享幻觉不会比表演的刺激持续时间多太多。
>
> （Bauman 2000：200）

当代的全球化是否最终将世界转变为一个有意义的世界性共同体，也许在未来几十年对作为一个社会实体的人类来说是最重要的问题。目前，大量证据表明，世界性社会协会和组织往往具有鲍曼（Bauman）机智地戏称为“衣帽间式共同体”的性质。也就是说，我们似乎生活在一个衣帽间世界性共同体（cloakroom cosmopolitan communities）的时代。尽管全球化，特别是新自由主义经济形式的全球化加剧了跨国界（以及国内）的社会经济不平等和差距，但它同时也加快了跨国社会文化的相遇和由此异化的人类及其共同体之间的互动。毫不奇怪,多元文化主义最近在各个国家和世界区域引起了热切的社会关注和高度的政治重视。但正如韩国的案例所生动说明的那样,最近越来越多的社会希望将自己重塑或强化为一个多元文化实体,但这种愿望往往止步于各种类型的衣帽间世界性共同体的激增。

韩国男性和其他亚洲国家女性的跨国婚姻的爆炸式增长,似乎标志着韩国已经进入一个真正的世界性存在和变化的新时代。这一基本上是新世纪的现象已将韩国的各个角落和边缘地区彻底重构为明显的多民族实体。国家和地方政府迅速启动了“多文化家庭支援”的综合性政策,同时各种民间团体、媒体,甚至商业企业都以自己的多元文化主义倡议响应政府的努力。奇怪的是,这种看似世界性的举动却遭到了批判性知识分子及其拥护者、文化上被隔离的外籍劳工以及许多外籍新娘本人的强烈批评。更重要的是,许多外籍新娘和她们的孩子,以及她们的韩国支持者,甚至要求韩国“停止(将她们)称呼为多文化”。因为在政府和社会对多元文化的这种态度下,她们常常感到被疏远甚至尴尬。① 由于“多文化”的概念经常被滥用,并以文化隔离的方式指代婚姻移民及其混血子女,这些“多文化”主体及其支持者对歧视性多元文化主义的任意语言秩序越来越反感。因

① 许多来自多民族家庭的学生抱怨被他们的朋友,有时甚至被老师称为“嘿,多文化!”参见《多文化,举手》(OhmyNews,2016 年 8 月 11 日)和《“嘿,多文化”……班主任这样叫我的朋友》(《首尔时报》[*Seoul Times*],2018 年 7 月 30 日)。

为在这种秩序下,韩国人只是保持着韩国人原有的身份认同,而社会多元文化化则被认为只是对“多文化”新娘及其子女实际存在的反映。她们不止一次地发现,为了韩国人的多元文化或世界性欲望和感受,她们被推上了鲍曼所称的“舞台场面”。

作为复杂文化主义机构的韩国的各种机构和公民,努力用便利的方式巩固后殖民时期的社会政治秩序,然后最大限度地实现社会经济发展。在这一过程中,他们工具性地、选择性地、灵活地容纳和利用了不同的历史和文明文化来源。这种复杂文化体系曾经作为单一的种族实体体现在民族国家或人口中。不论是迅速增加的外籍新娘在法律上被接受、身体上融入韩国社会,还是随之而来的政府和民间对多元文化主义的推动,都不能证明这个社会过去在文化上是孤立的,或者它现在才渴望成为一个多元文化或世界性的实体。“多文化新娘”意外的大规模出现似乎进一步强化了韩国人的复杂文化主义,这让韩国人对当前的多元文化的解释变得更加方便,即他们对婚姻移民的开放包容和积极支持有助于使他们的文化复杂性成为一种更加自足的文明财产。

作为自我中心全球主义的一部分,韩国人的多元文化主义越是通过“衣帽间”共同体的体验来构建,来自亚洲的婚姻移民即使不受歧视,也越会保持其差异性。还有待观察的是外籍新娘自己是否能够或将会适应韩国文化(甚至韩国的自我中心全球主义),从而维持国家的文化现状,或者她们是否会被要求或被迫永久地保存和展示自己的祖国文化特征,因为这对韩国本土人来说依然是一个体验和感受多元文化的不可或缺的条件。与此同时,她们与韩国女性之间的隐藏共同点——作为社会再生产劳动的顺从主体——将被利用为或成为她们与韩国农村姻亲实际融合的必要条件。

# 第七章 | 生产的最大化，再生产的崩溃

## 第一节 引言

与韩国和其他东亚社会浓缩的资本主义经济发展伴随而来的是社会萎缩和消失的严重趋势（Lie，J. 1998）——包括蔓延的自杀、极低的生育率、普遍晚育、婚姻拒绝和破裂、老年人和年轻人的普遍贫困、农村人口过度外流、大规模解雇和退出工业劳动，以及激进的文化和规范性自我孤立（尤其是在年轻人中）等。因为这些趋势，无论是在学术界还是在公共话语中，该地区发展型政治经济体中的寡头政治、行政和工业部门领导人的保守思想、政策和行为常常受到批评，此类批评涉及福利计划的不足和缺陷、普遍的亲商社会经济政策以及对劳动力和女性的系统性剥削等。在大体上同意这些批评的同时，我还从社会系统的角度进一步探讨了这些令人不安的社会趋势。我将经济生产和社会再生产的关系当作分析该地区压缩现代性的一个关键因素。①

---

① 参见落合惠美子（2011），了解从人口学的视角对东亚压缩现代性下的社会再生产失败的深度阐述。

社会再生产包括对日常生活的准备和维持、对社会和职业参与的准备、求爱和婚姻、生育和抚养子女、照顾配偶和父母，以及一系列其他被认为是维持和改善人类和社会条件不可或缺的家庭活动（Laslett and Brenner 1989）。[①] 简而言之，社会再生产是指产生和管理人类生活（人口）和劳动（阶级）的个人、家庭、共同体、企业和行政活动的全部范围。社会再生产使这些行为单位能够确保、维护和改进对他们的短期和长期生存和发展至关重要的构成成员。人口的增长/减少、劳动力的规模/质量变化以及构成成员的保障和招募是社会再生产活动的基本总体成果。虽然资本主义通常是根据生产系统中的组织原则被定义的，但为了实现资本主义企业以及地方和国家经济的平稳和持续发展，必须有效而稳定地管理社会再生产。从社会学的角度来看，现代性的不同方向涉及相应不同社会的再生产制度。正如本章所述，在压缩现代性背景下，对社会再生产（及其与经济生产的关系）的理论关注和分析关注变得尤为重要。

在东亚，特别是在韩国，压缩现代性在很大程度上是发展（主义）政治经济的过程和结果。这种政治经济是自上（即国家）强力发起，并自下（即普通公民）积极推动的。东亚人从根本上以发展主义或生产主义的方式构建了现代性，因此现代化成

① 在《德意志意识形态》（*German Ideology*）中，马克思简要地将社会再生产称为资本主义的两个历史时刻之一，但他没有进一步阐述这种社会再生产的唯物主义概念，从而引发了广泛的理论、意识形态和政治混乱（Marx and Engels 1970）。

了为跻身世界“先进国家”(seonjinguk)行列而实现时间密集型经济发展的政治社会项目。① 从浓缩的国家发展角度来看,这种有目的的现代性方法已被各种政策、行为和态度所证实。这些政策、行为与态度旨在最大限度地提高经济生产,并非巧合地系统性牺牲社会再生产的条件和资源。② 举一个简单的例子,韩国工人每年被迫劳动的时间比其他社会的大多数工人要长得多,他们是通过减少睡眠时间来应付这种劳动强度的。③ 事实上,睡眠不足在韩国的未来劳动者中也同样是个严重问题——也就是说,由于学习负担过于沉重,学生们要到午夜后才能上床睡觉。在全国范围内另一个严重的例子是,工业、开发商和地方政府(通常是在一些所谓的发展[主义]联盟中)猖獗的生态掠夺使无数的农村和城市共同体面临极端恶化的人类生计或社会再

① 生产主义应与生产力主义区分开来。前者是发展主义者所强调的在国家发展中应占据首要地位的经济生产(相对于消费、福利等),而后者是对非经济事务(如福利、教育等)的经济生产性质的新自由主义式要求。更广泛地说,生产力主义可以被视为现代经济的(根据吉登斯[1990]的观点,也是现代性的)哲学基础,它被纳入了自由主义经济学和其他系统导向型社会科学研究。从某种意义上说,生产主义是一种粗糙的生产力主义形式,它们之间的区别在宏观总体层面上尤为模糊。例如,国家的经济增长同时是生产主义和生产力主义的目标或指标。

② 与福利国家类型学一样,我们可以建议根据包括经济生产和社会再生产关系在内的各种标准对社会再生产制度进行分类。一般来说,不同类型的福利国家可能有相应的不同类型的社会再生产制度。

③ 多年来,韩国人的平均每日睡眠时间一直是经合组织国家中最短的(《朝鲜日报》, 2017 年 2 月 16 日)。

生产条件。同样严重的例子不胜枚举。

这种生产主义政治经济的发展成果(即新型或现代类型的产业、[城市]空间、家庭形式和关系、生活方式等)反过来又证明了被牺牲的社会再生产的各种社会结果是合理的(即自给经济领域、有社会收益的劳动过程、文化自主的家庭和共同体、生态嵌入的生活方式等的消亡)。① 但经过几十年的成功经济发展,这种经济生产和社会再生产的不对称似乎已经严重丧失了其工具性。尽管东亚社会的外表令人羡慕,拥有超先进的工业、有形基础设施、服务和生活方式,但在狭隘的发展型政治经济下,这些阶级、空间、共同体、文化和智慧实际上被视为不值得社会再生产支持的**一次性用品**,被剥夺公权、萎缩或消亡,这让东亚社会的文明进步甚至经济进步受到了严重阻碍。

本章旨在从压缩现代性下以经济生产与社会再生产关系为中心的社会体系的角度,探讨韩国社会再生产危机的原因、过程和性质。具体而言,本章将讨论社会再生产危机的阶级(劳动

① 社会再生产的发展牺牲与政府谴责消费(相对于储蓄和投资)是国民经济发展的阻碍有着内在联系。正如劳拉·纳尔逊(Laura Nelson 2000)令人信服地表明的那样,韩国女性作为消费的主要主体(或罪魁祸首?),受到了公众要求节俭消费的巨大压力。女性在社会再生产和消费中的作用在结构上是相互交织的,因为社会再生产的许多部分都涉及消费。因此,政府对女性施加的反对消费的压力也可能有助于正当化政府对发展和现代化的生产主义方法以及随之而来的社会再生产牺牲。

力)维度,第九章将讨论其人口维度的大部分内容。我将系统地评估经济生产和社会再生产之间的不对称关系,它是国家压缩资本主义发展和随之而来的农业村庄、城市工业及邻里社区成员的社会再生产危机的关键结构因素。

## 第二节 生产主义体系的多样性与再生产危机

应当指出,社会再生产的系统性危机并不局限于生产主义资本主义政治经济。事实上,在斯大林主义社会主义体制下,凸显经济生产和社会再生产之间不对称关系的更加形式主义的政权曾经统治过大量的现代国家。生产主义是马克思主义唯物论的一种国家政治表现,其中生产者(即劳动力)的阶级优先地位被转化为动员经济发展的国家主义规则。国家经济规划是实现经济生产最大化的正规化或官僚化框架,其重点是通过强调重工业化从而使人们的消费(主要用于社会再生产活动)自动地最小化(Kornai 1992)。除经济生产主义(或对社会再生产的经济偏见)之外,马克思主义唯物论还催生了一种对社会再生产持敌意的政治文化态度。革命性社会变革或社会主义制度转型,据称需要彻底打破经济和社会中的封建或资本主义因素,从而使社会再生产(从社会生产关系的角度考虑)成为国家直接干预的关键领域。对于这种社会变革,斯大林式解决方案是将社会再生产完全控制在工业生产系统中,其象征是在国家控制的生产单位中的等级和职能方面,对社会主义公民社会地位和相互关系的形式主义重组。[①] 通过这些经济和社会布置，大多数社会主义国家最初都实现了惊人的经济增长和社会变革。然而，正是由于其社会再生产基础的结构性限制，这种生产主义发展是不可持续的。当斯大林主义经济体系突然停止时，不仅国家经济生产受阻，而且人们由于几十年来受制于国家对自主社会再生产的干预，因此完全丧失了自立能力。20 世纪的悖论之一是，国家社会主义国家越发达，这种危机显得越严重。

与过去相反的是，后社会主义转型却在经济和社会发展方面都取得了极大的成功。在这些转型国家，经济和社会的早期社会主义变革最为缓慢，因为它们的欠发达地位要求它们在不同程度上维持传统和本土社会的经济生产和社会保护框架。典型的国家有中国和越南。特别是在中国，人民公社型地方共同体主义不亚于国家社会主义，因为自然村成员（包括普通的宗亲）通常依靠传统的社会规范和关系共同从事以生计为导向的农业生产。[②] 后社会主义改革的起步阶段，恢复了以家庭为基础的农村生产和社会保护，同时加强了家庭在社会再生产中的自

---

① 在这种情况下，生产通常被定义为国家社会主义社会中的政治，而工作单位是政治研究的正式基础。

② 参见《当代中国农村历沧桑》（*Chen Village*）（Chan and Madsen 1984），了解对这一情况的清晰描述。我把中国政府在农村生产和福利方面通过依赖传统的、共同体主义的、家庭的规范和村民关系，来实现以城市为中心的隔离发展的做法称为**农村主义**（ruralism）或**农村主义式发展**（ruralist development）（Chang, K. 2005）。农村主义是自由化改革前后的一种持续性趋势。

主性(Chang,K. 1992)。私有化的农业生产的直接经济成果(受国家对农作物采购价格大幅上调的刺激影响)令人震惊,但即使如此,与农村居民以家庭或社区企业形式自主发起的乡镇工业和第三产业的完全出乎意料的爆炸性增长相比,这些增长也相形见绌。不足为奇的是,中国农村的经济成功立即伴随着他们对社会再生产的强烈渴望,甚至不顾抵触国家严格的计划生育政策——他们想要生更多的儿子。①

最近,在中国的资本主义东亚邻国中能观察到社会再生产方面截然相反的趋势。日本、韩国等国家相继实现了压缩资本主义工业化和经济发展,但矛盾的是,个人、家庭、共同体和企业未能或者避免进行充分的再生产来维持家庭、共同体、产业以及最终维持国家(全国人口)的组成成员。与许多其他方面一样,韩国在这类趋势上显得尤为极端。在韩国,生产主义国家对社会再生产具有偏见的做法是通过以下社会政策中的**发展自由主义**(developmental liberalism),即发展国家的社会政策自由主义来构建的(Chang,K. 2018,2019)。这种做法导致并加剧了公民和企业通过故意牺牲社会再生产来实现经济生产最大化的做法。

与国家社会主义国家的晚期工业化或"追赶式"(catch-up)工业化相比,资本主义发展中国家的工业化没那么有计划性,但

① 依赖家庭的农村改革立即促使中国村民渴望生下比国家严格计划生育政策允许的更多的子女(作为未来的家庭经济助手)(Chang, K. 1996)。

更具“漫游性”(peripatetic)特征。[①] 发展型政治体制或治理体系的形成、运作和转变成功地协调了晚期浓缩的资本主义发展，这在政治经济学、政治科学和比较社会学领域引起了学者们的极大兴趣。这些研究共同表明，虽然没有任何通过演绎获得的发展型治理方案的支持或框架，但许多晚期资本主义发展的成功国家案例通常都被称为“发展国家”(the developmental state)的模式所统治。不幸的是，在研究各种发展国家时，正如上文所表明的那样，因为这些发展国家大多数都是生产主义模式，所以这些研究本身也往往保持着生产主义观点，并不充分关注社会再生产及其与发展(主义)政治经济的关键组成部分即经济生产的结构性关系。也就是说，发展国家对社会再生产的立场和影响仍然需要被当作一个几乎是新鲜的研究主题来审视。研究这一主题必须同发展国家中一般社会政策取向的广泛性问题相结合。

在韩国或者在整个资本主义东亚地区，国家对追赶式工业化和浓缩经济增长的积极发展追求得到了位于社会政策最前沿的**发展自由主义**的支持(Chang，K. 2019)。在财政支出和制度安排方面，国家在有关劳动、福利和教育等方面的政策通常被认为是保守的或自由的，但国家的发展积极主义经常为了经济增长最大化而系统地利用和牺牲社会政策和基层生计。在这种环境

① 戈登·怀特(Gordon White 1998：188)指出了东亚发展国家社会政策体制的漫游性质。事实上，它们的整体发展经验是可以这样看的。

中,韩国政府在社会政策方面一直是**发展自由**(developmentally liberal)的。

毫无疑问,发展国家的着重点在于促进快速工业化和经济增长,而不同的政治机构却没有被授权实施社会政策。发展国家本身也要对文化主义意识形态(特别是儒家家庭主义)所部分覆盖的社会政策的基本自由主义教条负责,这个教条最近还被(欧洲大陆式)保守的社会保险计划所掩盖(Chang,K. 2019,第四章)。我们需要记录经济发展目标和自由社会政策之间的所有系统关系,因为这两者都是发展国家的属性。也就是说,无论是在学术上还是在实践上,我们都迫切需要对经济发展主义同社会政策和实践之间的结构关系进行更系统的分析,而不是停留在两者之间假定的所谓零和关系上。特别是在抑制或牺牲社会政策关切方面,应系统地记录此类行为的动机、条件、方式和结果,以探索其是**发展自由**的可能性,而不是像美国或其他定居者殖民地社会(相比美国程度较低)那样的**自由自由**(liberally liberal)。①

关于社会再生产,发展自由国家表现出以下几个特点。②

---

① 这两种政治经济体系可以简单地作一下比较。在一个**自由自由**社会中,资产阶级作为主导阶级将坚持最低限度的社会开支,以尽量减少其财政负担。而在一个**发展自由**社会中,发展国家将尽量减少社会支出,以便在给定预算内最大限度地实现经济或发展投资。

② 我在其他地方介绍了发展自由主义的几个一般特征(Chang, K. 2019, 第二章)。我所提及的所有这些特征都对社会再生产及其与经济生产的关系产生重要影响。另见第八章注释(第 220 页注②)。

(1) 正如家庭农业和劳动密集型制造业的突然消亡所揭示的那样,为了最大限度地将公共和私人资源调动到按发展重要度依次选定的战略产业(被称为“主导行业”)中,断然否定被排除在国家发展优先行业之外的工人的社会再生产的公共必要性;(2) 社会再生产的责任和费用尽可能地归于工人及其家庭,甚至对社会再生产的极少数公共援助项目也通常采取偿还资金的形式,而不是社会工资的形式;(3) 正如住房、医疗保健和教育领域所揭示的那样,基本社会再生产商品的市场商品化不仅得到认可,甚至经常得到默许,同时,国家还为这些问题设计并提供各种类型的**社会再生产贷款**(social reproduction loans);(4) 特别是在公共教育领域,社会再生产的性质和内容被任意操纵,以证明和助长经济生产主义或发展主义政治经济学的一般命题。结合这些特点,发展自由主义可以被视为一种社会政策体制,其作用是系统地加强经济生产和社会再生产之间的不对称关系,从而强化压缩现代性的生产主义性质。

发展自由国家对社会再生产的这种消极或保守立场不可避免地给其公民的日常生活和家庭关系带来严重的经济和社会负担,这种负担又会构成社会不满和政治动荡的主要因素。特别是,社会和经济资源的家庭间差异又会被转变为决定成功实现社会再生产可能性的差异影响因素,从而系统地扩大社会和经济竞争中的不平等条件。在过去,大多数韩国人之所以能把社会再生产作为家庭责任来对待,在很大程度上是因为他们在经济快速增长中大幅提高了自己的收入水平。更为重要的是,他们中的大多数人没有抵制国家的发展(自由)教条,而是试图**以发展的方式管理家庭关系和个人生活**,从而积极适应保守的政治经济秩序。① 例如,他们对子女教育的投资强度在全世界几乎是无与伦比的,对其子女和兄弟姐妹的经济活动的财政支持通常被认为是理所当然的,他们迅速退出农业等衰退行业的行为与他们的兄弟姐妹和子女探索和从事新的有前途的行业有关,等等(Chang, K. 2010a; 见下文第八章)。相比之下,他们对社会再生产的关注和长期准备与发展自由国家一样不足。最坏的例子是,韩国工人及其发展自由国家对老年保障的准备工作的普遍而且长期的漠不关心,导致了老年人的普遍贫困和个人绝望,世界上最高的老年人自杀率就是确凿的证据。② 总之,发展国家和**发展家庭**(developmental families)相互勾结,维持了一个充满投机或赌博特征的社会再生产体系。虽然私人家庭可能不会将基本价值分配给宏观层面的发展主义并采取相应的行动,但其仍然作为发展体系秩序的最基本单位发挥作用,将这种宏观经济秩序内化于日常生活的微观社会空间,并对伴随的物质机会结构作出非常敏感的、适应性的反应。③

---

① 南希·阿伯曼(1997,2003)具有影响力的研究表明了韩国家庭在女性日常生活和话语方面具有的这种属性。

② 参见张(Chang, K. 2018)的第五章关于作为一种个人化类型的老年人自杀的研究。

③ 参见南希·阿伯曼在这方面的一系列有影响力的研究(Abelmann 2003, 2004; Kang and Abelmann 2011)。

如上所述,韩国社会再生产危机的阶级(劳动力)维度将在以下几节中讨论,但关于人口维度的大部分内容将在第九章中进行讨论。在以少数战略部门为重点进行极为迅速的产业结构调整,以及为了帮助实现这些战略部门以出口为导向的增长而不分青红皂白地实行贸易自由化的情况下,农业和简单制造业等传统行业立即被一个接一个地抛弃。因此,过去从事这些部门的绝大多数人口在其经济管理和社会再生产方面面临着根本性危机,这反过来又开始加剧宏观经济和社会条件的不稳定性。在下文中,我将对经济生产和社会再生产之间的不对称关系进行系统的评估,它是该国压缩资本主义发展和立刻伴随而来的农业村庄、城市工业和共同体等的阶级成员的社会再生产危机的关键结构性因素。

## 第三节 农村家庭再生产周期的解体

以家庭为基础的农民在父权制家庭组织结构的基础上将农业生产和再生产有机结合(Chayanove 1986),这一传统的家庭式农民制度作为最普遍的社会制度,不仅在韩国,而且在整个人类历史发展中延续到了今天。经历半个世纪的工业资本主义以后,韩国目前正面临家庭农民的潜在消亡,这可以从以下事实得到证明:韩国目前是世界上农民人口比例较低的国家之一,绝大多数农民是被到城市居住的子女留下的老年人。分布于不同阶段的农民家庭的再生产周期更系统地证明了农民家庭社会再生产的根本性崩溃(Chang,K. 2018,第六章)。也就是说,在剩余的农民家庭中,只有少数家庭处于家庭的形成和扩大阶段,而其他家庭则处于家庭的减员或解体阶段。因此在韩国农村,农民家庭作为经济生产和社会再生产的基本单位有着根本的局限性。

农民家庭消亡的这一趋势主要是农民的家庭发展战略所导致的,这一战略就是在城市地区追求子女或兄弟姐妹的教育和就业,因为城市地区聚集着伴随工业资本主义而来的大部分可观的经济机会。① 通过这种方式,**大多数农民家庭实际上已经充当了城市经济的社会再生产组织功能**。然而,农民的这种适应性行为也反映了一种失败主义,即他们在结构上已经开始服从于发展国家及其客户商业共同体所共同推动的“非循环”(acyclic)或“向前冲”(rush-forward)式资本主义工业化。大多数农民没有作为一个社会阶级集体崛起,而是以个别单位屈服于发展国家。一方面,发展国家拒绝或不想承认农业、农民和农村所蕴含的一整套复杂的经济、社会、文化和生态价值观,另一方面,发展国家毫不掩饰这样一种假设,即为了实现出口导向型资本主义工业的增长最大化,只有牺牲农业才能达成目标,尤其在最近的全球自由贸易时代更是如此。

---

① 在我早期的研究中,农民父母灵活地将农村家庭资源转移给城市户主/家庭子女方面的务实立场被描述为**间接退场**(indirect exit)(Chang, K. 2010a,第六章)。

农村公民的这种个体化的屈服在年轻女性中尤为普遍，她们试图摆脱来自农村家庭的父权制生产和再生产体系的社会压力（Kim，J. 1994）。如第六章和第九章所述，这反过来又给农村单身汉造成了婚姻危机。在社会政策方面，（发展自由主义）民族国家似乎没有感到为农村人口和农村社会再生产提供大量公共投资和支持的必要性，因为他们认为这些人口和地区已经失去了战略发展的价值。① 如果说有什么必要性的话，那就是尽管基本预算有限，但地方自治政府正在努力稳定农村人口的社会再生产条件，以维持自身的政治行政生存可能性。最近，国家及其工业伙伴的新自由主义全球化驱动明显加剧了经济发展政策

① 1993年7月7日，在新自由主义顾问的敦促下，金泳三总统的轻率（或坦率?）评论激怒了几乎所有农民：

> 农村人口减少是一个不可避免的趋势，任何方法都不可能阻止这一趋势。以目前14%的水平来看，与美国等农村人口只占3%的发达国家相比，我国的农村人口还没有克服落后的国家模式。因此，随着农村社会（如机械化农业等）的先进化（seonjinhwa），农村人口应进一步减少。
>
> （《韩国经济日报》[*Korea Economic Daily*]，1993年7月7日）

金泳三这番言论的建立基础是，将农村人口当成农民（其农民不到全国人口的10%，低于许多“先进国家”）的错误划分，以及将许多实际上是城市的邑（eup，即行政农村城镇）看作农村的国际不兼容分类。仅仅几年后，与他这番言论相伴的就是许多在“国际货币基金组织危机”期间突然失业的人在农村拼命寻找工作，而金泳三政府对这场危机负有主要责任。即使在这场史无前例的金融危机逐渐稳定后，归农（gwinong，即重返农业）和归村（gwichon，即重返农村）也作为许多城市居民，主要是老年城市居民的个人化需求，形成了一个稳定的趋势（Kim and Lee 2017）。

牺牲农业的倾向——美国、智利、澳大利亚、加拿大、越南等农业出口国几乎都无差别地追求自由贸易协定就是典型的例证。① 具有讽刺意味的是，正如第六章和第九章所详述的那样，全球化进程的另一方面就是国际婚姻开始迅速增加，因为剩余的农民单身汉将之作为他们社会再生产的最后手段（Kim, H. 2012, 2014）。那些在农业方面没有任何自愿继承人的农村老年人，如果年满 65 岁并且至少耕种了 5 年的话，则被鼓励加入农地年金（nongjiyeongeum）计划。该计划根据抵押的农田，每月给农民提供一定的收入（https://www.fbo.or.kr/contents/Contents.do? menuId=0400100010）。

## 第四节 工业工作生活史与社会再生产

向前冲式经济发展战略也扰乱了大城市无产阶级家庭的社会再生产体系。正如现在已经被揭穿的那样，终身就业依然作为一种特权，仅限韩国行业中相当有限的范围和数量的工人享有，而大多数工人的工作生活史充斥着频繁的中断和行业的复杂性（Choi and Chang 2016）。在早期工业化时期，基于廉价劳动力获取出口竞争力的企业并不允许工业工人成为一种理想的职业，甚至对于工业工人自己来说也是如此（Koo, H. 2001）。在发

① 参见《韩国自由贸易区的领土扩张……制造业备受期待，农牧业深感担忧》（韩国联合通讯社，2014 年 9 月 23 日）。

展的后期,由少数以出口为中心的工业集团(称为财阀)主导的产业结构升级,与其说是“基于员工技能水平提高的生产阶级共同体的社会演变,不如说是基于技术外包的企业重组和扩张”(Kong,T. 2012)。

在企业的技术转型和工厂自动化过程中,大量工业工人被解雇。此外,自 1997 年至 1998 年由国际货币基金组织控制的国家金融危机(韩国人普遍称之为“国际货币基金组织危机”)以来,不管新员工技能水平如何,许多企业都拒绝大规模雇用新员工(Chang,K. 2019,第四章)。此外,基本上从属于以企业为中心的产业政策的劳动政策不愿关注对现有员工的人力资本提升,除非出口导向的财阀另有要求。孔泰杨(Kong Tat Yan 2020)提出了一个极具启发性的警告,即与德国或日本不同,如果韩国继续坚持目前的这种没有让工业发展系统地体现到工人的人力资本中的工业体系的话,它就无法跃升为社会先进经济体。

在大多数工业工人的就业历史中,这种结构性的频繁中断和他们受抑制的工资水平严重阻碍了他们对于家庭抚养者角色的稳定履行。更为根本的是,在工业工人无法将其职业视为国家经济发展的人性体现的情况下,工人将职业传给子女的意愿就不可能维持工业劳动力的社会再生产。① 一个颇为有趣的悖论是,一家成功的全球性汽车制造商,现代汽车公司(Hyundai Motors)的工会成员曾要求企业为其子女继承同一企业员工的身

① 这种退化的阶级文化在农民中也同样严重(Chang, K. 2010a,第六章)。

份做担保(《京乡新闻》,2011 年 4 月 14 日)。这一事件被媒体大事报道,严重打击了构成国家有组织劳工主体的大型企业工会已经受损的社会声誉。

## 第五节　城市贫困家庭:新旧社会风险下的女性

前面有人指出,农民家庭是经济生产和社会再生产有机结合的社会体系。这种复杂的功能也存在于城市贫困家庭的妻子身上。作为一种新的社会趋势,女性的终身就业在以高等教育为基础的专业职业中迅速增加。同时尽管经常受到中断,但已婚女性的长期经济活动参与已成为城市贫民中的一种全阶级现象。来自这一阶级的许多中年就业女性通过所谓的"M 型曲线"工作-生活路径,即婚前就业、婚后因生育和育儿暂时退休以及中年再就业,为家庭的社会再生产和收入作出了贡献(Chang, K. 2010a,第五章)。然而,因阶级内部婚姻的强烈趋势,她们的配偶大多分布在不稳定和低收入的职业,她们自己的工作集中在低报酬的服务型行业。① 这意味着他们的双收入很少能让他

① 众所周知,韩国丈夫分担家务劳动的时间是比较短的。有趣的是,职业女性的家务劳动时间甚至高于全职家庭主妇(Chang, K. 2010a,第五章)。这似乎是特定阶级的性别文化的物质结果,即社会低层的丈夫比上层的丈夫更倾向于让妻子在从事经济活动的同时从事家务劳动。经济、教育和文化水平似乎是这种抑郁性现象背后的重要复杂因素。

们在自己的一生中实现阶级跃升，或者能够看到他们的子女实现严酷的代际流动，特别是通过私人资助的教育竞争。自“国际货币基金组织经济危机”以来，正如大多数当代韩国人所认为的那样，这种阶级结构的不动性几乎已经被固定住了。①

尽管城市贫困家庭主妇的生活一直需要战斗性的承诺，但她们最近又面临所谓的“新社会风险”，因此不得不承受更沉重的个人负担和痛苦（Yoon，H. 2008）。② 最重要的是，在韩国压缩人口老龄化下，她们本已年迈的父母（公婆）的寿命也迅速延长，这使得城市贫困家庭主妇不得不在作为工资劳动者的“第一轮转变”和作为家庭管理者的“第二轮转变”之外，承担起作为受扶养老人的主要照顾者的**第三轮转变**（third shift）（参见 Hochschild 1990）。这些老年人在度过了过度劳累和家庭经济负担过重的中年后往往患有多种慢性疾病，但很少有足够的稳定财力来应对自己的老年生活。最近，后工业时代和新自由主义经济的危害，即成年子女就业失败以及随之而来的对继续教育的需求、丈夫长期的职业不稳定性等问题，使这些女性的多轮次生活雪上

① 根据现代经济研究院（Hyundai Economic Research Institute 2017）的一项综合社会调查——“公民对阶级向上流动阶梯看法的问卷调查”，认为“即使个人作出努力也不可能实现阶级向上流动”的韩国人从 2013 年的 75.2%持续增长到 2015 年的 81.0%和 2017 年的 83.4%。

② 有关欧洲背景下的新社会风险的研究合集，请参见泰勒-古毕（Taylor-Gooby，ed. 2004）。

加霜。[①] 如第九章所述,成年子女的就业状况越来越不稳定,以及由此导致的晚婚、不婚和离婚的迅速增加,意味着如今的中老年女性无法指望将家庭角色及时转移给下一代家庭成员,从而过上悠闲而富有成果的生活(《朝鲜日报》,2011 年 1 月 14 日)。这些女性中的大多数都希望自己的女儿不要像自己一样生活,因此她们不会因为女儿对她们坦白“我不想像你一样地生活,妈妈!”而反对女儿中断婚姻生活(KimGoh,Y. 2013)。稳定的中产阶级不断减少意味着这种代际共有的对婚姻的悲观情绪正在不断增加。

## 第六节 债务维持的生计:社会再生产的金融化

在过去的农业社会中,如果扭曲的土地所有权结构剥夺了农民进行正常经济活动的机会,并迫使他们陷入贫困,那么他们中的许多人就不得不依赖地主的高利贷,并最终又不得不处置他们的农业生产和社会再生产手段(如牲畜、农田、家庭用品和房屋)。他们中的一些人甚至不得不卖掉自己的子女和妻子。这意味着他们的个人和家庭生活是通过一个被称为**贫困金融**

① 报纸上的一篇文章标题很有暗示意义:“白手儿子……还得做个儿媳……早已退休的丈夫……‘抑郁的中年’主妇陷入困境”(《韩民族日报》,2011 年 8 月 1 日)。在这里“白手”意味着“失业”,“做个儿媳”是传统婆媳关系的反向关系。

化（financialization of poverty）的过程遭到了破坏（Chang, K. 2019,第五章）。① 在21世纪的韩国,家庭债务爆炸性增长,即使是保守的政府也一再表示严重关切,这也证明普遍的贫困金融化伴随着普通韩国人工作和生计的慢性结构性危机。过重的债务偿还负担使越来越多的个人和家庭经受着被迫害的恐惧感,并终将导致家庭解体和自杀等自毁性结局。在许多此类自杀事件发生之前,绝望的父母先是杀死年幼的子女,然后了结他们自己的生命,因为他们认为如果没有父母的物质保护,他们的孩子将遭受极端的痛苦（Lee, H. 2012）。

韩国的家庭债务对收入的平均比率已经超过了声名狼藉的美国家庭的比率。由于在后国际货币基金组织危机时期,激进经济结构重组侧重于财阀关键出口产业的快速复苏和竞争力的提高,因此造成了农业和劳动密集型轻工业的大规模牺牲。为了工业企业的经济机会和利润的最大化,这些企业又将工业生产（和就业）转移到了海外（Chang, K. 2019,第四章）。在这一过程中,那些被剥夺经济活动机会的韩国人不得不通过处置家庭财产、亲戚之间的金融支持和贷款担保、银行消费贷款等来弥补他们失去的工资或商业收入。结合这些社会趋势,政府可以说是在发展产业政策的一个新领域,开始支持甚至鼓励各种新型金融服务商品的迅速开发以及各类金融行业的积极业务扩

① 关于新自由主义背景下金融化的各种趋势的简要说明,请参见法因（Fine 2012）。

张(Chang,K,2016)。由此导致的是信用卡现金贷款和住房抵押贷款从世纪之交开始呈爆炸式增长。

由于家庭或个人社会再生产的最低物质资源往往由金融服务来提供而不是生产活动来保障,因此可以说在韩国出现了**社会生产的金融化**(financialization of social production)现象。在过重的偿还债务压力下,即使他们克服各种困难恢复经济活动,也无法对商业当事人雇主行使正常的议价能力,从而在经济活动中处于异常不利的条件环境(Chang,K. 2016b)。经常有债权人滥用其权利,要求进行实际上是奴隶劳动的经济活动。[①] 一些债权人甚至强迫债务人同意进行人体器官交易(《民主新闻》[*Minjushinmun*] 2011)。金融负债已经成为生产体系中阶级地位的另一个决定性因素。

因债务人身份在普通民众中变得普遍,历届政府都试图设计并提供各种形式的金融救助计划(Chang,K. 2016b)。[②] 在教育、住房等领域,国家支持的各种新的商业贷款项目被引入和扩大,这表明一个面向社会再生产各个方面的事实上的金融服务体系正在形成。然而,鉴于发展自由政府对急速上涨的大学学费的无所作为、对通过房地产和土地交易获得的投机利润的实质性保护,以及在社会再生产商品供应方面为经济扭曲开脱的

① 许多负债累累的年轻女性最终被私人高利贷债权人强迫卖淫(这些债权人当中不少人涉及经营卖淫生意)(Kim,J. 2015)。

② 其中,孟加拉国式针对小企业的小额融资项目特别有趣(Chang, K. 2016b)。

其他事例，很难判断政府设计或鼓励的商业贷款计划是不是为了让穷人获得社会再生产商品，也就是说很难判断这一政策是一项真正的社会政策还是变相的新产业政策。（现任尹锡悦[Moon Jae-In]政府继承了这些针对社会的贷款计划，却无法遏制家庭债务膨胀的趋势。）

## 第七节　结论与展望：浓缩的社会剥离之后

在韩国（以及其他东亚社会），现代性从根本上就是以发展主义或生产主义的方式构想的，因此现代化成为通过实现时间密集型经济发展尽快成为一个“先进国家”的政治社会项目。这种旨在浓缩国家发展的有目的的方法需要通过各种政策、行为和态度来实现经济生产的最大化，但社会再生产条件和资源也因此遭到无节制的系统性牺牲。在这种不对称的经济生产和社会再生产方式下，韩国的浓缩国家发展导致了维持生计的经济部门、有社会收益的劳动过程、文化自主的家庭和共同体、生态嵌入的生活方式等都不可避免地衰落或消亡。虽然国家的所有超先进工业、有形基础设施、服务和生活方式正迅速发展，但在狭隘的发展政治经济下，这些阶级、世代、共同体、文化和智慧被视为不值得社会再生产支持的**一次性用品**，被剥夺公权并消亡，这让该国的文明甚至经济进步受到越来越多的阻碍。

上文概述了与产业和阶级重组相关的韩国社会再生产的各种危机趋势，而与人口结构转型有关的危机趋势将在第九章进行阐述。这些内容导向一个结论,即压缩现代性是浓缩(经济)成就和浓缩(社会)剥离的融合体。庞大的工业集团手中奇迹般的经济积累,在结构上要求对农业、无产阶级、人口、文化和生态等各方面的基础及韩国文明中相应的组成部分进行急剧而广泛的剥离。虽然韩国巨型工业经济的长期可持续性本身是一个争议性很强的话题,但至少在这个国家 21 世纪的生活或管理中,稳定的农业生活、有报酬的工业工作、有保障的家庭生计、充足的人口替代、可预测的生活轨迹,以及可靠的国家政治经济和生活世界持续减少。在这种全面而急速的社会剥离下,这个社会的后压缩现代状况可能以人类生活中个人、社会、文化、人口以及经济等各方面配置的**激进流动性**(radical liquidity)为特征(参见 Bauman 2000)。

# 第八章 ｜ 社会制度缺陷与基础设施家庭主义

## 第一节 引言：从上与从下的基础设施家庭主义

本章对作为韩国压缩现代性关键社会基础条件的家庭规范、关系和资源的宏观结构意义进行了广泛分析。韩国人以一种从根本上依赖家庭的方式管理自己的现代历史并取得了各种国际上令人羡慕的成就。他们现代性的压缩性质在结构上与家庭的各种社会基础设施效用交织在一起。因此，详细了解韩国家庭的社会文化特征、组织结构和资源禀赋，不仅是解释日常个人生活不可或缺的前提，而且也正如我在前面所全面解释的那样（Chang，K. 2010a），是解释社会、经济甚至政治领域的宏观结构条件和变化必不可少的前提。

韩国社会的这一特点不仅源于其传统的（比如新儒家的）以家庭为中心的生活文化遗产，更重要的是源于韩国人应对各种现代社会文化、政治和经济力量的过程和方法。当殖民地经济的剥削和对草根阶级的政治虐待猖獗时，当全面内战否定了社会关系和经济活动的所有确定性时，当战后的统治精英在管理公民生活方面不可靠并且他们是威权主义者时，大多数韩国人都觉得并认为自己的家庭是唯一可靠的保护和生存的来源。[①] 然而,即使在国家有效管理国民经济发展和社会制度现代化之后,韩国人对家庭规范、关系和资源的依赖性仍然有增无减。事实上,韩国现代性的家庭化性质尽管在不断重塑,但一直在加剧,因为国家及其关联的社会活动家已经发现并有意识地利用了普通人为维持以家庭为中心/为家庭奉献的生活所做的热切努力中的各种战略。[②]

这个后殖民国家自20世纪40年代末开始进行现代化和发展时,其主要的官僚式方法和宣传方法就是笨拙地在当地因素表面涂盖外来的西方反身概念和目标,这种过程完全不可能让其公民对其自上而下的方式表示有意义的信服。最关键的是,

---

① 韩国人的情境诱导的家庭中心主义被概念化为**情境家庭主义**(situational familialism),它与基于传统规范或社会文化价值观的**概念家庭主义**(ideational familialism)以及嵌入以家庭为中心的社会制度和公共政策中的**制度化家庭主义**(institutionalized familialism)相对立(Chang, K. 2018,第一章)。

② 虽然韩国人的家庭中心取向或家庭主义(gajokjuui)经常在学术研究、媒体报道和文化作品(如小说、电影和电视剧)中得到强调,但这一属性尚未得到通过足够系统的概念、理论和分析工具所作的客观理解。在这方面,南希·阿伯曼对韩国家庭、女性和青年问题的专注和有影响力的研究是非常宝贵的(Abelmann 1997, 2003, 2004)。此外,一些学者和社会评论家对韩国人的家庭主义提出了有趣的批评,如《家庭主义是野蛮的》(*Familialism is Savage*, Lee, D., 2001),《奇怪的正常家庭:想象自主的个人和开放的共同体》(*The Strange Normal Family: Imagining Autonomous Individual and Open Community*, Kim, H., 2017),《韩国人的能量,家庭主义:家庭作为个人的保护盾和地位提升的脚手架》(*South Koreans' Energy, Familialism: Family as Protective Shield for Individuals and Scaffolding for Status Rise*, Kim, D., 2020)。

自由国家缺乏足够的财政资源和基本社会制度机构，无法将公民系统地纳入国家发展和社会现代化，这又导致了社会治理的长期不稳定性。虽然韩国政府在朝鲜战争后不久就接受了美国的对外援助和制度法律的协助，但仍然几乎无法运作。在这种情况下，基层公民，其中大多数是以重新平均分配的方式获得有限耕地的农民，基本上根据以家庭关系和责任为中心的某些在当地被记住和重塑的规范，重新组织了他们的物质生活和共同体秩序（Jeong，H. 1995）。

尽管如此，从20世纪60年代开始，这个国家在社会政治和经济变革方面取得的飞速发展的确是一个奇迹。自朴正熙执政以来，韩国在发展和现代化方面取得了全球公认的成功，并且这个"威权官僚国家"得到了广泛的认可，但它在追求每一个国家目标时严重依赖于基层公民的家庭规范、关系和资源。正如本章随后将解释的那样，这一点已经很明确地体现在韩国发展和现代化的几乎所有主要特征和条件上。这些特征和条件包括基于稳定的农村移民劳动力供应的早期刘易斯式工业化、使人力资本得以不断改善的高水平公共教育的普及，以及给长期存在缺陷的公共福利做缓冲的持续的家庭支持和照顾的共同道德。①

在这个国家的历史经验中，家庭主义不仅仅是某些个人或

---

① 基础设施家庭主义，尽管有争议，但其另一个维度涉及建立在家族衍生的认同感和利益基础上的对共同体和国家社会政治的忠诚——例如，基于家乡的政治党派（再现地区竞争政治）、基于家族的法律公民权（体现世袭民族成员身份）等等（Chang，K. 2004）。

群体的个别特征或价值观。韩国政府在组织和领导其(家庭主义者)公民时,它本身也一直是家庭主义者。与现代世界大多数其他国家一样,它确实在处理民事和政府事务的法律准则和社会政策原则时有意识地、正式地反映了公民个人关于家庭关系、目标和义务的私人价值观。① 但是,国家自身实际驱动的家庭主义立场并不能简化为这种私人家庭价值观,因为它代表了一种独特的技术官僚式思考,我建议将其概念化为**基础设施家庭主义**。在下文中,我将指出韩国在极其困难的财政和社会制度条件下追求国家发展和现代化的过程中,发现并利用了公民家庭规范、关系和资源的各种**社会基础设施效用**(social infrastructural utilities)。反过来,国家的这种实用的家庭主义使公民意识到,通过家庭忠诚和协助,他们对国家生活的发展参与和社会政治参与得到了系统性促进。这样,**基础设施家庭主义从上与从下都得到了支持**。

## 第二节　家庭与现代性:学术辩论与历史现实

在美国功能主义的强势影响下,韩国家庭中的社会关系、人口结构、规范和意识形态以及其他因素已经在社会学和其他相

① 应该指出的是,韩国人关于家庭关系、目标和责任的个人价值观非常复杂和多元,因为它密切反映了动态的历史和社会条件。大概有四种主要的家庭价值观是可识别的,即儒家家庭主义、工具家庭主义、情感家庭主义和个人主义家庭主义(见 Chang, K. 2010a, 第二章)。

关学科中得到了广泛的研究。韩国社会学家过去发现,这一理论对解释快速城市化和工业化进程中家庭结构和关系的转变非常有用。[①] 但是在这里有必要简要审视现代家庭变迁的功能主义解释,并指出其对韩国社会而言的理论和经验的局限性。这是因为基础设施家庭主义的论点是一种新功能主义的论点,它积极强调家庭生活和社会变迁的各种历史和社会制度条件。

现代家庭结构变迁的功能主义由两个理论性假设组成。第一个假设中,悠久的家庭组织和文化的削弱被视为以工业化为中心的社会经济现代化的前提条件和结果。例如,古德(Goode 1963)的功能主义认为,家庭模式(最重要的是核心家庭)的变迁是工业化的功能必要条件。在这种对现代工业社会中最小的但普遍存在的家庭的一般性假设下,家庭研究转向了家庭形式和家庭生命周期的形态学研究等领域。功能主义的第二个假设所关注的是布置于家庭的主观亲密领域。虽然家庭的作用在经济和政治关系等更大的社会舞台上被认为是非常渺小的,但从情感支持和精神再生方面的作用来看,家庭的持续普遍性或首要地位在理论上是毋庸置疑的。通过在保护私人领域以及在子女的再生产和社会化方面发挥核心作用,家庭被认为是帕森斯社会体系中一个关键的"模式维持"(pattern maintenance)机制(Parsons and Smelser 1956)。从理论上讲,现代家庭是一个充

① 参见韩(Han, H. 1984)、赵和安(Cho and Ahn 1986)、赵和李(Cho and Lee 1993),了解对韩国社会学中家庭研究的简要回顾。

满感情和浪漫的实体,可以抵御来自工业资本主义的敌对和疏远力量。社会学研究的一个新分支接受了这些理论参数,开始深入研究现代家庭中的情感过程(见 Shorter 1988)。

虽然这些家庭研究的观点为解释一些狭义的问题提供了丰富的理论知识,但将家庭理解为长期宏观社会变化的一个侧面、决定因素和后果的经典社会学目标被过度忽视。在像韩国这样的基本上以家庭为基础构成现代历史的社会中,这种问题尤为严重。在这种社会中,不仅个人日常生活的细节方面,而且社会政治秩序和经济发展的宏观结构变化都密切反映了当地家庭的社会文化特征、组织结构和资源禀赋。因此,实证和理论研究方面都需要进行大量创新,以便正确描述家庭生活的宏观结构和个人条件及其对国家发展和现代化的逆向社会影响。

能够从传统的家庭社会学以外的领域获得相关的理论和实证见解是一件非常幸运的事情。早在 20 世纪 80 年代,人们就采用了许多创新的历史学、人类学和政治经济学方法,探讨基层家庭在世界各个区域或社会现代化和发展中的结构性功能和效用。例如,从“以人为本”的角度出发,就基层家庭在第三世界的经济(欠)发展和社会变迁过程中的作用和经验得出丰富的研究成果(如 Safa 1982)。一些有洞察力的学者能够把握东亚资本主义的家庭基础(如 Redding 1990)。甚至关于欧洲和北美社会,许多社会历史研究都揭示了基层家庭在适应甚至塑造工业革命过程中的积极作用和努力(如 Hareven 1982)。与此相关,阶级冲突被分析为西方社会中对无产阶级家庭的虐待与斗争(Humphries 1982),和第三世界社会中对农民家庭的虐待与斗争(Meillassoux 1981)。

即使是对韩国近期历史和社会状况的粗略浏览,也很容易为社会现象提供充分的证据。这些社会现象可以通过应用或比较各种结构视角下关于家庭和现代社会变迁的研究来加以解释。例如,20 世纪 60 年代初开始的全面工业化时期,移徙工人和小贩、早期工业企业家和其他资本主义工业主义行为者,从(农村)家庭以及其他具有类似社会特征的组织中获取了经济成功所需的初始资源(Chang,K. 2010a,第六章)。即使在主流工业经济中,大型企业集团(即财阀)以家庭为中心的所有权和管理结构也是韩国资本主义的一个重要特征(Kang, M. 1996; Chang,K. 2010a,第七章)。即使是非经济领域,也没有被排除在家庭实际上的(如果不是明确的意识形态上的)首要地位之外。

可以说这种社会特征既是现代的产物又是继承的传统,前现代韩国(尤其是朝鲜王朝)的社会秩序、政治和经济同样也是以家庭为中心构成的。新儒家思想被正式编入政治统治和社会关系原则后,通过家庭在社会控制和保护、政治统治和经济生产中发挥的核心作用来统治朝鲜王朝社会(Choe, H. 1991)——整套规范、习俗和法律规定了这种以家庭为中心的生活态度和行为细节。甚至国家与社会的关系也被表述为一种伪家庭束缚,个人对国家(王室权威)的忠诚被仔细解读为对自己父母的孝敬的延伸表达。尽管朝鲜王朝在日本殖民主义统治下的沦陷、(与朝鲜的)后殖民分裂,以及韩国的自由资本主义转型清算了作为一种统治性社会政治意识形态的儒家思想,但从日本殖民统治中解放以来,所有公民都对儒家家庭关系、规范和仪式进行了非常有趣的普遍化(Chang, K. 2018,第三章)。普通韩国人的这种新传统文化同质化与他们平等的社会和政治公民权(分别在土地改革和代议制民主方面)相匹配,这在很大程度上源于韩国对美国制度和建议的适应(Park, T. 2008)。绝大多数人是小农的韩国草根阶级,开始根据政治、经济和社会文化平等(或统一)的三重禀赋来组织他们的物质生活和社会秩序。

韩国的后殖民国家在形式上是自由民主的,但它所管理的人口具有高度复杂的系统和文明特征。考虑到这个国家起步阶段在制度、社会和财政方面的严重局限性,国家的当前和未来的核心领域只能通过有效动员平民的努力和资源以实现发展和现代化的紧迫公共目标。在这方面,贫穷的国家谨慎地努力满足其家庭主义者公民的愿望和资源需求,将其作为一种社会基础设施用于国家战略目的,例如劳动密集型早期工业化、基于教育的人力资本升级、对贫困和虚弱公民的社会支持与保护等。广泛依赖家庭的社会和经济政策体制由此产生,迄今为止,该体制在很大程度上仍然有效。尽管是在以家庭为基础的自愿提供人力和财力资源的条件下,但这一政策路线仍使大多数韩国人轻松获得参与关键国家目标的机会。与此同时,在一种与加尔文主义新教对西欧资本主义发展产生意想不到的伦理影响(正如马克斯·韦伯所说)相当的历史现象中,韩国基层家庭的社会文化特征,尤其是新传统儒家规范和关系,作为国家现代化和发展不可或缺的基础设施资源,开始具有某种**意想不到的社会意义**。①

## 第三节 晚期资本主义工业化及其家庭参数

大多数后殖民社会的现代经济发展都等同于工业化即制造业的兴起,以及其取代农业成为相关社会的经济核心。反过来,工业化通常被视为一个历史进程,家庭的社会经济制度主导地位(通常以农业为基础)在这个进程中逐步下降,最终被专门为工业产品的机械化生产而设计的特殊经济组织所取代。然而,韩国的工业化(甚至其后工业转型)无法用这种简单的解释来正确理解。在工业化过程中,家庭不断保持甚至更新其社会经济制度含义,例如,(1) 基于普遍恢复的家庭农业(即土地改革)促进国家后殖民社会经济的稳定;(2) 自 20 世纪 60 年代以来的快速刘易斯式工业化是基于来自农村家庭的可靠工业劳动力的持续供应;(3) 向资本密集型行业的激进发展和后工

① 通过这种方式,即使现代韩国在正式舞台上没有儒家规范和规则系统的政治或文化继承,但其已经成为一个新儒家社会。这使韩国与正式的佛教和伊斯兰教等文化宗教统治下的东南亚和西亚社会区分开来。

业的突然转型,都因分布广泛的家庭自营职业得到社会上的缓冲。如本章后续章节所述,这种家庭的现代(甚至是晚期现代!)经济功能将与其在社会福利、教育等方面的其他关键功能相结合。

最重要的是,韩国以家庭为基础的农民为激进的资本主义经济发展发挥了各种不可或缺的作用。东亚的家庭农业之所以历来显示出世界上最高水平的单位土地生产力,是因为家庭工作组织的社会生存能力和组织效率扮演着最重要的决定性作用(Kim,S. 1998)。[①] 通过韩国 20 世纪 40 年代末和 50 年代初进行的土地改革,在日本殖民统治下经历了几十年扭曲和破坏的家庭农业在全国范围内得以恢复。之后,全国大部分已经负担沉重但增长迅速的人口不得不在相互支援的家庭道德关系的基础上,在社会经济方面融入农村家庭的农业企业。[②] 人口密集国家家庭农业生产的制度普遍性背后的社会经济合理性(Georgescu-Roegen 1960; Chayanov 1986)在这个饱受战争蹂躏的后殖民社会中尤为重要。需要充分认识到的是,以家庭为基

① 韩国和中国异常漫长的政治文明的稳定,是由各种不同版本的均田(gyunjeon,即土地平等)制度下平等家庭农业的相对稳定所维持的(Kim, S. 1998)。

② 乔治斯库-罗根(Georgescu-Roegen 1960)等经济学家解释了几乎所有晚期发展中国家家庭农业的优势在于社会雇佣和总产品的最大化,而不在于资本主义生产单位的个体化利润。此外以家庭为基础的农民,其恰亚诺夫主义特征(Chayanov 1986)很大程度上在韩国也有呈现。

础的农民的社会经济**承载能力**是社会可持续经济发展的关键先决条件。如下文所述,这也是有效(劳动密集型)工业化的关键先决条件。

在传统的社会学理解中,工业化被认为是实现现代工业经济体系并确保其社会制度和技术条件的过程。然而,在像韩国这样的后发展社会的历史现实中,对经济发展最具决定性的阶段是初始社会经济转型期,因为这一时期发生了农村劳动力向城市大规模快速转移的现象。威廉·阿瑟·刘易斯(W. Arthur Lewis 1954)将这种现象系统地解释为(来自农村家庭的)"劳动力无限供给下的经济发展"。20 世纪 60 年代初,当一场**刘易斯式工业化**在韩国启动时,农村家庭担起了另一个历史职能——承担**工业化的各种社会转型成本**。如果不考虑单个农民家庭承担的工业化社会转型成本,就无法对工业资本的快速积累作出有意义的解释。刘易斯理论将工业发展建立在长期供应充足的大量优质廉价劳动力基础上,这个理论的前提是劳动力的形成和农村向城市转移所产生的各种成本应由个别农民家庭本着家庭援助和支持的精神承担(Kim, H. 1992)。这些成本包括(除父母为将孩子培养成可用劳动力所付出的最初努力之外)搬家费、房租、学费和职业培训费、做生意的本金、直接食品供应等(Chang, K. 2010a,第六章)。因为这种成本性农村家庭负担,所谓的"人口红利"可以被工业资本轻松获取,而不需要国家的直接社会贡献。事实上,如果不能将其社会经济结果公正地分配给作为直接人口贡献者的流动工人家庭,那么"人口红利"中的红利概念就成了问题。①国家没有任何减轻这种家庭负担的大型社会计划，工业资本也没有任何对此作出补偿的真诚意愿。与此相关的是，根据韩国政府的估算，即使在 20 世纪 60 年代初以来空前快速的工业化和农业相对衰落的关键时期，也存在资本从农村向城市的净流出。②

家庭生产和劳动力支持的经济重要性不仅限于农民。贫困城市社区的大量人口被吸收到所谓的非正式部门，其中最常见的是家庭自营职业（韩国家庭研究组[KFSRG] 1992）。长期以来，韩国城市经济以个体自营职业者比例极高为特点，这同时是经济发展成功和失败的结果（Choi and Chang, K. 2016; Kim, D. 2015）。例如，截至 2017 年，韩国自营职业者在所有就业人口中的比例为 25.4%，这在所有经合组织成员国中排名第五，相比之下美国为 6.3%，加拿大为 8.3%，瑞典为 9.8%，德国为 10.2%，日本为 10.4%，法国为 11.6%，英国为 15.4%，意大利为 23.2%（经合组织 2019）。韩国的经济发展是由不断的且突然的产业结构调整推动的，这些产业包括资本密集型行业、信息和通信技术行业等。这种产业结构调整每成功一部分，都不可避免地造成由此被遗弃的产业工人的系统性经济流失，其中大多数人最终会进入各种形式的自营职业（Choi and Chang 2016）。20

① 在这方面，梅拉索克思（Meillassoux 1981）认为，农民生产和再生产的家庭模式融入资本主义经济，带来了资本主义征用的双重结构。

② 参见韩国新经济长期计划农村政策工作组（Task Force in Rural Policy for the New Economy Long-Term Plans, Republic of Korea 1995）。

世纪 90 年代末，金融上引发的国家经济危机（即所谓的“国际货币基金组织经济危机”）加剧了该国已经过度的产业结构调整和随之而来的劳动力重组（Chang，K. 2019，第四章）。在大多数行业，企业的生存需要大规模裁员和减薪，即便是有组织的劳工也很不情愿地同意了这一点。同样剧烈的经济复苏也不是有意义地恢复了受损的工业就业体系，而是建立在将工业生产体系向中国、越南等邻近人口大国积极转移的基础上。韩国制造企业在中国和越南雇用的当地工人总数大致相当于韩国国内所有工业工人总数（Chang，K. 2019，第八章）！在这一过程中，大多数被永久剥夺主流行业权利的国内工人都涌向了各种自营家庭企业。① 韩国在全球高端产业的突出表现之下，家庭团结和牺牲已成为最大的经济公民群体经济生存所需的关键组织基础。

另一个极具特点的家庭经济功能体现在韩国的企业集团，即被称为财阀的大型工业企业的所有权和管理结构中。这些企业集团及其附属公司的核心社会特征之一是，在维持所有权和管理的控制结构时几乎普遍依赖亲属关系和婚姻网络（Kong，J. 1990；Cho，D. 1991；Kang，M. 1996）。其他资本主义经济体中并非没有基于家庭的公司所有权和管理控制结构，但韩国的这种控制结构无疑是独特的，它反过来也对相关企业的特定组织

---

① 韩国举世闻名的家庭债务问题中的很大一部分反映了因为大多数银行不愿向这些个体工商业者提供优惠商业贷款，他们只能依赖消费者贷款的情况（Kim，D. 2015）。

结构和经济行为负责。在大多数财阀附属公司中,最高层管理成员,更不用说最大股东,都属于同一家族——通常被称为总首家族(chongsu gajok,即企业老总的家族)(Cho, D. 1991; Kang, M. 1996)。这些财阀附属公司的特点是由总裁家族成员或其亲家控制,同时其商业利益则止步于总裁家族关系网络结束的地方。① 当总裁家族因家庭纠纷或在代际继承过程中破裂时,新的(并非总是友好的)财阀单位就会建立起来。还有很多其他例子表明,财阀共同体的某些"家庭问题"会成为重要的商业问题。由于财阀在国家经济中的主导性地位,其问题甚至会变成国家的经济问题。所有权和管理权分离在这种情况下是例外。无论是发展国家还是监管国家,都没有正式批准财阀这种家族化的商业结构和做法,但其在资本主义工业化的某些方向上对财阀的战略利用一直在产生隐性的背书效应(Chang, K. 2012b)。此外,当财阀附属公司发生重大劳资纠纷时,工人的反抗往往被调动针对总裁或其家庭成员,将其作为始终如一的目标,而纯粹的员工高管的角色则没有受到重视。这里出现的一种总裁家族与无产阶级的斗争显然偏离了拉尔夫·达伦多夫(Ralph Dahrendorf 1959)所解释的西方的劳资间社会政治妥协的经验。

---

① 财阀集团的一种内部通婚进一步加强了企业控制的排他性结构,并产生了一些连锁效应,而当商业利益的政治保护变得极为重要时,财阀则寻求与国家精英家族的外部通婚(首尔经济日报社[Seoul Economic Daily] 1991)。

## 第四节 家庭自我福利取代福利国家

韩国经济快速发展的一个不那么隐蔽的侧面是，“先增长，后分配”（seonseongjang，hubunbae）的长期战略导致了该国的极度缺乏资金且组织不良的社会福利体系。[①] 这一总体发展战略偶尔会被重新考虑，例如在 20 世纪 80 年代末，卢泰愚（Roh Tae-Woo）政府提出“民主福利国家”的口号。21 世纪 10 年代初，总统候选人倡导福利国家运动——但在短暂的进步社会福利宣传建议之后，对发展主义治理的政治回转已成为惯例。在这种政治经济背景下，家庭仍然是提供公民福利的唯一普遍机构，而且家庭自我支持是救济贫困、疾病、残疾和提供其他福利需求的唯一普遍机制（Chang，K. 2018）。在文化上，国家和社会一直都对一个概念存在着顽强的意识形态抵抗，这个概念就是家庭支持和保护不仅是每个家庭的道德行为，而且也是国家的政治责任（Chang，K. 1997）。大多数韩国人（但其规模逐渐减少）在国家历史和个人生活中都充满了新儒家思想，他们相信如果强有力的家庭团结和个人牺牲的传统得到更好的保护，那么这种家

---

① 截至 2018 年，韩国的社会支出仅占国内生产总值的 11.1%，而经合组织成员国的总平均值为 20.1%（《经合组织数据：社会支出－合计数据》；https://stats.oecd.org/Index.aspx? DataSetCode = SOCX_AGG）。早些年韩国和经合组织的相应数据为，1990 年的 2.7% 和 16.4%，2000 年的 4.5% 和 17.4%，2010 年的 8.2% 和 20.6%。

庭自我福利中许多明显的且日益增加的新问题本可以避免。在这种保守的理解下，威胁稳定家庭生活的各种社会问题往往会引发全社会对那些已陷入困境的家庭成员个人进行道德谴责，而不是敦促政府和社区共同努力来帮助解决其困难（Chang, K. 1997）。

在实际行政实践中更为根本的问题是，发展主义国家已尽一切努力，以相互支持和相互保护的私人责任重新定义了社会政策——或者就此而言，重新定义了社会公民权。[①] 最重要的是，它公开宣扬的“先家庭保护，后社会福利”（seongajeongboho, husahoehokji）的政策原则至今基本保持不变。因此，家庭被召集起来，以满足社会福利方面的各种公共需求。韩国的发展国家与西方早期的现代自由国家不谋而合，都将工业资本主义伴随的各种社会问题表述为个人和家庭的私人责任，并在道德上对其进行约束，培养出适合工业活动和生活的某些品德和态度（参见 Donzelot 1979）。[②] 在这样做的过程中，韩国拥有一个独特的优势，即其对文化上保守的和具有社会经济动机的公民具

---

① 这是作为发展国家社会政策范式的**发展自由主义**的关键组成部分。参见张（Chang, K. 2019）《韩国的发展自由主义》（*Developmental Liberalism in South Korea*）的第二章内容。

② 从这个意义上说，早期工业资本主义的自由国家，如果不是发展自由的话就是**亲工业自由**（pro-industrial liberal）。在新自由主义时代，这一特点将在家庭价值观辩论中重新焕发活力（Somerville 1992）。

有发展主义吸引力。①

作为这种政策路线的一种具体形式,一种有别于西方传统家庭政策事务的独特的“家庭福利”(gajokbokji)模式出现了。家庭福利被认为是韩国式福利国家的核心要素。一位负责福利事务的政府官员曾指出,“由于家庭是国家和社会的基本组成部分,良好的家庭福利将促进社会稳定,并有助于实现福利国家”(Chung,D. 1991:38)。在韩国有三种理解家庭福利的方式,即家庭作为社会福利的目标、机制或提供者。第一种理解方式中的家庭福利与西欧的概念基本上没有什么区别。同样,根据最后一种理解方式,家庭福利无非是保守、反福利主义意识形态的技术官僚式重申。相比之下,第二种理解方式中的家庭福利可能意味着追求社会政策的独特战略——例如,在韩国(和其他东亚

① 对亚洲价值观的辩论过去在新加坡、马来西亚和韩国等(成功的)发展国家政权统治的社会中最为激烈。例如,新加坡着手制定了“孝道”法,韩国则以各种间接方式实施了同样的政策(即在为年迈的父母提供福利之前,对成年子女进行严格的经济状况审查)。1996年,韩国确实对《孝道法》进行了政治讨论,但其政府(民主化之后)在社会政策方面不如新加坡政府权威(Park, K. 2007)。潜在的社会反弹阻止了对基于道德的福利法的任何进一步政治行动。尽管如此,亚洲的价值观辩论似乎等同于新自由主义下英美西方的家庭价值观辩论,因为二者的意识形态驱动都旨在将伴随工业或金融资本主义的许多社会问题表述为私人责任(Chang, K. 1997),从而加强保守的亲资本主义社会秩序以及政治经济。

社会),家庭养老被当作一种文化嵌入的社会政策。① 虽然官方政策声明中的家庭福利在精神上似乎提到了通过家庭关系的社会制度框架来支援老年人、儿童、残疾人和其他需要帮助的人的选择,但事实上,国家对社会福利的持续承诺不足使这些官方政策声明被认为是家庭自我支持的委婉说法。政府的这些实践明确表明,在维持发展框架下的被动福利政策方面,或维持作为发展国家的社会政策范式的发展自由主义方面,作为社会基础设施的家庭是必不可少的(Chang,K. 2019)。

如果韩国公民与其国家领导人对国家经济发展的紧迫性看法一致,从而成为一种发展公民(developmental citizenry)(Chang,K. 2012),那么国家对社会政策的最低承诺以及随之而来的私人对各种福利需求的承担就不足为奇了。② 如上所述,韩

① 与此相关,塞缪尔·普雷斯顿(Samuel Preston)认为,依赖家庭的日本福利制度比基于独立机构的美国福利制度成本更低、效率更高(Preston and Kono 1988)。即使在当代中国,自由式经济改革也要求每个私人家庭在为各种有需要的群体提供物质和情感救济方面发挥核心作用(Chang, K. 1992)。

② 正如《韩国的发展自由主义》(Chang, K. 2019)中所详述的那样,发展所诱导的对社会政策的自由主义方法,即**发展自由主义**,具有各种一致的特征,即,社会政策的非政治化/技术官僚化/发展混淆化、社会政策支持者的发展收买、国家和企业的经营合并及国家对劳动关系的直接参与、社会公民权的家庭重建、福利多元化与公民社会的复原。从某种意义上讲,普通公民的发展认同和其社会公民权的家庭重建构成了硬币的正反面:因为国家试图将其资源集中于经济发展(并尽量减少社会支出),使最大比例的公民参与其中并从中受益,同时公民被劝诫要承担社会保护和家庭成员繁衍的全部责任。这体现在"先家庭保护,后社会福利"的公共口号中。

国人在私人生活中基本上保持着儒家价值观和规范,在这种价值观和准则下,(大家庭和核心家庭的)家庭成员和其他裙带关系成员之间的相互支持义务得到了高度重视(Chang, K. 1997, 2018; Kim, D. 2002)。[①] 最重要的是,对年迈父母的孝顺和对子女值得赞扬的养育曾经被普遍认为是“韩国人的美德”。公民已经自愿减轻国家在保护老年人生计和健康所需的费用以及支付青少年教育费用方面的沉重负担,因此这个社会上保守的发展国家不应该再希望公民为此作出更多的牺牲。然而,自 20 世纪 90 年代末以来,在主流工业经济中家庭经济支柱被大规模结构性剥夺权利的情况下,依赖家庭的照顾和支持的体系变得越来越不切实际。与此相关的是,数量和比例迅速增加的年轻女性已经开始探索替代性的个人生活方式,这些生活方式是基于对当前劳动力市场的普遍参与,以及对婚姻和生育的谨慎接受或回避。[②] 家庭自我福利并不是被规范地拒绝,而是它的实际实现变得越来越困难。难以实现的家庭自我福利往往会促使韩国年轻人**负责任地避免**(refrain responsibly)“毫无准备”的婚姻和未来作为父母的身份(Chang and Song 2010)。

---

① 参见金(Kim, K. 2017)、韩(Han, S. 2020)、柳(Lew, S. 2013),了解在韩国的发展过程中儒家文化的重要性。参见朴(Park, H. 2014),了解“多重现代性”视角下的儒家现代化话语。

② 韩国年轻女性的这种倾向被分析为“没有个人主义的个人化”(Chang and Song, 2010)。

## 第五节　教育化的现代化与家庭可持续公共教育

韩国的后殖民现代化从根本上说是一项教育化的(educationalized)工程,因此其教育发展对国家和普通公民都具有特殊的意义。① 如第四章所述,后殖民国家的西方反身制度(主义)现代化是以形式上的法律声明为基础的,但由此建立的公共和社会制度的实体化运作需要通过各级公共教育深入吸收西方知识来推动。在随后的几年里,国家的工业腾飞和经济的持续增长必须通过国内教育(以西方为导向的课程)和出国留学,从西方社会积极获取和快速积累科学技术知识来掌握其核心支撑点。制度现代化和工业发展都严重依赖于通过公共教育对西方知识的正式利用,这种方式促使韩国成为一个高度教育化的社会体系。韩国在达成国家目标方面取得广泛而持续的成功,使政府和民间教育投资得到了充分的回报。特别值得一提的是,公共教育中个人的不同水平和领域所带来的极其不均衡的回报,已经诱使几乎所有韩国人都投入以家庭为驱动的对教育证书的追求(Chang, K. 2010a,第三章; Chang, K. 2022,第六

① 根据戴维斯和梅塔(Davies and Mehta 2013)的研究,教育化被定义为“与学校教育相关的实践、过程和形式日益渗透到其他社会领域的方式,以及正规学校教育被赋予更多责任解决这些领域产生的社会问题的方式”。另请参见德帕普(Depaepe 2008)、德帕普和斯梅耶斯(Depaepe and Smeyers 2008)等的研究。

章)。父母和学生子女将公共教育作为家庭承诺来处理时,都感到非常强烈的道德义务和务实义务。

因此,韩国已成为一个在教育领域拥有许多世界纪录的社会。其人口拥有世界上最高水平的高等教育完成率(即大学及以上学历占比)。① 韩国学生在美国大学的入学人数仅次于中国和印度学生,但韩国的总人口不到中国或印度的4%(学生与交流访问学者信息系统2020)。即使不包括私人家教和补习班的费用(主要是父母支付的费用),韩国普通公民在公共教育方面的平均支出和比例也始终位居世界前茅。② 韩国的教育培训机构和大学等高等院校曾经收取世界上第二昂贵的学费(仅次于美国的大学),直到许多新自由主义化的欧洲大学开始收取高额学费。在所有经合组织成员国家中,韩国老年人的相对贫困率最高,最大的原因是他们为了子女的大学教育耗尽了家庭储蓄(Kim, C. 2017)。作为对这种(来自父母的)经济付出的回报,韩国年轻人的学习时间是世界上最长的,特

---

① 如表5.1所示,截至2018年,韩国25—34岁人群中有69.57%受过高等教育,领先于下一组经合组织成员国如俄罗斯(62.66%)、加拿大(61.75%)和日本(60.73%)。经合组织平均水平仅为44.48%。

② 根据《教育概览:经合组织指标》(*Education at a Glance: OECD Indicators*),韩国的私人对公共教育支出的份额在21世纪00年代一直是经合组织所有成员国中最高的。最近该国青年人口的减少使这个排名逐渐地但略微地下降了(经合组织2001—2019)。

别是为了准备高考。[①] 在许多最具权威的国际比赛中，韩国中学生的数学和科学成绩只有少数几个东亚和北欧国家的学生能与之匹敌。在由教育决定的职业准入、工资收入、社会声望甚至婚姻前景等方面，阶层分化无比强烈（Park, K. 2014; Park, M. 1991）。[②] 因此，学习负担和压力是导致亲子冲突的最关键的原因。事实上，韩国青少年自杀率位居世界前列，最常见的自杀原因是他们在教育竞争中所感受到的绝望情绪（通常伴随着父母的压力和期望）（Hwang, Y. 2013; Lee, Noh, and Lee 2012）。

总而言之，韩国人在全球范围内取得的独特教育成就（以及相关的病理问题）远非政府的直接成果。大多数公共教育费用直接由公民（作为热心的家长）承担，而各级公共教育的绝大多数学校都是“私立”（sarip）机构。这些“私立”机构按照与“公立”（gongrip）学校相同的规则、课程和名义上的财政补贴运作。事实上，许多这样的私立学校已经尝试并且在行政上被允许尝试管理自己的课程和设施，因为私立学校实际上是营利性的企业，而且所有阶层都对私人付费的公共教育有普遍需求是一件

---

① 韩国保健福祉部的一项调查显示，由于沉重的学习负担，12—17 岁青少年中有 49%抱怨睡眠不足。（韩联社新闻台［Yonhap Television News, YTN］，2019 年 8 月 25 日，https://www.ytn.co.kr/_ln/0103_201908252224242005）

② 与此相关的是，虽然没有正式的公共统计数据，但无论是作为现在的在读学生，还是作为受先前教育（不足）成绩影响的以前的学生，韩国人的教育压力可能是世界上最大的。例如，作为他们一生中最大的遗憾，很多人常常表示“没能够学习”（通过上学）、“当学生时没有努力学习”等等。

几乎可以保证的事,所以这些尝试并不困难。① 还应指出的是,小学和中学公共教育中合格教师的持续充足供应是程序性实现的——通过从外部学习到的教育学中正规专业教育的学院/大学体系,以及相关高等教育项目中大量涌入的(大部分由家长资助的)热切而聪明的志向者(Kim,B. 2009)。②

在教育进步这一引人注目的事件中,国家的作用并非微不足道。韩国政府充分认识到公共教育在国家现代化和发展中极其重要的意义,以及其长期的财政和社会制度局限,因此有效尝试利用了普通公民对自己或子女得到最佳教育机会的普遍渴望,并将其作为一种社会文化基础设施。在这个过程中,每届政府都发现其监管和监督职能对于最公平和最广泛地分配公共教育机会具有至关重要的政治意义。学校入学考试(通常是指升入下一级学校的入学考试)甚至学期考试的透明管理一直被视为国家教育政策的一个核心问题(Chang, K. 2022, 第六章)。③ 出于国家在教育提供和竞争方面要保持一个完全平坦的国家基础这一明确的政治考虑,专业性和创新性公共教育,特

---

① 比照于财阀(韩国家族控制的企业集团),许多家族控制的私立学校被贬义地称为族阀私学(jokbeolsahak)。教育部一直因暗中支持长期存在腐败的私立学校的实际营利行为,而受到知识分子和媒体的广泛批评。参见郑(Chung, D. 2017)关于尚志大学(Sangji University)的分析。

② 因此,大多数师范院校对报考人的学历和考试分数要求很高。

③ 例如,请参见 2017 年总统竞选期间的《总统候选人应作出的教育承诺》(《每日真相新闻 24》[*DTNews* 24], 2017 年 4 月 18 日)。

别是对中等教育的各种建议和实验通常都被拒绝或中断。[①] 国家通常都意识到,特殊的择校规则,以及实际上可能让精英阶层享有特权的封闭式学校,都会在热衷于教育的韩国家长和子女中引起强烈反感。尽管有争议,但这一(过度)谨慎的政策路线被普通公民和自称进步的政治家(那些在地方教育机构总负责人选举中轻而易举地获得胜利的人)视为所谓的进步路线。公共教育的监管方式同有形基础设施和公共设施(如道路、桥梁、自来水、电力等)的监管方式非常相似:通过非常机械化的程序和严格的规则来确保公平准入。这被认为是维护基层公民以家庭为中介的教育承诺的最基本条件。在这种承诺中,国家自身找到了一种不可或缺的社会基础设施效用。

## 第六节 结论与展望:家庭作为超载的社会基础设施

世界各地的非正统社会科学家们已经揭示、理论化、规定了在其他自由资本主义国家中出现的各种类型的国家积极行动主义。韩国被众多顶尖学者誉为所谓**发展国家**的典范。此外,许多国内学者分析了韩国作为候选的或有缺陷的**福利国家**,或作为东亚型(发展)福利国家的特征和资格条件。最近,韩国政府和一些务实的民间活动家大力倡导**社会投资国家**(social investment state),这种社会投资国家更多是以教育为中心的英

① 在前任文在寅政府的领导下,这一政策方向得到了稳定加强。

国新自由主义版本,而不是欧洲重塑的社会民主版本。①

在韩国的历史和社会现实中,显著的经济、社会文化甚至政治变革过程中似乎存在着有趣的相应形式的家庭积极主义。正如本章前面的讨论以及我之前关于韩国工业、社会和教育发展的研究(Chang,K. 2010a)明确阐述的那样,韩国家庭实际上同时作为**发展家庭**、**福利家庭**和**社会投资家庭**(social investment family)发挥作用。韩国国家在国民经济和社会发展中实现或渴望完成的许多任务都是用基层公民的家庭努力和资源来组织、补充、替代甚至资助实现的。国家对其公民的家庭积极性的态度并不是基于对某种家庭意识形态的任何文化或宗教式认同,而是考虑到韩国家庭中多种家庭意识形态的共存,从而保持灵活包容性。虽然国家实际驱动的家庭主义立场不能归纳为某种(私人)家庭意识形态,但它确实代表了一种独特的可概念化为**基础设施家庭主义**的技术官僚式考虑。这个概念有助于解释这个国家中被留作文化主义者描述领域的"独特"社会状况的许多部分。

到了21世纪初,韩国公民的家庭积极性似乎急剧下降。同时,国家在依靠家庭规范、关系和资源解决各种社会经济问题方

① 正是卢武铉政府的保健福祉部部长柳时敏(Rhyu Si-Min)将"社会投资国家"正式推广为社会福利方面的所谓新方法。不幸的是,他的部长任期仅为15个月左右,因此在这方面没有起到太大的作用。

面也开始面临困难。从广义上讲,韩国人目前正面临两组前所未有的社会经济问题,一个是国家社会人口的成年化带来的所谓“新社会风险”,另一个是“国际货币基金组织经济危机”(作为亚洲金融危机的一部分)以来在就业和生计方面的新自由主义困境。随着这两组问题的叠加,韩国已经成为一个结构上分叉的社会。在这个社会中,大部分公民被剥夺参与主流经济活动的权利,同时面临着就业、收入、住房、健康等方面不断恶化的风险。正是这些新的结构性条件,使得越来越多的基层家庭无法为国家的社会经济政策发展努力提供社会基础设施服务。一方面,他们被剥夺了履行这些职责所需的财政和其他物质资源,另一方面,他们在组织上、规范上被削弱(或重组),从而放弃了许多以前被视为理所当然的社会经济职能。① 特别是对于那些现在不得不考虑是否要结婚和生育的年轻一代来说,他们建立一个发展家庭、福利家庭、社会投资家庭的意愿远低于他们的父母辈。此外,他们中的大多数人仍然希望国家保持有效的发展状态,并成为一个认真的福利国家和强大的社会投资国家。如果社会基础设施家庭得不到切实维护、没有充分再生产,那么晚期现代或后发展国家的经济、社会和教育领域的公共性工作将比以往任何时期都要繁重和困难得多。

---

① 这种倾向在我早期的研究中被分析为**去家庭化**(defamiliation)(Chang, K. 2010a,第八章)。

# 第九章 | 压缩现代性的人口结构

## 第一节 压缩资本主义发展的人口参数

韩国的发展主要依赖于在农村地区开启的具有“劳动力无限供应”(Lewis 1954)特点的刘易斯式资本主义工业化道路。日本的殖民侵略和朝鲜战争对农民生活造成的社会、经济甚至生态破坏并没有使韩国农民从几千年的农业活动中剥离。美国军事占领当局主要是通过恢复家庭农业生产和社会再生产的基础参数,即通过实施相对彻底的土地改革,试图稳定后殖民时代韩国的社会、经济和政治状况。尽管美国的这位保守盟友韩国最初并不情愿,但土地改革作为一项基本计划得以实施,通过重新赋予一种普遍的社会公民权保障了韩国绝大多数农业人口的平等农民生活。与朝鲜之间的内战对韩国的土地改革产生了有趣的加速效应(Ki,K. 2012)。①

能够让朝鲜半岛上的几个王朝国家分别持续数百年的韩国家庭农业,其组织稳定性和经济稳定性再次得到了明确的证明。尽管李承晚独裁统治期间曾存在过政治腐败和经济管理松懈问

① 在美国军事占领期间,基础社会公民权制度化的另一个计划是在全国范围内几乎瞬间建立起初级公共教育制度(Seth 2002)。

题,但农民家庭通过持续提高农业生产力,逐渐稳定了该国以农业为主的经济(Cho and Oh 2003)。随着生活所需的物质条件和社会条件更加稳定,韩国人战后对生育的渴望进一步增强。这使得生育率持续上升(Kwon,T. 1977,2003),1960 年总生育率的最大值跃升至 6. 33。随着预期寿命的延长,以及公共卫生条件和个人健康状况的迅速改善,韩国婴儿潮现象使全国人口膨胀起来,以至于该国农业经济的社会经济承载能力变得越来越有限。直到 20 世纪 60 年代,在农业为主的韩国,基层生活的特征一直是一种平等主义式的贫困,而迅速工业化的朝鲜开始成为社会主义后殖民发展的典范(Brun and Hersh 1976)。

朴正熙的军事集团强制性地挫败李承晚政府后,选出了自由政治政府并接管了国家领导权,开始了威权发展治理的政治路线。朴正熙政府将自身定位为一种国家资产阶级,将国民经济有效地组织成一个准企业实体,并主要通过以廉价而丰富的劳动力为基础的生产和出口低端工业消费品来积极参与资本主义世界经济,从而设想并追求快速的资本主义工业化(Amsden 1989)。韩国劳动力的质量也很高,这得益于有效制度化的全民公共教育体系,公民在该体系中的参与和合作异常活跃(Seth 2002)。日益“人口过剩”的农村承担起了廉价、丰富、优质的工业劳动力供应,农村人开始了大规模、持续迈向城市的步伐。这一发展战略与来自世界的各种有利经济条件和政治条件(通常是通过美国冷战外交政策的系统性引导)相吻合,所以韩国几乎立即被授予全球资本主义劳动分工的权利,在这种分工下,其人口不停地转变为不断升级的工业劳动力。因此,农业就业的比例从 1963 年的 63.0%变为 1970 年的 50.4%、1980 年的 34.0%、1990 年的 17.9%、2000 年的 10.9%、2010 年的 6.7%和 2019 年的 5.0%(e-国家指标[e-Narajipyo] 2020a)。①

在由农村到城市的移民劳动力推动国家主导出口导向型工业化的 20 年间,韩国转而成为一个以城市为中心的工业社会,伴随着低生育率、预期寿命延长、核心家庭、晚婚等典型的工业现代化人口结构特征(Kwon,T. 2003)。从经济和人口角度来看,韩国的变革确实是历史性的。这种双重变革绝非巧合。最初的工业起飞主要是基于大量的人力资源(主要来自农村),但资本主义工业化的迅速成功又引发了人口结构的快速变化。工业化和经济增长的持续高速趋势促进了区域性大都市、全国性大都市以及全国范围内战略型发达工业城市的爆炸性增长。韩国人几乎瞬间聚集到这些城市空间,成为工薪工人、专业人员、不同规模的企业家、学生和就业培训生,以及城市居民和移民的现任或未来配偶。这构成了人类历史上前所未有的**压缩城市化**(compressed urbanization)的一幕——到了 20 世纪 80 年代末,该国的城市化率超过了 70%,但仅仅在 30 年前,这个数字是其农村人口的比例(Cho,M. 2003)。这种工业化、城市化和无产阶级化的过程导致了个人和家庭生活基本参数的根本性转变。

最重要的是,考德威尔(Caldwell 1982)预测到,以城市生活

① 2010 年和 2019 年的数字分别是农户人口的比例。

为基础的韩国人开始意识到他们与子女的代际关系因照顾和教育等家庭责任而越来越沉重，甚至他们对代际阶级流动的渴望也以一种吝啬的**父权制**方式表现出来，即生一个或两个儿子并对这些儿子大量投资，但同时不生或尽量少生女儿。① 甚至大多数农村居民的行为也与之类似，因为他们对代际阶级流动的渴望同样以子女的城市社会经济机会为前提（Chang，K. 2010a，第六章）。因此，到 20 世纪 80 年代中期，性别比例失调的生育率几乎降至替代水平（例如，1985 年的总生育率为 2. 23）。死亡率变化也很剧烈，并以一种有趣的方式反映了父权制社会经济秩序，也就是说，以男性为中心的工业经济走上了所谓的粗放式增长道路，导致韩国男性长期暴露于过度工作、疲劳、受伤和疾病之中，最终导致预期寿命增长中的持续性别差异（e -国家指标 2020b）。尽管初婚的平均年龄逐渐上升，但婚姻仍然普遍存在，而且社会和家庭对离婚的厌恶态度使离婚率保持在最低水平（Choi，S. 2020）。

直到 20 世纪 90 年代初，伴随着持续增长的韩国经济，这些人口结构特征似乎进入了某种“稳定”阶段。② 然而，突如其来

---

① 参见全（Jun，K. 1996），了解基于生活史材料的对城市移民适应性人口行为的说明。此外，在城市化时期普遍而稳定的婚姻维持，加上社会包容的经济增长，应被视为人口持续增长的重要基础因素。

② 落合惠美子比较了日本同韩国及其他晚期发达社会在这一稳定时期的相对持续时间后得出结论，与韩国等国家的“压缩”经验相比，日本的人口转型经历了“半压缩”。

的新自由主义全球化以及韩国经济固有的技术/部门重组很快开始对迄今为止几乎完全就业的劳动力施加了不利压力。① 1997 年至 1998 年国家金融体系崩溃,不管国内外的罪魁祸首是谁,都将国家经济以及大多数主要行业和银行推向了悬崖边,只有通过全面解雇员工才能立即逃离不利处境(Chang,K. 2019,第三章)。在解雇了数百万工人后,快速复苏的韩国经济的几乎所有部门都加入了公然的新自由主义工业制度和劳动实践。"非正规"就业成为后危机劳动力市场的普遍标准,在结构上慢性破坏了新入职者(主要是年轻人)的社会经济地位。② 由于韩国经济具有以男性为中心或父权制的性质,这种半无产阶级化或前工业化的趋势(Shin,K. 2013; Lee et al. 2017)讽刺性地带动了社会经济条件的男女向下均衡。由于年轻人缺乏稳定的工资收入,加上城市住房价格过度膨胀,几个特大城市周围的郊区床位

① 最重要的是,韩国同中国等人口庞大的亚洲经济体的快速融合从根本上重新定义了韩国资本主义的社会人口基础,为准刘易斯式(quasi-Lewisian)工业化开辟了一条基于国际区域的道路。在准刘易斯式工业化中,工业资本(而非农村劳动力)进行跨国迁移,从而利用更廉价的劳动力并直接吸引其他国家的消费者。在国内,正如孔(Kong, T. 2012)所仔细观察到的那样,虽然技术追赶和部门升级的产业紧迫性已经体现在现有人力资源(即员工)中,但其程度远低于德国和日本等国家的情况。

② 从社会角度来说,韩国经济危机加速既是后工业化的,也是后发展的。尽管国家仍然坚持发展治理,但工业就业机会的迅速蒸发(或海外迁移)和临时化意味着越来越多的普通韩国人实际上被剥夺了**发展公民权**(Chang, K. 2012b)。

小镇也开始无节制地扩张。

被剥夺当前或未来的稳定工作机会后，韩国的基层民众开始全面改变诸如结婚、离婚、生育等涉及人口的各种行为取向（Chang and Song 2010）。大多数年轻人不断推迟或回避结婚。同时，无论是在法律上还是在实际生活中，离婚率呈现出爆炸式增长的趋势，似乎可以与美国和英国竞争。2000 年的全国人口普查显示，粗离婚率达到了峰值，即每一千人中有 2.5 人离婚，并且在接下来的数年中，离婚率都一直维持在类似的高水平（www.kosis.kr）。主要归因于这些与婚姻有关的困难，该国（总）生育率跌至“最最低”水平，有时可以与中国香港地区、新加坡等东亚城市、城市国家竞争（Kim，B. 2009）。① 韩国总生育率不断刷新其最低水平，例如，2017 年为 1.05，2018 年为 0.98，2019 年为 0.92，2020 年为 0.84（韩国统计局［Korea Statistical Office］2020；见图 9.1）。国内和国际预测一再提醒韩国人，他们的国家人口可能在 21 世纪内减半。②

---

① 关于亚洲各国超低生育率情况，请参阅加文·琼斯（Gavin Jones）、宝琳·泰·斯特劳汉（Paulin Tay Straughan）和安琪莉·陈（Angelique Chan）等主编的《亚太地区超低生育率：趋势、原因和政策问题》（*Ultra-Low Fertility in Pacific Asia：Trends，Causes and Policy Issues*，2009）。彼得·麦克唐纳德（Peter McDonald 2009）在这本研究中做了非常有用的对亚洲生育率的比较评估。

②《文化日报》（*Munhwailbo*）援引 2013 年国际人口科学研究联合会主席朴恩台（Park Eun-Tae，音译）的警告称，除非采取特别措施，否则到 2060 年韩国人口将减半（www.munhwa.co.kr，2013 年 6 月 27 日）。

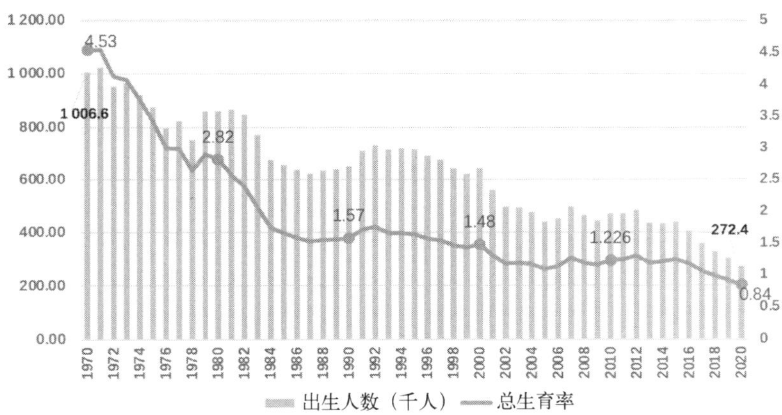


图 9.1 韩国的总生育率趋势

资料来源：作者根据 e-国家指标（2020c）的《出生与死亡的趋势》（The Trends in Birth and Death）中的生育数据制作（http://www.index.go.kr/potal/main/EachDtlPageDetail.do?idex_cd=1011#quick_05）。

随着生育率的急剧下降和预期寿命的持续延长，韩国已成为世界上老龄化速度最快的国家。65 岁以上人口的比例从 1970 年的 3.3%变为 1980 年的 3.9%、1990 年的 5.0%、2000 年的 7.3%、2010 年的 11.3%、2019 年的 15.5%。出生时预期寿命从 1970 年的 61.93 岁变为 1980 年的 65.69 岁、1990 年的 71.28 岁、2000 年的 76.02 岁、2010 年的 80.79 岁、2017 年的 82.7 岁（韩国统计信息系统［Korea Statistical Information System］，2020 年 6 月 28 日）。韩国的**压缩人口老龄化**（compressed population aging）的一个有趣特征是，当前近一半的老年人口是那些把子女送到城市后仍留在乡镇和村庄的老年人（Chang，

K. 2019,第六章)。因此,大多数农村已成为以老年人为主的社区。无论是居住在农村还是城市,大多数韩国老年人都没有通过令人满意的公共和个人手段为预期寿命的延长做好准备。几乎普遍存在的贫困和有问题的高发病率往往导致自杀等任意终止生命的行为,破坏了韩国老年人原本应该幸福的长寿晚年。① 更令人震惊的是配偶或家庭成员的谋杀——被称为看病杀人(ganbyeongsalin,指被陪护杀害),以及陪护的自杀——被称为看病自杀(ganbyeongjasal)。这些事件的频繁发生导致当地媒体发明这样的特殊术语。② 韩国媒体用“发达国家中老年人贫困率最高”“老年人自杀率世界最高”等骇人听闻的描述不断报道这些不幸。

## 第二节 压缩人口结构转型

半个世纪以来,韩国社会人口结构发生了根本性变化。韩国从一个以生育率高、婚姻普遍、离婚罕见而著称的社会转变为一个生育率“最最低”、普遍单身、离婚泛滥的社会。在这种社会

---

① 令人吃惊的老年自杀流行甚至在《纽约时报》(*New York Times*)国际版块以“随着家庭的变化,韩国老年人正在转向自杀”为标题登上了头条(《纽约时报》,2013 年 2 月 17 日)。

② 韩国媒体经常将日本视为这种趋势的先驱。例如,韩国文化广播公司(Munhwa Broadcasting Corporation,MBC)电视台的“日本老龄化的黑暗面,‘被患者陪护杀害’——10 年来超过 236 例”(2012 年 5 月 18 日)。

方面复杂的发展背景下,该国**压缩**社会人口结构变化呈现出一些重要的历史含义和理论含义:第一,代际分化的城市移民导致的空间人口分布失衡;第二,伴随性别不对称交替的生育率下降;第三,持续规范家庭主义下的人口个体化;第四,个人生命历程与家庭生命周期之间的不断调整;第五,社会经济上分离的两阶段人口老龄化。

## 双重(发展和人口)城乡差距

韩国的工业化是一个有年龄选择性的过程。在这个过程中,绝大多数农村少年和青年最终都会去往城市并在城市的各种领域工作、学习、生活。那些剩下的中老年农民在被永久冻结的家庭农业的经济制度和文化条件下,在农村地区经历着“老龄化”。由此,他们形成并维持了一个类似于社会生态博物馆的传统农民生活场景。在这个场景中,贫瘠的生计和陈旧的生活方式已成为社会同情和文化浪漫主义的题材。农村生活的这种场景在很大程度上是国家对农村的保护政策和排斥政策的结果。通过标准化家庭农业来维持农村社会经济稳定的“耕者有田”(gyeongjayujeon)宪法原则依然完好无损,但是,以城市为中心的资本主义工业化的国家主义驱动力已经影响了农村地区各种经济和社会趋势的退化——包括间接退出行为。通过这种间接退出行为,农村人将他们的大部分物质、人力和精神资源通过流向/居住在城市的子女和兄弟姐妹转移到城市地区,从而以一种社会政治上顺从的方式过着自己的农村生活(见 Chang,

K. 2010a，第六章）。

就社会人口结构而言，韩国农村已趋同于佛罗里达州等西方退休城镇（一种不再进行社会再生产的年龄/世代结构），但由于长期缺乏从其他地区搬迁来的新移民，前者的未来很可能与后者截然不同。更系统地说，韩国农村人口的家庭生命周期构成表明，在家庭的形成和扩张阶段，家庭数量反而加速减少（Chang，K. 2018，第六章）。由于找不到接受父权制农民生活的配偶，许多中年单身汉不得不与年迈的父母生活在一种前所未有的畸形家庭结构中。他们中的很多人最近发现，来自亚洲贫困国家的外籍新娘是维持农村社会（如果不是经济）的一种便利人力资源（Kim，H. 2012，2014）。近年来，韩国十分之一的婚姻是国际婚姻。然而在许多村子，有三分之一或更多的婚姻实际上是与外籍新娘的婚姻，这种婚姻导致了一种世界性或多元文化重建的始料不及的社会环境（见第六章）。

## 双重父权制资本主义工业化下的（性别选择性）生育率的下降

作为韩国工业化的显著社会特征之一，自 20 世纪 60 年代中期以来，城市本地女性和移民城市女性的**家庭主妇化**几乎与她们大规模的无产阶级化（即参与工业或城市雇佣劳动）同时发生（Choi and Chang 2004；Chang，K. 2010a，第五章）。大多数来自农村的“女工”选择在“结婚适龄期”（gyeolbonjeokyryeonggi）结婚，但在结婚前或结婚后离开工业工作，并经常在中年时返回劳动力市场，以弥补丈夫微薄或不稳定的收入，来支付子女的教育费用、年迈父母的生计开支等。女性这种年龄上的“M 型”经济参与是由一种被政治经济强化的文化规范所引发的。这种规范认为,女性的幸福应该包括完成父权制规定的生育和家务劳动方面的从属责任。

从社会制度的本质上讲,韩国的资本主义工业经济和私人家庭之间曾经存在着父权制联盟。在这种联盟下,前者的男性统治得到后者性别上差别对待的人口行为和社会行为的系统支持。韩国人臭名昭著的“重男轻女”具体表现在出生时过高的性别比例、只针对儿子的专向教育投资、偏向儿子的家庭财务和社会资本继承等方面。从某种意义上说,出生时扭曲的性别比例应该更多地被视为女性胎儿出生率下降的结果—— 或者说是对女儿的回避,这一点在猖獗的女性胎儿堕胎中得到了残酷的证实(Park and Cho 1995)。因此,从 20 世纪 60 年代中期至 80 年代中期之间所谓的“第一次生育转型”,从根本上是以性别选择的方式发生的。然而,20 世纪 80 年代中期至 90 年代中期生育率的短暂稳定也并没有根除而是加剧了这种有争议的战略性非法生育行为。1986 年的出生性别比达到了 111.7。其后,除了 1987 年,直到 1996 年出生性别比都一直保持在 110 以上(韩国统计信息系统每年数据)。1990 年、1993 年和 1994 年,这一数字甚至超过了 115。生活在普遍基于工业发展主义的鼎盛时期,韩国人似乎对以男性为中心的国家经济和家庭结构的未来充满了信心。

到了 20 世纪 90 年代末,这种乐观情绪被证明是毫无根据的。1997 年至 1998 年的国家金融危机以及随之而来的激进新自由主义重组，要求大多数韩国人在没有任何有效的公共或私人安全网准备的情况下，突然面对一个后发展甚至后工业时代（Chang，K. 2019，第四章）。具有讽刺意味的是，深度全球化的工业集团（财阀）的惊人复苏和增长却导致了对当前和未来劳动者的广泛经济剥夺，而这种直接损害又集中在男性经济特权上。① 这种史无前例并陌生的经济困境被强加给当代韩国人，立即引发了“第二次生育转型”。在这种转型下，韩国的生育率达到“最最低”水平，可与受到独特政治和社会生态压力的新加坡等地竞争。② 另一个悖论是，最近的生育率下降对韩国人的人口性别偏见行为产生了纠正效果，即出生时的平均性别比最近恢复到其“自然”水平（Chang，K. 2018，第四章）。随着韩国的失业式经济增长，儿子的父权制发展前景从根本上瓦解，韩国人迅速转向了生女儿的“浪漫”价值观。极为有趣的是，韩国人在生育方面依然保持着特别高水平的性别偏好（而不是性别淡漠）（Eun，K. 2013）。尽管父权制人口文化明显消亡，但韩国人寻找与子女性别相关的战略性生育理由的倾向并未减弱。家庭主义正在内容上发生变化，而不是消失。

---

① 男性工人的畸形权力结构经常引发对女性工人的连锁反应，她们被要求在劳动力重组中首先作出牺牲（Chang，K. 2019，第三章）。然而，工作场所的女性员工比例普遍较低，因此这种性别缓冲没有任何意义。

② 金（Kim，D. 2005）认为，韩国的第二次生育转型始于 1985 年。虽然我并不反对，但必须承认自“国际货币基金组织经济危机”以来生育率急剧下降。

## 风险规避的个人化、婚姻危机和第二次生育转型

自20世纪90年代中期以来,年轻一代中无限期推迟或放弃婚姻、无子女化或子女最少化、毫不犹豫地选择分居或离婚的趋势迅速加强。韩国是生育率处于世界最低水平的国家之一,这与极高的离婚率及快速上升的初婚年龄有着系统的关系(Byun et al. 2010; Chang, K. 2018)。在这些趋势的背景下,越来越多的年轻人对社会再生产家庭关系的形成和维持感到极其沉重的负担,甚至开始怀疑社会再生产本身的实用性。然而,这些趋势并不一定代表年轻人放弃了家庭主义或者他们在社会文化上向个人主义生活转变。相反,他们可以被理解为**没有个人主义的个人化**(individualization without individualism)(Chang and Song 2010)。因为即使在年轻人中,家庭主义也仍然很强烈,这体现在他们普遍愿意结婚和生子的态度上。然而,自"国际货币基金组织经济危机"以来,经济动荡和社会不稳定对以家庭为中心的社会再生产物质条件的破坏性影响,使得大多数年轻女性和男性从**风险规避**的角度极为谨慎地对待婚姻和生育(Chin, M. 2013)。(此外,由于家庭秩序和性别关系的民主化,以及女性在第三产业就业机会的扩大,越来越多的年轻女性寻求积极的社会参与,并独自抵抗结婚和生育的社会压力。)由于家庭关系比以往任何时候都更倾向于充当社会风险的传递者而不是社会资源的传递者,因此,为了进行以家庭为基础的社会再生产而确保伴侣(配偶)和继承人(子女)的动机受到了比以往任何时

候都更严重的破坏。①

家庭主义现在只起到了阻止(在物质上未做好准备)婚姻和生育的作用,而这种规范性困境并没有因任何亘要的补偿性观念的发展(例如现在西欧普遍存在的,女性为了母亲身份而进行的个人主义生育或自主生育)而得到缓解(Chang,K. 2018,第四章)。显然,家庭(主义)生育的传统时代已经严重消退,但个人(主义)生育的新时代也尚不明了。② 这种动机性危机的总体后果,即婚姻数量减少、生育率下降和老龄化的人口结构,必然会对宏观社会和经济体系的维持造成严重的不稳定影响。自相矛盾的是,发展自由国家的产前政策话语,因为不谨慎地强调相关社会危机和经济危机的前景,疑似加剧了韩国年轻人的家庭风险担忧。

① 与乌尔里希·贝克(1992)的"风险社会"相比,我从**风险家庭**(risk family)的角度阐述了韩国家庭的困境(Chang, K. 2011)。与此相关,关于代际和性别间风险流动的一种新理论可以得到系统发展。见落合惠美子(2011),她扩展了这一观点,在家庭主义社会实践和国家政策的"不可持续性"方面,比较性地处理了更广泛的亚洲情况。

② 这种社会上的不妥协明显体现在对未婚母(mihonmo,即未结婚的母亲)的敌意和政府的冷漠态度上(Kim et al. 2012)。韩国的人口学家偶尔会强调非婚生育在维持欧洲生育率时所起到的重要作用,并暗示韩国也有必要进行类似的改革。然而,这种非婚生育或**婚后**生育的基本社会文化属性尚未得到认真的分析或讨论。

## 个人生命历程与家庭生命周期的脱嵌与重嵌

年轻人的物质条件严重恶化导致他们在经济参与方面面临长期的结构性困难。这不仅阻碍了他们自己的婚姻和生育，而且还无限期地延长了他们对父母的依赖，从而造成了家庭中各代人的社会和经济困境。越来越多的孩子——根据传统年龄标准可以说是“成年人”——继续依赖他们的中年或老年父母来获得住房、生计和教育，导致扩大了这些成年人在父母核心家庭中的依赖状态（而不是通过婚姻和生育形成自己的核心家庭）。这可以被视为**扩大核心家庭**（extended nuclear families）的快速增加。① 此外，即使这些年轻人结了婚，他们在住房、育儿和生计方面对中年或老年父母的依赖也经常持续下去，从而逆转了传统主干家庭的家庭支持关系方向——也就是说，一种**反向主干家庭**（reverse stem families）正在迅速增加。

这些趋势证明了家庭生命周期和个人生命历程之间的系统关系发生了根本性变化（Chang，K. 2018，第二章）。过去，父母们为了顺利完成自己的家庭生命周期，在子女的个人生命历程（涉及物质独立、婚姻、生育等的时间、性质）上行使了强有力的父母权威。但现在越来越多的父母发现，对失（无）业且经常无限期上学的子女行使这种权威极为困难。因此，许多父母最终将子女改变了的生命历程反映到自己的家庭生命周期中，产生了例

① 根据李（Lee et al. 2011）的研究，34%的家庭属于这种类型。

如扩大核心家庭和反向主干家庭（如上所示）等新的家庭形式。然而，尽管物质问题导致了这种以（成年）子女为中心的家庭形式的增加，但子女在结婚后与父母分居的社会规范也一直在加强（Yoo，S. 1996）。对于子女和父母来说，老年父母对同居成年子女的生计依赖这一主干家庭规范已不再有效，而婚姻和生育现在被理解为子女个人生活的发展和管理。

事实上，家庭规范和家庭形式之间的这种差距并不是什么新鲜事。在 20 世纪 60 年代和 70 年代快速工业化和城市化的过程中，基于城市地区新的经济和社会机会，越来越多的农村家庭出身的子女开始生活在独立的核心家庭中。但他们中的大多数人与留在农村的父母保持着相当长的、牢固的主干家庭**规范**关系。① 他们维持了所谓的**实际主干家庭**（in-effect stem families）。在这种情况下，子女的婚姻不仅被认为是理所当然的，而且还必须密切反映父母在结婚时间、择偶等方面的偏好或意见。已婚子女的生育在文化上也是强制性的，往往反映了父母对（外）孙子女的性别和数量偏好。考虑到父母可预想的尴尬或愤怒，离婚是不可想象的（Park and Cho 1995）。

从以规范主干家庭与物质核心家庭为主的秩序，到以规范核心家庭与物质扩大核心家庭/反向主干家庭为主的秩序，这一历史性转变仅用了一代人的时间，以一种非常有趣的方式展现

① 这是我称之为**不平衡的家庭核心化**（unbalanced family nucleation）的广泛社会现象的一部分（Chang，K. 2010a，第二章）。

了压缩现代性。这里的核心问题是，这一转变反映了暂时的个人措施，即为缓和发展自由主义、经济危机和激进的新自由主义重组的累积破坏性影响所造成的家庭不幸的措施，而不是社会文化演变或对新时代的系统适应的结果。扩大核心家庭和反向主干家庭的蔓延意味着基于家庭的社会再生产体系的代际继承将无限期推迟甚至停止（Chang, K. 2018）。因此，在一项国际社会调查中，韩国中老年女性已成为"世界上最不幸福"的群体，因为她们无法及时将角色转移给下一代，从而集体丧失了过上悠闲而富有成果的生活的传统权利。①

## 从发展老龄化到空巢老龄化

在一场并不罕见的社会悲剧中，一对身患疾病的老夫妇自杀了，他们为儿子的家庭因真诚而无限期地照顾他们而承担的劳累感到难过（《京乡新闻》，2011 年 5 月 9 日）。另一类令人伤心的事情是，一些老人不得不采取诉诸法律的方式，希望从不孝顺的子女那里获得生活津贴，这些子女忘记了父母早先对他们的全力支持。② 尽管有许多老年人在**压缩人口老龄化**（compressed population aging）过程中享受着积极而富有成果（或

① 根据 2011 年初公布的一项国际社会调查资料，韩国与其他被调查国家的不同之处在于，中年女性中感到最不幸福的人比例异常高（《朝鲜日报》，2011 年 1 月 14 日）。

② 在这些法庭审理案中，由于诉讼的特殊性，大多数年迈的父母不幸败诉（首尔电视台［Seoul Broadcasting System，SBS］，2013 年 4 月 20 日）。

“富有成效”)的生活(Chang,K. 2009,第四章),但大多数韩国老年人过着简朴的生活,也有不少人在日常生活中经历着经合组织国家中最高水平的相对贫困。① 根据经合组织2009—2011年的数据,66岁至75岁的韩国人的相对贫困率(即税后收入和转移收入低于全国收入中值一半的人的百分比)为45.6%,而经合组织所有成员国的平均贫困率为11.3%(《东亚日报》,2013年5月16日)。在韩国国内,这一年龄段的平均可支配收入仅为全国平均水平的62%,而经合组织其他所有成员国同一年龄段的这一数字为90%。此外,鉴于老年人口的代内经济水平极不平等,上述数字严重低估了大多数老年人的实际贫困状况。根据2013年的一项估算(韩国投资证券公司[Korean Invest and Securities Co. Ltd.]),50岁及以上人口中最富有的10%拥有49%的净财富(Edaily,2013年7月6日)。与此相关,65岁及以上人口的总收入基尼系数远高于年轻人口。前者的基尼系数从2006年的0.393变为2007年的0.410、2008年的0.408、2009年的0.402、2010年的0.419。后者的基尼系数从2006年的0.288变为2007年的0.292、2008年的0.295、2009年的0.290,2010年的0.284(Seok,S. 2013)。这种经济困难和不平等反过来又促使韩国老年人自杀率处于世界最高水平(Chang,K. 2018,第

① 此外,老年人口的代内收入和财富不平等比任何其他年龄组都要严重得多(Sohn, B. 2009)。这反映了发展经济秩序的极端阶级分裂性质,以及自资本主义工业化初期以来在政治上对社会保障,特别是对老年保障的漠视或压制。

五章)。

在21世纪,人口迅速老龄化并不是韩国特有的新社会现象。也就是说,与其他许多国家一样,自20世纪开始韩国的预期寿命已经持续地快速增长。例如,根据部分由日本殖民政府人口统计数据构建的历史生命表(由谷吒亨[Koo Ja-Heung,音译]构建),韩国人口平均寿命在1927年为33.7岁,1933年为37.4岁,1942年为45.0岁,1957年为52.4岁,1971年为62.3岁,1981年为66.2岁,1991年为71.7岁,1999年为75.5岁(《东亚科学》[*Dong-A Science*],2011年9月11日)。[①] 根据韩国政府的官方数据,1960年的平均预期寿命为52.4岁,1970年为63.2岁,1980年为65.8岁,1990年为71.6岁,2000年为75.9岁,2010年为80.8岁。仅在工业化初期阶段(即20世纪60年代至80年代),韩国人的平均寿命就增加了近20年。当然,当时迅速增加的(相对)老年人口,无论是作为快速城市化、工业化和经济发展的主要主体,还是作为传统农民的持续社会基础,都能够享受他们大部分的延长寿命。特别是,由于新产生的经济和社会活动机会,他们经历了**富有成效的**(productive)早期老龄化。**在认识论上,他们的老龄化状态很少得到这样的承认**。

然而,由于健康状况不佳和贫困问题,同一年龄段的大多数老年人随后经历了另一个不能说是富有成效的人口老龄化阶

① 1947年为47岁(韩国文化广播公司,2008年8月29日)。

段,即**第二次人口老龄化**(Park,K. 2003)。他们的老年贫困是由于他们在从事经济活动的同时没有为晚年做好充分的物质准备。反过来,这种失败反映了他们将微薄的收入(通常是受到发展主义国家在行政上对工业工资和农业采购收入水平的压制)用于向下的家庭投资(最大部分是对子女教育的投资)的事实。在这种情况下,许多老年人通过自豪地提醒自己对于"送孩子上大学"的献身精神,忍受着贫困的生活。这里一个更关键的问题是,国家从其发展自由主义立场出发,往往是用"先增长,后分配"这一历史上无法兑现和不可实现的口号无限期地推迟了为老年人所进行的系统性公共准备(Chang,K. 2010a,第四章)。由于许多老年人的生活需要适应他们子女的生活,因此他们和赡养他们的子女的关系充满了困惑、冲突和痛苦。更糟糕的是,自从"国际货币基金组织经济危机"以来,这些老年人的子女的经济状况变得极为不稳定,同时他们子女的子女(也就是他们的[外]孙子女)在就业方面也面临着广泛的结构性困难,因此老年人对子女的稳定物质依赖只能是一种非常有限的特定阶级的生活经历。

最重要的是,由于去工业化和全球化的迅猛趋势,城市地区老年人的晚年无法被纳入主流生产体系。他们缺乏可靠的固定收入,这不仅阻碍了稳定的个人生计,也阻碍了作为"消费公民"的体面社会参与(就像美国和日本的许多养老金领取者一样)。大多数城市老年人现在面临着一个可能被称为**空巢老龄化**(empty aging)或甚至**裸体老龄化**(nude aging)的社会经济变化过程,在这一过程中,媒体报道、学术界讨论和政策性辩论所凸显的只有他们的老年特征和问题。在近一半的韩国老年人口居住的农村,存在一个有趣的对比。在年轻人口持续减少的情况下,老年人口往往界定了当代农村社会的基本性质(Chang, K. 2018,第五章)。矛盾的是,由于他们生理生命延长这一(晚期)现代趋势,传统的农村工作和生活方式的寿命也随之延长。事实上,鉴于人类寿命的延长普遍发生在不同发展水平的社会中,并且新自由主义全球化已经抢占了老年人口的主流或创新性社会经济参与的可能性,因此**冻结老龄化**(frozen aging)(即在几乎冻结的工作和生活条件下变老)似乎是一种迅速普及的一般现象。然而,考虑到农民中的下一代接班人非常稀少,农村工作和生活的这种冻结状态注定会融化为过去式的记忆。

## 第三节　韩民族的民族人口结构重组?

韩国的国家人口危机导致韩国朝着一个根本意想不到的方向重塑了自己,即对家庭、共同体和整个社会进行多元文化重建或世界性重建。正如第六章所解释的那样,自21世纪00年代初以来,越来越多的通常不那么年轻的韩国底层阶级单身汉娶了来自亚洲不同贫困国家的外籍新娘。起初,这一现象在中国朝鲜族女性和韩国城市地区贫困男性之间比较显著,随后中国汉族女性被介绍给类似的韩国男性。从2005年左右开始,许多地方政府和农村社区开始将东南亚女性(尤其是越南女性)视为快速增加的农村单身汉的新娘,因为这些单身汉吸引韩国本地新娘的可能性实际上已经完全消失。“让农村单身汉结婚”(nongchon chonggak janggabonaegi)的半公共社会运动在全国迅速蔓延(Kim,H. 2014),于是韩国农村突然成为社会文化跨国主义化或世界主义化的最前沿。一个巨大的悖论是,韩国的发展停滞却引领了整个国家社会文化的世界主义化(见第六章)。

亚洲各地外籍新娘的大量到来,不仅要求其韩国配偶和配偶家庭,而且要求整个韩国社会,都要进行基本的社会文化调整。在民间活动家的敦促下,韩国政府决定通过官方性“多文化家庭支援”政策,正式承认并支持这种婚姻跨国化。外籍新娘被授予一种**跨国再生产公民权**,她们往往在农业劳动和其他创收活动以外,还需要履行例如家务劳动、生育和育儿、老年护理等各种社会再生产家庭责任(Chang,K. 2022,第七章)。如果她们的婚姻失败,那么她们在韩国的居留权将与作为韩国子女母亲的再生产实现和必要性紧密相连。韩国政府与外籍新娘之间存在着一场隐蔽的拉锯战,因为后者中的许多人被怀疑更可能是**伪装经济移民**(disguised economic migrants),而不是积极的再生产公民。但最重要的是,外籍新娘所期望的生育水平立即同化为和韩国本土女性一样——这一趋势与她们所嫁的那些韩国人的发展公民权或社会经济公民权在这个超级工业化社会中受到严重损害或伤害的事实不无关系。2009 年的全国调查涵盖了近一半的婚姻移民,根据这项调查,尽管东北亚和东南亚国家的女性之间存在相当大的差异,但被调查的外籍新娘表示她们想要的孩子数量与韩国本土女性几乎没有什么区别——朝鲜族为1.1人,汉族和中国其他少数民族为1.2人,越南人为1.7人,菲律宾人为1.9人,蒙古人为1.4人,泰国人为1.7人,柬埔寨人为1.8人,等等(Kim et al. 2010:393)。

从某种意义上说,“多文化家庭支援”政策是一种有意而为的战略,但其旨在从文化上将外籍新娘及其韩国家庭的复杂社会问题和经济问题特殊化,而不是应对更多的结构性问题如农业经济不稳定、农民的社会文化排斥等(Chang, K. 2013, 2018)。[①] 在私人层面更大的问题是,多元文化主义往往会导致外籍新娘与其韩国配偶、姻亲和邻居之间无法在语言和文化上进行有效而和谐的日常互动(Kim, H. 2012, 2014)。矛盾的是,这种互动的困难往往被父权制韩国家庭的单向专制愿望所强化,他们希望通过无辜(或尚未现代化)的外国身体恢复所谓社会再生产的传统规范和做法(Chang, K. 2022,第八章;见上文第六章)。

尽管婚姻跨国化具有偶发性或即兴性特征,并且存在着诸多矛盾,但它在很大程度上构成了韩国积极主动的**社会全球化**的一个重要组成部分。该国积极的经济全球化具有一些重要的社会人口条件和结果。其中最基本的是对于韩民族自身的一种

① 如前面在第六章所述,特殊化的另一个方面是将外籍工人排除在多文化家庭支援政策之外(Seol, D. 2014)。

渐进的全球主义者再构想,这一点在外籍新娘及其混血子女数量的迅速增长趋势(Kim,H. 2012)、对700多万海外同胞事实上的公民权进行的战略性重新制定(Lee,C. 2014),以及来自亚洲国家的劳动力在韩国经济中的循环整合(Seol,D. 2014)得到了证明。婚姻跨国化证明了一个关键事实,即社会人口再生产也是这一包罗万象的韩国全球化过程中的一个案例。

## 第四节 结论

自20世纪60年代初以来,韩国在人口和发展方面都经历了极其迅速和根本的变革。迁移/城市化率、生育率和死亡率都以前所未有和无与伦比的速度不断变化,经济增长、工业化、无产阶级化(从农业部门到工业部门的职业转变)也经历了同样剧烈的变化。这种**双重变革**并非巧合,因为该国的发展经验直接涉及与此相关的人口结构状况、变化过程和结果。

韩国的发展虽然是以国家—企业网络关系为特征,但在很大程度上也依赖于人力资源。韩国公民一般通过灵活调整家庭人口的努力,使其人力资源成为积极参与发展过程和获得利益的战略平台。韩国最近的经济危机和结构调整(即其后的发展转型)要求并导致了人力资源、家庭关系和生育行为的剧烈重组。因此,早期人口变化的趋势在某些方面(如生育率、人口老龄化等)进一步加剧,而在其他方面(如出生性别失衡、离婚、自杀等)突然减缓或逆转。

经过半个世纪的激进社会人口变化，该国从一个以生育率极高、结婚普遍和离婚罕见而著称的社会，戏剧性地转变为一个生育率“最最低”、普遍单身和离婚泛滥的社会。韩国在社会复杂发展背景下切实**被压缩的**社会人口变化提供了几个重要的历史含义和理论含义：第一，代际分化的城市移民导致的空间人口分布失衡；第二，伴随性别不对称交替的生育率下降；第三，持续规范家庭主义下的人口个人化；第四，个人生命历程与家庭生命周期关系的不断调整；第五，社会经济上分离的两阶段人口老龄化。

由于这些人口结构变化往往会从根本上破坏迄今为止对于国家经济管理和国家治理而言理所当然的社会条件，因此所谓的“低生育率和老龄化社会”议程促使该国积极探索扭转或缓解人口赤字和不平衡问题的战略措施。虽然这些措施主要是为了增强韩国女性的再生产公民权（即为当地女性提供生育福利和减轻育儿负担），但在一项促进农村和城市周边地区的跨国婚姻的战略性临时政策下，一场前所未有的民族人口结构变化正逐渐发生。

# 第三部分

# 压缩现代性之后

# 第十章 | 后压缩现代状况

## 第一节　后压缩现代时代的韩国

在21世纪,所谓西方社会中反复出现的经济、政治和社会危机时常扰乱韩国社会,这种不仅是因为它们具有全球传染性,而且还因为它们让韩国在实现国家进步的目标和方法方面感到了根本性的文明困惑。追赶欧洲和北美所谓的“先进国家”一直是韩国后殖民发展和现代化的核心范式。但是,从21世纪初开始,对这种范式的追赶显然变得越来越徒劳。因为在追赶西方方面取得巨大成功后,韩国现在面对的不仅有物质财富和社会文化自豪感,还有同时困扰西方社会和韩国的各种结构性困境。这些常见的困境有,迅速的去工业化和结构性失业、普遍的政治冷漠和分裂性激进主义、社会公民权的多方面侵蚀、贫困人口和中产阶级家庭的长期负债、人口短缺及伴随的“超低”生育率和老龄化的失衡、国家和全球性生态危机等等(Beck and Grande 2010; Beck 1999; Bauman 2000)。韩国人不能单单是等待并看着西方是否已经或即将拿出有效的解决方案。即便有,也只是西方针对其中一些问题临时采取的所谓新自由主义措施,但无论是西方还是韩国都没有公开承认这一点。

韩国的追赶式发展和现代化的特殊形式使韩国的不幸变得更加复杂。它的后殖民发展和现代化被狭隘地重新定义为为了国家经济增长和西方导向的制度同化而进行的集权项目,因此几乎所有的社会、文化、生态以及经济价值和资源都被任意要求从属于这些项目。结构性经济不平等、不足的且有缺陷的社会福利、劳动权利的滥用、对女性的剥削和异化、农村的社会经济衰退、自然环境的恶化、社会政治威权主义以及文化和哲学的自我抹杀,这些都是韩国“成功”现代化和发展道路的特征(Chang, K. 1999)。在韩国社会应该着手从根本上补偿这种明显的风险措施的成本的这一历史时刻,其人民又面临着在发展和现代化的所谓成熟阶段需要付出的上述共同代价。这就是韩国**后压缩现代**状况。

在后压缩现代的韩国,一个关键性的讽刺性事实是,地位牢固的政治、行政、科技和工业精英们现在正把资本主义发展成熟的问题性后果作为新借口,来延长、恢复甚至加强早期发展和现代化的(韩国式)风险措施。21 世纪韩国对双重结构危机的随意应对,普遍表现为回归过去的做法而非对其进行改革或创新。事实上,尽管全球经济环境发生了根本性的变化,但由于国家肆无忌惮地回归到随心所欲的发展主义,因而引发了“国际货币基金组织危机”的社会经济冲击,在 20 世纪的最后几年对这个社会造成了严重破坏。正如我在其他地方详细解释的那样(Chang, K. 2019),韩国政府及其客户企业家和社会精英对源自西方的新自由主义思想、政策和实践的默许,使回归过去做法的倾向变得有点模糊。然而，准确地说，它更多地反映了它自己过去的惯性，而不是与新（新自由主义）西方的趋同。

## 第二节　双重结构危机

在前面关于压缩现代性的关键结构属性的章节中（本书第二部分），可以理解或发现韩国追赶式发展和现代化的许多具体实施方式以及伴随的结构性风险和不利因素。与其详细列举每一种结构性特性，不如让我们简单列出它们特殊的问题性风险和不利因素，以及该国与发达世界同化所产生的对这些风险和不利因素的最新变化和影响。（由于第四章具有广泛的历史概述性质，因此不包括在本概述中。）

### 变革公民权及其受害者

鉴于韩国的公民被动员起来并用于各种集体变革目的，可以说国家驱动的发展和现代化项目是有社会效果的。然而，这些变革目的中的每一个都根据不同的物质禀赋、教育资源，以及最重要的社会政治网络（特别包括出身地），选择性和歧视性地影响了其人口。在这一过程中，国家的发展和现代化不仅达到了国家变革的各种预期目的，而且还制造了一系列长期而复杂的**变革受害者**，他们要么被疏远，要么被剥削。农民、女性、体力劳动者、地方本土共同体以及韩国社会的许多其他普通群体最终依次成为受害对象。最近，该国积极参与西方主导的新自由主义全球化，突然将其经济和社会融入（国内）去工业化、失业、金融化（债务型）生计以及不断扩大的收入和资产不平等等现代晚期状况。毫不奇怪，韩国的新自由主义化是高度由国家驱动的，其社会经济影响被政治决策和参与严重放大并复杂化。特别是在20世纪90年代末国家金融体系崩溃之后，新自由主义经济危机管理方法经常强化农民、城市贫民和青年的牺牲性地位，以此作为保护和促进工业企业利益的便利措施。

## 复杂文化主义

作为**复杂文化主义**的机构，韩国的机构和公民工具性地、选择性地、灵活地将各种历史和文明的文化来源融入自身，以此方便地巩固后殖民社会政治秩序，进而实现社会经济发展的最大化。虽然这种文化的复杂性和灵活性可能促进了韩国的现代化和发展，但韩国的整体哲学和文化演变因价值观、意识形态、宗教、文化和知识各异的几乎所有机构之间的结构裂痕和长期对抗而受到严重阻碍。近年来，这些观念或上层建筑物质的无限数字化呈现和流通，几乎消除了此类裂痕和对抗的社会表达的所有物理限制。① 这种分歧和对抗往往被揭示为物质和政治上的战略，而不是出自根本的哲学或精神，因此仅通过概念性的讨

---

① 在这方面，油管（YouTube）是一个非常有趣的发展，它在韩国的老年保守派活动家中非常受欢迎，因为他们可以在这个数字平台上方便地创建、复制和传播体现他们特定偏好和意识形态的各种内容（《京乡新闻》2018）。

论和说服仍然无法将其解决。[①] 最近，大批来自亚洲各地的外籍新娘与韩国农村单身汉结婚，这给整个韩国社会，更不用说给作为东道主的新郎、姻亲家庭和农村社区，增加了文化复杂性。在许多西方社会，劳动移民的持续涌入和定居，一方面促使公众有意识地努力将东道国社会重新构建为有机的多元文化共同体，另一方面，最近又频频引发了对他们的种族歧视和攻击事件。韩国的多元文化政策（仅针对外籍新娘）对外籍劳工的正式排斥是一种非常奇怪的做法：通过严格的特殊主义或歧视的方式，炫耀性地追求世界性目标。这表明，在韩国人对于一个所谓的世界性目标看似热情的推动中，他们的社会文化自我中心主义和经济自我中心主义得到了矛盾性增强。出于妥当的理由，多元文化主义经常被谴责为种族/族裔隔离的原因。

## 社会再生产的生产主义使用（滥用）

关于韩国经济和社会状况的各种矛盾地并列的国际统计数据——前所未有的高经济增长率和工业化率，仅少数几个国家可以与之相提并论的最长工作和学习时间，相比于其他同样富裕社会的各年龄段令人震惊的自杀率，相比于其他政治稳定社

---

① 这一矛盾在朴槿惠政府的“文化界黑名单”事件中得到了强烈体现，制作这个黑名单的主要政治任命者和她本人都最终被判入狱。收录文化界中（在政治上）对政府持有批评态度或不友好人物的黑名单，由收录文化界友好合作人物的实用**白名单**来补充（Jung, I. 2017）。

会的“最最低”生育率,等等——都清楚地表明,该国的“奇迹”发展是通过牺牲和滥用人类生活和劳动的社会再生产的各种基本条件这一极端方式实现的。这么一来,可以说韩国的发展并没有创造什么奇迹。这些社会特征中的一部分可能被认为与西方先进社会相似。例如,在韩国生育率下降到这个水平之前,欧洲和北美就已经观察到所谓的“低于更替水平生育率”现象。正如贝克和贝克-盖恩斯海姆(Beck and Beck-Gernsheim 2002)令人信服地解释的那样,劳动力市场、家庭和福利制度的不稳定性无疑削弱了西方人通过传统的社会再生产制度来组织生活的愿望。韩国人可能也不例外。然而,战后的西方国家(更不用说社会民主制度国家)似乎都没有采取政策路线或措施来任意牺牲和压制普通公民的基本社会再生产条件。韩国社会再生产危机的严重性和复杂性在所有工业化国家中是无与伦比的。在普遍贫困下的金融化社会再生产、绝望的个人在长期就业危机中自愿加剧滥用社会再生产条件等最新趋势下,这场危机会进一步加剧。

## 基础设施家庭主义

在韩国的历史和社会现实中,在该国显著的经济、社会文化甚至政治变革中,存在着非常有趣的家庭积极主义形式。它的家庭实际上同时作为**发展家庭**、**福利家庭**和**社会投资家庭**发挥作用。韩国国家在国民经济和社会发展中实现或渴望完成的许多任务都是用基层公民家庭的努力和资源来组织、补充、替代甚至资助的。然而,在21世纪初,该国公民的家庭积极主义似乎急剧下降。国家在依靠家庭规范、关系和资源解决各种社会经济问题方面也面临困难。从广义上讲,韩国人目前正面临着两组前所未有的社会经济问题,即国家社会人口成年化带来的所谓"新社会风险",以及自"国际货币基金组织经济危机"(作为亚洲金融危机的一部分)以来就业和生计方面的新自由主义困境。在这些问题下,韩国已经成为一个结构分化的社会,其中大部分公民现在被剥夺了参与主流经济的权利,同时面临着就业、收入、住房、健康等方面不断恶化的风险。正是这些新的结构性条件使得越来越多的基层家庭无法为国家的社会经济政策努力提供社会基础设施服务。一方面,他们被剥夺了履行这些职责所需要的财政和其他物质资源,另一方面,他们在组织上或在规范上被削弱(或重组),从而放弃了许多以前被视为理所当然的社会经济职能,甚至放弃了结婚和生育。如果社会基础设施家庭得不到切实维护、无法充分再生产,那么晚期现代或后发展国家在经济、社会和教育事务方面的公共工作就会变得更加繁重和困难。

## 压缩人口结构转型

韩国社会的人口结构以生育率低、预期寿命长和城市化水平高为特征。也许比当前的人口结构指标更引人注目的是,直到20世纪60年代,韩国人口结构的特征是生育率很高、预期寿命不长、主要居住在农村。但仅用了几十年的时间,韩国人口就转变成生育率几乎降至更替水平、有大量老龄人口、以城市居住为主的结构。这几十年也正是韩国资本主义工业起飞时期。工业的起飞就是得益于丰富的人力资源,同时,发展的工业进而改变了参与其中的公民的基本生活条件。国家的直接人口政策在促进这些人口结构转变方面并非无关紧要,但更重要的是其成功实施的发展政策,它促使韩国人在人口结构变化过程中适应了经济活动和社会关系的新条件。事实上,他们对人口结构变化的适应给人的深刻印象,并不亚于伴随着世界上最迅速的资本主义工业化之一而发生的社会和经济的巨变。即使在自 20 世纪 90 年代末以来经济急剧下滑和结构重组的时期,韩国人的快速人口结构适应也仍在持续。他们在 20 世纪中后期积极调整人口参数以适应前所未有的经济机会和条件,这一早期经验在他们重新适应 21 世纪初经济萧条和不稳定的人口结构时产生了反响。然而,个人和家庭的这种私人领域的人口适应性已经引发了一种前所未有的严重形势,即从农村地区开始到整个韩国都可能出现的人口崩溃。农村衰退、人口老龄化,甚至可能出现的人口萎缩,是几乎所有发达国家都在关注的人口问题。但韩国的这种担忧是无比严峻的,因为它在这些人口趋势中处于极端地位,而且存在长期的结构性因素,更不用说晚期现代的人口结构的共同状况。

## 第三节　超越韩国

韩国在现代化和发展方面取得的“奇迹般的”成就并没有使

该国免于乌尔里希·贝克所称的"第二现代性"风险,即资本主义工业、劳动力市场、公共教育、科学技术、国家政府、中产阶级家庭等现代制度的固有功能失调和日益失败。虽然这些繁重的风险现在才被认识到,但韩国人又面临着由于其压缩现代化和发展的特殊措施和过程而产生的额外困境。在韩国社会应该着手从根本上补偿压缩社会和经济变革这种风险措施所造成的成本的历史时刻,韩国人还面临着在所谓的成熟发展和现代化阶段所要付出的全球共同代价。

韩国的后压缩现代状况带来的挑战,似乎不亚于饱受贫困和饥饿、政治裂痕、社会冲突和混乱等困扰的后殖民状况。尽管韩国对其与其他发达国家共同面临的风险发出了技术官僚的警告,并进行了科学辩论,但具有讽刺意味的是,韩国顽固保守的政治、行政、技术科学和工业精英正将这些风险作为借口,来扩展、更新甚至加强众所周知但早已过时的压缩发展和现代化的措施。

这种明显的倒退趋势常常被混淆为新自由主义思想、政策、实践。事实上,地位牢固的阶层对新自由主义的广泛认同,可以被视为他们拒绝对压缩发展和现代化过度保守的思想、政策和实践进行根本性改革的一个方便掩饰的理由(Chang, K. 2012c)。也就是说,表现得最明显的与其说是韩国与新自由主义西方的同化,不如说是其意识形态和方法论的惯性。甚至可能是这样的:尽管关于"作为改革的新自由主义"的言论都很嘈杂,但韩国人对新自由主义思想、政策和实践的熟悉和接受程度确实反映了西方在社会经济事务中的保守惯性。在所有合乎逻辑的预测中，韩国的后压缩现代性，不管是否受到新自由主义框架的影响，都不会像其压缩现代性那样容易获得荣誉和利益。不管其他晚期现代社会能否应对或如何应对其相应的历史挑战，这一前景都将持续存在。

韩国作为东亚社会中一个独特的新自由主义实体的声誉并不意味着其后压缩现代性的困境也是独特的。该区域几乎所有的工业化社会，包括日本、新加坡等国家和中国港台地区都面临着与上述韩国情况类似的严重社会风险和问题。甚至中国大陆的许多发达地区也日益显现出类似的社会挑战（Chang, K. 2017c）。该区域的大众媒体经常对这些类似的趋势和问题表现出极大的共同兴趣，同时国际社会对此也进行了大量的合作研究。① 这种合作研究表明，该区域的邻国之间既有显著差异，又有相似之处，这反映了它们各自之间压缩现代状况和后压缩现代状况的广泛多样性。② 与此相关，仅用东西方之间的习俗差异，特别是社会文化上的差异解释他们各自的后压缩困境，与其

---

① 这方面的示范性合作研究，参见《东亚的新生命历程、社会风险与社会政策》（*New Life Courses, Social Risks and Social Policy in East Asia*, Chan, Zinn, and Wang eds, 2016），以及《亚洲现代性中亲密与公共领域的转型》（*Transformation of the Intimate and the Public in Asian Modernity*, Ochiai and Aoi eds, 2014）。

② 在其他趋势中，这种差异尤为明显，表现在每个东亚社会及其人民对本书第八章所分析的**基础设施家庭主义**的依赖方式上，且基础设施家庭主义具有截然不同的个人化趋势（Chang and Song 2010）。

说恰当,不如说有问题。因为压缩现代性中存在广泛的国家(和地区)多样性,而且每个国家的随之而来的后压缩现代状况也非常多样。[①] 鉴于后压缩现代时代的西方不再被反身性地视为一度在文明和发展上脱轨的东方国家共同向往的未来,每个社会及其公民,无论是东方还是西方,都应该能够找到自主的答案和解决方案,以应对21世纪各自面临的大部分社会风险和问题。正是在确保此类国家或社会措施方面普遍存在的这些困境和失败,促使后压缩现代公民和共同体频繁地提出极端不稳定的政治建议和社会文化观点。

---

① 参见特纳和洪德克(2010)的《东方与西方的全球化》(*Globalization East and West*),这是对这方面全球化非常仔细的研究。

# 参考文献

Ablemann, Nancy. 1997. "Women's Class Mobility and Identities in South Korea: A Gendered, Transnational, Narrative Approach"(《韩国女性的阶级流动性与身份认同:一种性别、跨国的叙述方法》). *Journal of Asian Studies*(《亚洲研究杂志》)56(2): 398-420.

——2003. *The Melodrama of Mobility: Women, Talk, and Class in Contemporary South Korea*(《流动性的情景剧:当代韩国的女性、谈话与阶级》). Honolulu: University of Hawaii Press.

——2004. "Class and Cosmopolitan Striving: Mothers' Management of English Education in South Korea"(《阶级与世界性抗争:韩国母亲的英语教育管理》). *Anthropological Quarterly*(《人类学季刊》) 77(4): 645-672.

Amsden, Alice. 1989. *Asia's Next Giant: South Korea and Late Industrialization*(《亚洲的下一个巨人:韩国与晚期工业化》). New York: Oxford University Press.

Appadurai, Arjun. 1990. "Disjuncture and Difference in the Global Cultural Economy"(《全球文化经济的错位与差异》). *Theory, Culture and Society*(《理论、文化与社会》)7(2/3): 295-310.

Apter, David E. 1965. *The Politics of Modernization*(《现代化的政治》). Chicago: University of Chicago Press.

Ashcroft, Bill, Gareth Griffiths, and Helen Tiffin. 2002. *The Empire*

*Writes Back: Theory and Practice in Post-Colonial Literatures*(《帝国回书:后殖民文学的理论与实践》), 2nd eds. New York: Routledge.

Badie, Bertrand. 2000. *The Imported State: The Westernization of the Political Order* (《被输入的国家:政治秩序的西方化》). Stanford: Stanford University Press.

Bae, Dawk Mahn. 2013. "Hereditary Succession of South Korean Churches: The Distorted History" (《韩国教会的世袭继承:扭曲的历史》)(in Korean). *Theology and Mission*(《神学与传教》) 43: 69 - 102.

Bauman, Zigmund. 2000. *Liquid Modernity* (《流动的现代性》). London: Polity.

Beck, Ulrich. [1984] 1992. *Risk Society: Towards a New Modernity* (《风险社会:走向新的现代性》). London: Sage.

—— 1994. "The Reinvention of Politics: Towards a Theory of Reflexive Modernization"(《政治的再发明:对于反身现代化理论》). Beck, Ulrich, Anthony Giddens and Scott Lash, *Reflexive Modernization: Politics, Tradition and Aesthetics in the Modern Social Order*(《反身现代化:现代社会秩序中的政治、传统与美学》), pp. 1 - 55. Stanford: Stanford University Press.

—— 1999. *World Risk Society* (《世界风险社会》). Cambridge: Polity.

—— 2002. "The Silence of Words and Political Dynamics in the World Risk Society"(《世界风险社会中的言语沉默与政治动态》). *Logos*(《标识》) 1(4): 1 - 18.

—— 2006. "Living in the World Risk Society"(《生活在世界风险社

会》). *Economy and Society*(《经济与社会》)35(3): 329 - 345.

Beck, Ulrich and Edgar Grande. 2007. *Cosmopolitan Europe*(《世界性欧洲》). Cambridge: Polity.

——2010. "Varieties of Second Modernity: The Cosmopolitan Turn in Social and Political Theory and Research"(《第二现代性的多样性:社会政治理论与研究的世界性转向》). *British Journal of Sociology*(《英国社会学杂志》) 61(3): 409 - 443.

Beck, Ulrich and Elisabeth Beck-Gernsheim. 2002. *Individualization: Institutionalized Individualism and Its Social and Political Consequences*(《个人化:制度化的个人主义极其社会政治后果》). London: Sage.

Beck, Ulrich and Natan Sznaider. 2006. "Unpacking Cosmopolitanism for the Social Sciences: A Research Agenda"(《为社会科学开启世界主义: 一个研究议程》). *British Journal of Sociology*(《英国社会学杂志》) 57(1): 381 - 403.

Beck, Ulrich, Anthony Giddens, and Scott Lash. 1994. *Reflexive Modernization: Politics, Tradition and Aesthetics in the Modern Social Order*(《反身现代化:现代社会秩序中的政治、传统与美学》). Stanford: Stanford University Press.

Beck, Ulrich, Wolfgang Bonss, and Christoph Lau. 2003. "The Theory of Reflexive Modernization: Problematic, Hypotheses and Research" (《反身现代化理论:问题、假设与研究》). *Theory, Culture and Society*(《理论、文化与社会》)20(2): 1 - 33.

Bloch, Ernst. [1935] 1991. *Heritage of Our Times*(《我们时代的遗产》). Berkeley: University of California Press.

Brun, Ellen and Jacques Hersh. 1976. *Socialist Korea: A Case Study in the Strategy of Economic Development*(《社会主义朝鲜:经济发展战略的个案研究》). New York: Monthly Review Press.

Byeon, Chang-Gu. 2012. "Korea's Sun-bi Spirits and the Realization of a Just Society: Focusing on the Behaviors of Politician and Polifessors"(《韩国的士精神与公正社会的认识:以政治家和政治化教授的行为为例》)(in Korean). *National Thought*(《国家思想》)6(4): 131 - 156.

Byun, Yong-Chan, Kim Dong Hoe, and Lee Song Hee. 2010. *A Study of the Relationship between Marriage Behavior Changes and Fertility*(《婚姻行为变化与生育率关系的研究》)(in Korean). Seoul: Korea Institute for Health and Social Affairs.

Caldwell, John C. 1982. *Theory of Fertility Decline*(《生育率下降理论》). London: Academic Press.

Chakrabarty, Dipesh. 1992. "Provincializing Europe: Postcolonialilty and the Critique of History" (《欧洲的地方化:后殖民性与历史批判》). *Cultural Studies*(《文化研究》)6(3): 337 - 357.

——2000. *Provincializing Europe: Postcolonial Thought and Historical Difference*(《欧洲的地方化:后殖民思想与历史差异》). Princeton: Princeton University Press.

Chan, Anita and Richard Madsen. 1984. *Chen Village: A Recent History of a Peasant Community in Mao's China*(《当代中国农村历沧桑:毛邓体制下的陈村》). Berkeley: University of California Press.

Chan, Raymond, Jens Zinn, and Lih-Rong Wang, eds. 2016. *New Life Courses, Social Risks and Social Policy in East Asia*(《东亚的新生命历程、

社会风险与社会政策》). London: Routledge.

Chang, Ha-Joon. 1994. *The Political Economy of Industrial Policy*(《产业政策的政治经济学》). Basingstoke: Palgrave Macmillan.

Chang, Ha-Sung. 2014. *Capitalism in Korea: Beyond Economic Democratization, to a Just Economy*(《韩国的资本主义:超越经济民主化,走向公正经济》)(in Korean). Seoul: Heybooks.

Chang, Kyung-Sup. 1992. "China's Rural Reform: The State and Peasantry in Constructing a Macro-Rationality"(《中国农村改革:构建宏观合理性中的国家与农民》). *Economy and Society* (《经济与社会》) 21(4): 430 - 452.

—— 1996. "Birth and Wealth in Peasant China: Surplus Population, Limited Supplies of Family Labor, and Economic Reform"(《中国农民的出生与财富:剩余人口、有限的家庭劳动力供给与经济改革》). Alice Goldstein and Wang Feng, eds, *China: The Many Facets of Demographic Changes*(《中国:人口变化的多方面》), pp. 21 - 46. Boulder: Westview Press.

—— 1997. "The Neo-Confucian Right and Family Politics in South Korea: The Nuclear Family as an Ideological Construct"(《韩国的新儒家权利与家庭政治:核心家庭作为意识形态建构》). *Economy and Society* (《经济与社会》)26(1): 22 - 42.

—— 1999. "Compressed Modernity and Its Discontents: South Korean Society in Transition" (《压缩现代性及其不满:转型中的韩国社会》). *Economy and Society*(《经济与社会》)28(1): 30 - 55.

—— 2004. "The Anti-Communitarian Family? Everyday Conditions of

Authoritarian Politics in South Korea"(《反共主义的家庭？韩国威权政治的日常状态》). Chua Beng Huat, ed. *Communitarian Politics in Asia*(《亚洲的共产主义政治》), pp. 57－77. London: Routledge.

—— 2005. "Ruralism in China: Reinterpretation of Post-Collective Development"(《中国的乡村主义：对后集体发展的再解读》). *International Journal of Asian Studies*(《国际亚洲研究杂志》) 2(2): 291－307.

—— 2009. *Family, Life Course, and Political Economy: The Micro-Foundation of Compressed Modernity*(《家庭、生命历程与政治经济学：压缩现代性的微观基础》)(in Korean). Seoul: Changbi.

—— 2010a. *South Korea under Compressed Modernity: Familial Political Economy in Transition*(《压缩现代性下的韩国：转型中的家族政治经济学》). London: Routledge.

—— 2010b. "The Second Modern Condition? Compressed Modernity as Internalized Reflexive Cosmopolitisation"(《第二现代的条件？压缩现代性作为内化的反身世界化》). *British Journal of Sociology*(《英国社会学杂志》)61(3): pp. 444－464.

—— 2011. "Developmental State, Welfare State, Risk Family: Developmental Liberalism and Social Reproduction Crisis in South Korea"(《发展国家、福利国家、风险家庭：韩国的发展自由主义与社会再生产危机》)(in Korean). *Korea Social Policy Review*(《韩国社会政策评论》) 18(3): 63－90.

—— 2012a. "Different Beds, One Dream? State-Society Relationships and Citizenship Regimes in East Asia"(《异床同梦？东亚的国家-社会关

系与公民权制度》). Chang Kyung-Sup and Bryan S. Turner, eds. *Contested Citizenship in East Asia: Developmental Politics, National Unity, and Globalization*(《东亚公民权之争:发展政治、国家统一与全球化》), pp. 62-85. London: Routledge.

—— 2012b. "Developmental Citizenship in Perspective: The South Korean Case and Beyond"(《发展公民权的视角:韩国案例及以后》). Chang Kyung-Sup and Bryan S. Turner, eds. *Contested Citizenship in East Asia: Developmental Politics, National Unity, and Globalization*(《东亚公民权之争:发展政治、国家统一与全球化》), pp. 182-202. London: Routledge.

—— 2012c. "Predicaments of Neoliberalism in the Post-Developmental Liberal Context"(《后发展自由主义语境下的新自由主义困境》). Chang Kyung-Sup, Ben Fine, and Linda Weiss, eds. *Developmental Politics in Transition: The Neoliberal Era and Beyond*(《转型中的发展政治:新自由主义时代及以后》), pp. 71-90. Basingstoke: Palgrave Macmillan.

—— 2013. "Particularistic Multiculturalism: Citizenship Contradictions of Marriage Cosmopolit(an)ization"(《特殊主义多文化主义:婚姻世界(主义)化的公民权矛盾》). Proceedings of the International Conference on "Life and Humanity in Late Modern Transformation: Beyond East and West"(晚期现代转型中的生命与人性:超越东西方), organized by SNU Center for Social Sciences, Korea Institute for Health and Social Affairs, and Korean Sociological Association, May 30-31, 2013, Seoul National University.

—— 2014. "Asianization of Asia: Asia's Integrative Ascendance through a European Aperture"(《亚洲的亚洲化:欧洲视野下的亚洲一体

化崛起》). *European Societies*(《欧洲社会》)16(3): 1－6.

—— 2016a. "Compressed Modernity in South Korea: Constitutive Dimensions, Manifesting Units, and Historical Conditions"(《韩国的压缩现代性:构成维度、表现单位与历史条件》). Youna Kim, ed. *The Routledge Handbook of Korean Culture and Society: A Global Approach*(《劳特里奇手册之韩国文化与社会:全球视角》), pp. 31－47. London: Routledge.

——2016b. "Financialization of Poverty: Proletarianizing the Financial Crisis in Post-Developmental Korea"(《贫困的金融化:后发展韩国的金融危机的无产阶级化》). *Research in Political Economy*(《政治经济学研究》)31: 109－134.

——2017a. "Compressed Modernity"(《压缩现代性》). *The Wiley Blackwell Encyclopedia of Social Theory*(《威利布莱克威尔社会理论百科全书》), Volume Ⅰ. Hoboken: Wiley Blackwell (https://doi.org/10.1002/9781118430873.est0839).

——2017b. "Reflexive Modernization"(《反身现代化》). *The Wiley Blackwell Encyclopedia of Social Theory*(《威利布莱克威尔社会理论百科全书》), Volumes Ⅳ. Hoboken: Wiley Blackwell (https://doi.org/10.1002/9781118430873.est0835).

——2017c. "China as a Complex Risk Society: Risk Components of Post-Socialist Compressed Modernity"(《中国作为一个复杂的风险社会:后社会主义压缩现代性的风险构成》). *Temporalités*(《时间性》), number 26 (Special Issue: "'Compressed Modernity' and Chinese Temporalities"[《"压缩现代性"与中国的时间性》]) (https://

journals. open-edition. org/temporalities/3810).

—— 2018. *The end of Tomorrow? Familial Liberalism and Social Reproduction Crisis*(《明天的终结? 家庭自由主义与社会再生产危机》)(in Korean). Seoul: Jipmundang.

—— 2019. *Developmental Liberalism in South Korea: Formation, Degeneration, and Transnationalization*(《韩国的发展自由主义:形成、退化与跨国化》). Basingstoke: Palgrave Macmillan.

—— 2020. "Developmental Pluralism and Stratified Developmental Citizenship: An Alternative Perspective on Chinese Post-Socialism"(《发展多元主义与分层的发展公民权:中国的后社会主义的另一种视角》). *Citizenship Studies*(《公民权研究》)24(7): 856-870.

—— 2022. *Transformative Citizenship in South Korea: Politics of Transformative Contributory Rights*(《韩国的转型公民权:转型贡献权的政治》). New York: Palgrave Macmillan.

Chang, Kyung-Sup, Chin Meejung, Sung Miai, and Lee Jaerim. 2015. "Institutionalized Familialism in South Korean Society: Focusing on Income Security, Education, and Care" (《韩国社会的制度化家庭主义:以收入保障、教育与护理为中心》)(in Korean). *Journal of the Korean Family Studies Association*(《韩国家庭研究学会杂志》)27(3):1-38.

Chang, Kyung-Sup and Song Min-Young. 2010. "The Stranded Individualizer under Compressed Modernity: South Korean Women in Individualization without Individualism"(《压缩现代性下被束缚的个人主义者:没有个人主义的个人化中的韩国女性》). *British Journal of Sociology*(《英国社会学杂志》)61(3): 540-565.

Chayanovov, A. V. (1986) [1925] *Theory of the Peasant Economy* (《农民经济理论》). Madison: University of Wisconsin Press.

Chin, Meejung. 2013. "Portrait of Unmarried One-Person Households in Early Adulthood: Delayed Transition of Achieved Individualization"(《成年早期未婚单人家庭的画像:实现个人化的延迟过渡》). Proceedings of the International Conference on "Life and Humanity in Late Modern Transformation: Beyond East and West"(晚期现代转型中的生命与人性:超越东西方), organized by SNU Center for Social Sciences, Korea Institute for Health and Social Affairs, and Korean Sociological Association, May 30 - 31, 2013, Seoul National University.

Cho, Dong-Sung. 1991. *A Study of Korean Chaebol*(《韩国财阀研究》)(in Korean). Seoul: Maeil Economic Daily.

Cho, Myung-Rae. 2003. "The Trend and Prospect of Urbanization: The Past, Present, and Future of South Korean Cities" (《城市化趋势与展望:韩国城市的过去、现在和未来》)(in Korean). *Economy and Society*(《经济与社会》)60: 10 - 39.

Cho, Sung-Nam and Dong-Won Lee. 1993. "Towards Relevant Scholarship: Family Sociology in South Korea"(《探析相关学术:韩国的家庭社会学》). *Current Sociology*(《当代社会学》)41(1): 25 - 39.

Cho, Seok-Gon and Oh Yu-Seok. 2003. "The Formation of the Preconditions of Compressed Growth: Focusing on the Preparation of the Accumulation System of South Korean Capitalism in the 1950s"(《压缩增长先决条件的形成:以20世纪50年代韩国资本主义积累制度的准备为中心》) (in Korean). *Trend and Prospect*(《趋势与展望》)59: 258 - 302.

Cho, Uhn and Ahn Byoung-chol. 1986. "The Sociology of the Family: Recent Trends and Research and Theoretical Orientation"(《家庭社会学:近期研究趋势与理论取向》)(in Korean). *Korean Journal of Sociology*(《韩国社会学杂志》)20(2): 103-118.

Choe, Hong-Ki. 1991. "Confusianism and Family"(《儒家与家庭》)(in Korean). *Journal of the Korean Family Studies Association*(《韩国家庭研究学会杂志》)2: 207-228.

Choi, Hyaeweol. 2009. "'Wise Mother, Good Wife': A Transcultural Discursive Construct in Modern Korea"(《"贤妻良母":现代韩国的跨文化话语建构》). *Journal of Korean Studies*(《韩国研究杂志》)14(1): 1-33.

Choi, Jang-Jip. 2002. *Democracy after Democratization: Crisis and Conservative Origin of Korea's Democracy*(《民主化以后的民主主义:韩国民主主义的危机与保守起源》)(in Korean). Seoul: Humanitas.

Choi, Jongryul. 2019. *Sociology of Show: How South Korean Society Reflects on Itself*(《表演社会学:韩国社会如何反思自身》)(in Korean). Seoul:Maybook.

Choi, Sun-Young. 2020. "Life Course Rearrangement and Marriage Behavior Changes of Korean Women"(《韩国女性的生命历程重组与婚姻行为变化》)(in Korean). Phd Dissertation, Department of Sociology, Seoul National University.

Choi, Sun-Young and Chang Kyung-Sup. 2004. "The Modern Reconstruction of the Sexual Division of Labor: Changes of 'Korean Women's Ex-Employment during Family Formation'"(《劳动性别分工的现代重构:"韩国女性"在家庭形成过程中离职的变化》)(in Korean).

*Social Research*(《社会研究》)2(2): 173 - 203.

——2016. "The Material Contradictions of Proletarian Patriarchy in South Korea's Condensed Capitalist Industrialization: The Instability in the Working Life Course of Male Breadwinners and Its Familial Raminifications"(《韩国浓缩资本主义工业化中的无产阶级父权制的物质矛盾:男性工薪阶层工作生活过程的不稳定及其家庭分化》). Raymond Chan, Jens Zinn, and Lih-Rong Wang, eds. *New Life Courses, Social Risks and Social Policy in East Asia*(《东亚的新生命历程、社会风险与社会政策》), pp. 149 - 166. London: Routledge.

*Chosunilbo*(《朝鲜日报》)(www.chosun.com).

Chu, Byeong-Wan. 2011. *Multicultural Society and Global Leader*(《多文化社会与全球领导者》)(in Korean). Seoul: Daegyo.

Chua, Beng Huat. 2012. *Structure, Audience and Soft Power in East Asian Pop Culture*(《东亚流行文化的结构、观众与软实力》). Hong Kong: Hong Kong University Press.

Chung, Duck-Cho. 1991. "Korean Family Welfare Policy"(《韩国家庭福利政策》)(in Korean). *Korean Family Welfare Policy and Elderly Problem*(《韩国家庭福利政策与老年人问题》)(Proceedings of the First Seminar of the Korean Family Welfare Policy Institute), pp. 5 - 42.

Chung, Dae-Hwa. 2017. *Sangji University Democratization Struggle 40 Years: Lively Records of the Struggle and Experimentation for the Future of South Korean Private Schools*(《尚志大学民主化斗争40年:为韩国私立学校的未来而斗争与实验的生动记录》)(in Korean). Seoul: Hanul.

Cumings, Bruce. 1981. *The Origins of the Korean War: Liberation and*

*Emergence of Separate Regimes*, *1945 - 1947*(《朝鲜战争的起源:解放与独立政权的出现,1945—1947》). Princeton: Princeton University Press.

—— 1984. "The Origins and Development of the Northeast Asian Political Economy: Industrial Sector, Product Cycles, and Political Consequences"(《东北亚政治经济的起源与发展:工业部门、生产周期与政治后果》), *International Organization*(《国际组织》)38(1): 1 - 40.

—— 1987. "The Legacy of Japanese Colonialism in Korea"(《日本殖民主义在韩国的遗产》). Ramon H. Myers, and Mark R. Peattie, eds. *The Japanese Colonial Empire*, *1895 - 1945*(《日本殖民帝国,1895—1945》), pp. 478 - 496. Princeton: Princeton University Press.

—— 1997. *Korea's Place in the Sun*(《朝鲜半岛现代史:一个追寻骄阳的国度》). New York: Norton.

—— 1998. "The Korean Crisis and the End of 'Late' Development"(《韩国危机与"晚期"发展的终结》). *New Left Review*(《新左派评论》) 231: 43 - 72.

—— 2005. "State Building in Korea: Continuity and Crisis"(《韩国的国家建设:连续性与危机》). Matthew Lange, and Dietrich Rueschemeyer, eds, *States and Development*: *Historical Antecedents of Stagnation and Advance*(《国家与发展:停滞与前进的历史前提》), pp. 211 - 236. New York: Palgrave Macmillan.

Dahrendort, Ralf. 1959. *Class and Class Conflict in Industrial Society*(《工业社会的阶级与阶级斗争》). Stanford: Stanford University Press.

*Danuri* (http://www.liveinkorea.kr/kr/), January 11, 2013.

Davies, Scott and Jal Mehta. 2013. "Educationalization"(《教育化》).

James Ainsworth, ed. *Sociology of Education: An A-to-Z Guide*(《教育社会学:从 A 到 Z 指南》). London: SAGE (https://sk.sagepub.com/reference/sociology-of-education/n127.xml).

Depaepe, Marc, ed. 2008. *Educational Research: The Educationalization of Social Problems*(《教育研究:社会问题的教育化》). Berlin: Springer.

Depaepe, Marc and Paul Smeyers. 2008. "Educationalization as an Ongoing Modernization Process"(《作为一个持续现代化进程的教育化》). *Education Theory*(《教育理论》)58(4): 379 – 389.

Dirlik, Arif. 2003. "Global Modernity: Modernity in an Age of Global Capitalism"(《全球现代性:全球资本主义时代的现代性》). *European Journal of Social Theory*(《欧洲社会理论杂志》)6(3): 275 – 292.

—— 2004. "Spectres of the Third World: Global Modernity and the End of the Three Worlds"(《第三世界的幽灵:全球现代性与三个世界的终结》). *Third World Quarterly*(《第三世界季刊》)25(1): 131 – 148.

*Dong-A Ilbo*(《东亚日报》)(www.donga.com).

*Dong-A Science*(《东亚科学》)(www.dongascience.com).

Donzelot, Jacques. 1979. *The Policing of Families*(《家庭治安》). New York: Pantheon.

Dore, Ronald. 1973. *British Factory, Japanese Factory: The Origins of National Diversity in Industrial Relations*(《英国工厂、日本工厂:产业关系中国家多样性的起源》). Berkeley: University of California Press.

DTNews 24. 2017. "Education Pledges That Should Be Presented by the Presidential Candidates"(《总统候选人应作出的教育承诺》)(in Korean), April 18, 2017.

e-Narajipyo. 2020a. "The Number and Population of Agricultural Households"(《农业家庭的数量和人口》)(http://www.index.go.kr/potal/main/EachDtlPageDetail.do? idx_cd=2745).

——2020b. "The Trends in Birth and Death"(《出生与死亡的趋势》)(http://www.index.go.kr/potal/main/EachDtlPageDetail.do? idx_cd=1011#quick_01).

EBS. 2020. "Multicultural Mother-in-Law and Daughter-in-Law Biographic Notes"(《多文化婆媳传记》)(Damunhwa Gobuyeoljeon: https://home.ebs.co.kr/gobu/main).

Eckert, Carter J. 2016. *Park Chung Hee and Modern Korea: The Roots of Militarism, 1866 - 1945*(《朴正熙与现代韩国:军事主义的根源,1866—1945》). Cambridge: Harvard University Press.

Edaily (www.edaily.co.kr).

Eisenstadt, Shmuel. 2000. "Multiple Modernities"(《多重现代性》). *Daedalus*(《代达罗斯》) 129(1): 1-29.

Eun, Ki-Soo. 2013. "Pathways to Post-Patriarchal Society: Global Convergence of Gender (Non-) Preference and East Asian Particularities"(《后父权社会之路:性别(无)偏好与东亚特殊性的全球融合》). Proceedings of the International Conference on "Life and Humanity in Late Modern Transformation: Beyond East and West"(晚期现代转型中的生命与人性:超越东西方), organized by SNU Center for Social Sciences, Korea Institute for Health and Social Affairs, and Korean Sociological Association, May 30-31, 2013, Seoul National University.

Evans, Peter. 1995. *Embedded Autonomy: States and Industrial*

*Transformation*(《嵌入自主性:国家与产业转型》). Princeton: Princeton University Press.

Evans, Peter, Dietrich Rueschemeyer, and Theda Skocpol, eds. 1985. *Bringing the State Back in*(《找回国家》). Cambridge: Cambridge University Press.

Fanon, Frantz. [1963] 2004. *The Wretched of the Earth*(《全世界受苦的人》). New York: Grove Press.

*Financial News*(《财经新闻》)(http://www.fnnews.com)

Fine, Ben. 2012. "Neo-Liberalism in Retrospect? It's Financialization, Stupid"(《新自由主义在回归? 这是金融化,傻瓜》). Chang Kyung-Sup, Ben Fine, and Linda Weiss, eds. *Developmental Politics in Transition: The Neoliberal Era and Beyond*(《转型中的发展政治:新自由主义时代及以后》), pp. 51–69. Basingstoke: Palgrave Macmillan.

Frank, Andre Gunder. 1967. *Capitalism and Underdevelopment in Latin America: Historical Studies of Chile and Brazil*(《拉丁美洲的资本主义与欠发达:智利和巴西的历史研究》). New York: Monthly Review Press.

Geertz, Cliford. 1973. *The Interpretation of Cultures*(《文化的解读》). New York: Basic Books.

Georgescu-Roegen, Nicholas. 1960. "Economic Theory and Agrarian Economics"(《经济理论与农业经济学》). *Oxford Economic Papers*(《牛津经济论文集》)12(1): 1–40.

Giddens, Anthony. 1990. *The Consequences of Modernity*(《现代性的后果》). Stanford: Stanford University Press.

Gilloch, Graeme. 1997. *Myth and Metropolis: Walter Benjamin and the*

*City*(《神话与都市:瓦尔特·本雅明与城市》). Cambridge: Polity.

Goode, Willam. 1963. *World Revolution and Family Patterns*(《世界革命与家庭模式》). New York: Free Press.

Gye, Jae-Gwang. 2010. "Influence of Confucian Culture on the Formation of the Korean Church Leadership: Focus on the Influence of Confucian Authoritarianism"(《儒家文化对韩国教会领袖形成的影响:以儒家威权主义的影响为中心》)(in Korean). *Theology and Practice*(《神学与实践》)22(2010/2): 77-106.

Ha, Seung-Wu. 2011. "Samsung Republic, Are We Citizens?"(《三星共和国,我们是公民吗?》)(in Korean). *Silcheon Munbak*(《实践文学》)103: 163-172.

Hahm, In-Hee. 2006. "The Korean War, Families and the Women's Multi-layerd Modernity"(《朝鲜战争、家庭与女性的多层现代性》)(in Korean). *Society and Theory*(《社会与理论》)9: 159-189.

Han, Hong-Gu. 2002. "Has Korean Civil Society Had History?"(《韩国公民社会有历史吗?》)(in Korean). *Citizen and World*(《公民与世界》)1(2002/2): 91-110.

Han, Jin-Geum. 2010. "A Study in Technical Assistance Training Program of U. S. Aid Agency in 1950s"(《20世纪50年代美国援助机构技术援助培训项目研究》)(in Korean). *Korean History Studies*(《韩国历史研究》)56: 437-495.

Han, Jun-Sang. 1996. *The Youth Issue*(《青年问题》)(in Korean). Seoul: Yonsei University Press.

——2003. *The Recollection of Modern South Korean Education*(《韩国

现代教育回顾》)(in Korean). Seoul: Korea Academic Information.

Han, Nam-Je. 1984. "The Outcomes and Problems of Family Research"(《家庭研究的成果与问题》) (in Korean). *Korean Journal of Sociology*(《韩国社会学杂志》)18(2): 46-70.

Han, Sang-Jin. 2009. "The Dynamics of Middle-Class Politics in Korea: Why and How Do the Middling Grassroots Differ from the Propertied Mainstream?"(《韩国中产阶级政治的动态:中产草根阶层为什么以及如何与主流阶层不同?》)(in Korean). *Korean Journal of Sociology*(《韩国社会学杂志》)43(3): 1-19.

——2020. *Confucianism and Reflexive Modernity: Bringing Community Back to Human Rights in the Age of Global Risk Society*(《儒家与反身现代性:在全球风险社会时代让社区回归到人权》). Leiden: Brill.

Hankiss, Elemer. 1988. "The 'Second Society': Is There an Alternative Social Model Emerging in Contemporary Hungary?"(《"第二社会":当代匈牙利是否出现了另一种社会模式?》). *Social Research*(《社会研究》)55(1/2): 13-42.

*Hankookilbo* (《韩国日报》)(www.hankookilbo.com).

*Hankyoreh* (《韩民族日报》)(www.hani.co.kr).

Hao, Lingxing. 2013. "Compressed Modernity in the Life Course of a Cohort of Taiwanese Youth: Teen Sex and First Marriage"(《台湾青年群体生命历程中的压缩现代性:青少年的性与初婚》). Presented at the Taiwan Youth Project Conference, Academia Sinaca, Taipei.

Hareven, Tamara. 1982. *Family Time and Industrial Time: The Relationship Between the Family and Work in a New England Industrial*

*Community*(《家庭时间与工业时间:新英格兰工业社区中家庭与工作的关系》). New York: Cambridge University Press.

Harvey, David. 1980. *The Condition of Postmodernity*(《后现代性的状况》). Oxford: Blackwell.

Henry, Paget and Emile Walter. 1995. "Comparing Peripheral Cultural Systems: India and the Caribbean"(《比较周边文化体系:印度与加勒比》). *Caribbean Quarterly*(《加勒比季刊》)41(1): 1-24.

—— 2020. "After Neoliberalism and Post-structuralism: Postcolonial Studies, Diaspora, and Globalization"(《新自由主义与后结构主义之后:后殖民研究、离散与全球化》). Ashmita Khasnabish, ed. *Postcoloniality, Globalization, and Diaspora: What's Next?* (《后殖民主义、全球化与离散:下一步是什么?》), pp. 27-50. Lanham: Lexington Books.

Hobsbawm, Eric John. 1994. *The Age of Extremes: The Short Twentieth Century, 1914-1991*(《极端时代:短暂的20世纪,1914—1991》). London: Penguin.

Hobsbawm, Eric John and Terence O. Ranger, eds. 1992. *The Invention of Tradition*(《传统的发明》). Cambridge: Cambridge University Press.

Hochschild, Arlie. 1990. *The Second Shift: Working Parents and the Revolution at Home*(《第二次转变:在职父母与家庭革命》). New York: Avon Books.

Hong, Sae Young and Gum Ja Kim. 2010. "A Study of the Acculturation Meaning among Chinese-Chosun Residential Care Attendants in Long-Term Care Settings"(《长期护理环境下中国朝鲜族住院看护人的文

化适应意义研究》)(in Korean). *Journal of the Korea Gerontological Society*(《韩国老年学会杂志》)30(4):1263－1280.

Hughes, Theodore. 2014. *Literature and Film in Cold War South Korea: Freedom's Frontier*(《冷战时期韩国的文学与电影:自由的前沿》). New York: Columbia University Press.

Humphries, J. 1982. "Class Struggle and the Persistence of the Working-Class Family"(《阶级斗争与工人阶级家庭的坚守》). Anthony Giddens and David Held, eds. *Classes, Power, and Conflict*(《阶级、权力与冲突》), pp. 470－490. Berkeley: University of California Press.

Huntington, Samuel. 1968. *Political Order in Changing Societies*(《社会变迁中的政治秩序》). New Haven: Yale University Press.

Hwang, Yeojung. 2013. "The Stress of Students"(《学生的压力》)(in Korean). Rok National Statistical Office, ed. *Korean Social Trends 2013*(《2013 年韩国社会趋势》), pp. 119－216.

Hyundai Economic Research Institute. 2017. "A Questionaire Survey on Citizens' Perception about the Class Upward Mobility Ladder"(《公民对阶级向上流动阶梯看法的问卷调查》)(in Korean). Special survey report.

Im, Dong-Jin and Park Jin-kyeong. 2012. "An Empirical Study of Policy Participants' Attitude and Preference on the Multiculturalism and the Multicultural Policy in Korea: Focused on Public Servants, Service Providers, Experts"(《韩国政策参与者对多文化主义与多文化政策态度和偏好的实证研究:以公务员、服务提供者、专家为中心》)(in Korean). *Journal of the Korean Association of Policy Sciences*(《韩国政策科学学会杂

志》)16(2):29－62.

Im, Heui-Sook. 2000. “The Hereditary Succession Problem of South Korean Churches and Its Feminist Theological Critique”(《韩国教会的世袭继承问题及其女性主义神学批判》)(in Korean). *Korean Feminist Theology*(《韩国女性主义神学》)43(2000/9):93－107.

Isin, Engin F. and Bryan S. Turner. 2007. “Investigating Citizenship: An Agenda for Citizenship Studies”(《探析公民权:公民权的研究议程》). *Citizenship Studies*(《公民权研究》)11(1):5－17.

Iwabuch, Koichi. 2002. *Recentering Globalization: Popular Culture and Japanese Transnationalism*(《重新进入全球化:大众文化与日本跨国主义》). Duke: Duke University Press.

—— 2018. “Nostalgia for a (Different) Asian Modernity: Media Consumption of ‘Asia’ in Japan”(《对(不同)亚洲现代性的怀旧:日本媒体的“亚洲”消费》). *Genius*(《天才》)(Https://genius. com/Koichi-iwabuch-nostalgia-for-a-different-asian-modernity-media-consumption-of-asia-in-japan-annotated).

Jackson, Stevi. 2015. “Modernity/Modernities and Personal Life: Reflections on Some Theoretical Lacunae”(《现代性与个人生活:对一些理论空白的思考》). *Korean Journal of Sociology*(《韩国社会学杂志》)49(3):1－20.

Jameson, Fredric and Masao Miyoshi, eds. 1998. *The Cultures of Globalization*(《全球化的文化》). Durham: Duke University Press.

Jang, Wonho and Youngsun Kim. 2013. “Envisaging the Sociocultural Dynamics of K-Pop: Time/Space Hybridity, Red Queen’s Race, and

Cosmopolitan Striving"(《K-Pop 的社会文化动态设想:时空混合、红皇后的种族与世界性抗争》). *Korea Journal*(《韩国杂志》)53(3): 83 - 106.

Jeon, Jae-Ho. 1999. "Nationalism in the Park Chung-Hee Regime (1961 - 1979): The Change of Discourse and its Cause"(《朴正熙政权的民族主义(1961—1979):话语的变迁及其原因》)(in Korean). *Journal of the Korean political Science Association*(《韩国政治科学学会杂志》) 32(4): 89 - 109.

Jeong, Jin-sang. 1995. "The Dismantlement of the Social Estates during the Liberation Periods: A Case Study of Two Villages in Jinyang-gun"(《解放时期社会身份的解体:以晋阳郡两个村庄为例》)(in Korean). *Social Science Research*(《社会科学研究》)13(1): 331 - 351.

Ji, Joo Hyoung. 2011. *The Origin and Formation of Neoliberalism in South Korea*(《韩国新自由主义的起源与形成》)(in Korean). Seoul: Book World.

Jones, Gavin, Paulin Tay Straughan, and Angelique Chan, eds. 2009. *Ultra-Low Fertility in Pacific Asia: Trends, Causes and Policy Issues*(《亚太地区超低生育率:趋势、原因和政策问题》). London: Routledge.

Joo, Jeongsuk. 2011. "Transnationalization of Korean Popular Culture and the Rise of 'Pop Nationalism' in Korea"(《韩国大众文化的跨国化与"大众文化民族主义"在韩国的兴起》). *Journal of Popular Culture*(《大众文化杂志》)44(3): 489 - 504.

*Joongang Ilbo*(《中央日报》)(www.joins.com)

Jun, Kwang-Hee. 1996. "The Fertility Adaptation Process of Rural-to-Urban Migrant Residents: An Analysis of Life History Data"(《移居城市的

农村人口的生育适应过程:生命历程数据分析》)(in Korean). *Journal of Institute for Social Sciences*(《社会科学研究所杂志》)7: 39 – 59.

Jung, In Sook. 2017. "The Ideology and Reality of Arm's Length Principle in Culture/Arts Funding Policy: Focused on the Blacklist Case"(《文化/艺术资助政策中公平原则的思想与现实:以黑名单案例为中心》)(in Korean), *Journal of Communication Research* (《言论信息研究》) 54(3): 7 – 40.

Kang, Jiyeon and Nancy Abelmann. 2011. "The Domestication of South Korean Pre-College Study abroad in the First Decade of the Millennium"(《千禧年后10年中韩国大学预科留学的本土化》). *Journal of Korean Studies*(《韩国研究杂志》)16(1): 89 – 118.

Kang, Myung Hun. 1996. *The Korean Business Conglomerate: Chaebol Then and Now*(《韩国的企业集团:财阀的过去与现在》). Berkeley: Institute of Asian Studies, University of California.

Kang, Myung Koo. 1999. "Postmodern Consumer Culture without Postmodernity: Copying the Crisis of Signification"(《没有后现代性的后现代消费文化:复制意义化危机》). *Cultural Studies*(《文化研究》) 13(1): 18 – 33.

—— 2011. "Compressed Modernization and the Formation of a Developmentalist Mentalite"(《压缩现代化与发展主义心态的形成》). Hyung A. Kim and Clark W. Sorensen, eds. *Reassessing the Park Chung Hee Era, 1961 – 1979: Development, Political Thought, Democracy, and Cultural Influence*(《重新评价朴正熙时代,1961—1979:发展、政治思想、民主主义与文化影响》), pp. 166 – 186. Seattle: University of Washington

Press.

Kariya, Takehiko. 2013. *Education Reform and Social Class in Japan: The Emerging Incentive Divide*(《日本教育改革与社会阶层:激励鸿沟的涌现》). London: Routledge.

KBS. 2020. "Six O'Clock My Home Village"(《6点钟我的家乡》)(Yeoseotsi Naegohyang; http://program.kbs.co.kr/1tv/culture/sixhour/pc/index.html).

Keblinska, Julia. 2017. "Mediated Nostalgia: Touching the Past in Reply 1994"(《媒体怀旧:回眸1994》). *Journal of Japanese and Korean Cinema*(《日本和韩国电影杂志》)9(2): 124 – 140.

Ki, Kwang-Soe. 2012. "A Study on Land Reform in South Korea during the Korean War"(《朝鲜战争时期韩国土地改革研究》)(in Korean). *Studies in Korean Early Modern and Contemporary History*(《韩国近现代史研究》)62: 7 – 32.

Kim, Bong-Hwan. 2009. "Career Guidance Tasks for Unbalanced Preferences of Youth for Certain Vocations"(《青年职业偏好失衡的职业指导任务》)(in Korean). *Career Education Studies*(《职业教育研究》)22(4): 63 – 83.

Kim, Chang-Nam. 2014. *Understanding of Popular Culture*(《大众文化的理解》)(in Korean). Seoul Hanul Academy.

Kim, Chin-Wan. 2017. "Children's Education Prior to Old-Age Preparation? Old-Age Measure vs. Children's Education Expenses"(《儿童教育先于老年准备?对比老年衡量标准和儿童教育费用》)(in Korean). *Life and Talk*(《生活与谈话》), December 4 2017 (https://

www. lifentalk. com/1635).

Kim, Dokyun. 2015. "The Duality of Self-Employment Debt and Its Increase after the Exchange Crisis"(《自营职业债务的二元性及其在外汇危机后的增长》) (in Korean). *Economy and Society*(《经济与社会》) 108: 73 - 107.

Kim, Dong-Choon. 1997. *National Division and Korean Society*(《民族分裂与韩国社会》) (in Korean). Seoul: Yeoksabipyongsa.

——2002. "Confucianism and Korean Familialism: Is Familialism a Product of Confucian Values?"(《儒家与韩国家庭主义:家庭主义是儒家价值观的产物吗?》) (in Korean). *Economy and Society*(《经济与社会》) 55: 93 - 118.

——2018. "Anti-Communist Liberalism as an Origin of the Korean-Style Neo-Liberalism: Continuity of Anti-Communist and Developmental State to Neo-Liberalism"(《作为韩国新自由主义起源的反共自由主义:反共发展国家对新自由主义的延续》) (in Korean). *Economy and Society*(《经济与社会》)118: 240 - 276.

——2020. *South Koreans' Energy, Familialism: Family as Protective Shield for Individuals and Scaffolding for Status Rise*(《韩国人的能量,家庭主义:家庭作为个人的保护盾和地位提升的脚手架》)(in Korean). Seoul: Pieona.

Kim, Dong-No. 2007. "Colonial Modernity and Transformation of Peasant Movement during the Colonial Period"(《殖民地现代性与殖民时期农民运动的转向》) (in Korean). *Korean Journal of Sociology*(《韩国社会学杂志》)41(1): 194 - 220.

—— 2010. "Nationalism and Political Strategy of Korean Political Leaders: A Comparison of Park Chung-hee and Kim Dae-jung"(《民族主义与韩国政治领袖的政治战略:朴正熙与金大中比较》) (in Korean). *Phenomenon and Recollection*(《现象与回忆》)111(2010/9): 203－224.

Kim, Doo-Sub. 2005. "Theoretical Explanations of Rapid Fertility Decline in Korea"(《韩国生育率快速下降的理论解释》). *Japanese Journal of Population*(《日本人口学杂志》)3(1): 1－25.

Kim, Han-Sang. 2013. "Cold War and the Contested Identity Formation of Korean Filmmakers: On Boxes of Death and Kim Ki-yong's USIS Films"(《冷战与韩国电影人的竞争性身份认同形成:论死亡盒子与金绮泳的USIS电影》). *Inter-Asia Cultural Studies*(《亚洲文化研究》) 14(4): 551－563.

Kim, Hee Joo, Jong Hee Kwon, and Hyeong Suk Choi. 2012. "A Case Study on Discrimination Experienced by Unmarried Mother"(《未婚母亲遭受歧视的个案研究》)(in Korean). *Korean Journal of Family Welfare*(《韩国家庭福利杂志》)36: 121－155.

Kim, Hee Kyung. 2017. *The Strange Normal Family: Imagining Autonomous Individual and Open Community*(《奇怪的正常家庭:想像自主的个人与开放的共同体》)(in Korean). Seoul: Dongasia.

Kim, Hung-Ju. 1992. "The Realities of Agricultural Labor and the Family Problems of peasants at the Current Stage"(《现阶段农业劳动力的现实与农民的家庭问题》) (in Korean). *Rural Society*(《农村社会》)2: 85－144.

Kim, Hyewon. 2018. "Domesticating Hedwig: Neoliberal Global

Capitalism and Compression in South Korean Musical Theater"(《国产化海德薇:新自由主义全球资本主义与韩国音乐剧的压缩》). *Journal of Popular Culture*(《大众文化杂志》)51(2): 421-445.

Kim, Hyun-Sun. 2006. "National, Semi-National, and Non-National: The Principles and Process of Nation Formation in South Korea"(《民族、半民族与非民族:韩国民族形成的原则与过程》) (in Korean). *Social Research*(《社会研究》)12: 77-106.

Kim, Hyun Mee. 2012. "The Emergence of the 'Multicultural Family' and Genderized Citizenship in South Korea"(《韩国"多文化家庭"的兴起与性别化的公民权》). Chang Kyung-Sup and Bryan S. Turner, eds. *Contested Citizenship in East Asia: Developmental Politics, National Unity, and Globalization*(《东亚公民权之争:发展政治、国家统一与全球化》), pp. 203-217. London: Routledge.

——2014. "The State and Migrant Women: Diverging Hopes in the Making of 'Multicultural Families'"(《国家与移民女性:建立"多文化家庭"的希望分歧》). Chang Kyung-Sup, ed. *South Korea in Transition: Politics and Culture of Citizenship*(《转型中的韩国:公民权的政治与文化》), pp. 147-160. London: Routledge.

Kim, Hyung-A. 2004. *Korea's Development under Park Chung Hee: Rapid Industrialization, 1961-79*(《朴正熙领导下的韩国发展:1961—1979年的快速工业化》). London: Routledge.

Kim, Jeongseop and Lee Junghae. 2017. "The Recent Reality of Farming Return and Village Return and Its Implications"(《归农与归村的近期现实及其启示》) (in Korean). *Rural Policy Focus*(《农村政策焦

点》), number 151. Naju: Korea Rural Economic Institute.

Kim, Jongyoung. 2015. *The Ruled Ruler: Studying in the U. S. and the Birth of South Korean Elites*(《被统治的统治者:留美与韩国精英的诞生》) (in Korean). Seoul: Dolbegae.

——2019. *Hybrid Oriental Medicine*(《东方混合医学》)(in Korean). Seoul: Dolbegae.

Kim, Ju-Hee. 2015. "Financialization of Korea's Sex Industry and the 'Securitization' Process of Women's Bodies"(《韩国性产业的金融化与女性身体的"证券化"进程》)(in Korean). PhD dissertation in Department of Gender Studies, Ewha Womans' University.

Kim, Ju-Suk. 1994. *Woman and Family in the South Korean Countryside*(《韩国农村的女性与家庭》) (in Korean). Seoul: Hanul Academy.

Kim, Kyung-Dong. 2017. *Confucianism and Modernization in East Asia: Critical Reflections* (《儒家与东亚现代化:批判性思考》). Basingstoke: Palgrave Macmillan.

Kim, Kyung-Il. 1992. *The History of Labor under Japanese Imperialism* (《日本帝国主义下的劳动史》) (in Korean). Seoul: Changbi.

Kim, Myoung Soo. 2010. "Catch-up Economic Growth and Cultural Complexity in Korea"(《韩国的追赶式经济增长与文化复杂性》)(in Korean). *Review of Culture and Economy*(《文化与经济评论》) 13(2): 307 – 341.

——2018. *The Cultural Origin of South Korean Economic Development: Catchup Development, Developmental State, and Cultural Hybridity*(《韩国经

济发展的文化渊源:追赶式发展、发展国家与文化交融》)(in Korean). Seoul: Jipmundang.

Kim, Nora. 2012. "Multiculturalism and Politics of Belonging: The Puzzle of Multiculturalism in Korea"(《多文化主义与归属政治:韩国多文化主义的困惑》). *Citizenship Studies*(《公民权研究》)16(1): 103-118.

Kim, Sang-Jo. 2007. "Samsung Republic: A Government over the Government Produced from the Financial Crisis"(《三星共和国:金融危机催生的政府之上的政府》) (in Korean). *Hwanghae Review*(《黄海评论》) 56: 25-44.

Kim, Sang-Jun. 2003. "Yangbanization of the Entire Country: The Confucian Equalization Mechanism in Late Chosun"(《举国两班化:朝鲜后期儒家均衡机制》)(in Korean). *Society and History*(《社会与历史》)63: 5-29.

——2011. *Sweat of Mencius, Blood of the Sacred Kings: Confucian Civilization and Universal Human Values*(《孟子的汗水,圣王的鲜血:儒家文明与普世人类价值观》)(in Korean), Seoul: Acanet.

Kim, Seung-Kwon et al. 2010. *The 2009 National Survey Study of the Actual Conditions of Multicultural Families*(《2009年全国多文化家庭现状调查研究》) (in Korean). Ministry of Health, Welfare, and Family, Ministry of Justice, Ministry of Gender Equality, and Korea Institute for Health and Social Affaris.

Kim, Seung Kuk. 2012. "East Asian Community as Hybridization: A Quest for East Asianism"(《作为杂交体的东亚共同体:对东亚主义的探索》). Jan Nederveen Pieterse and Jongtae Kim, eds. *Globalization and*

*Development in East Asia*（《东亚的全球化与发展》）, pp. 98 – 116. London：Routledge.

Kim, Soo-Jung and Kim Eun Yi. 2008. "Media Discourse on Asian Women's International Marriage：The Korean Case"（《亚洲女性国际婚姻的媒体话语：以韩国为例》）（in Korean）. *Korean Journal of Journalism and Communication Studies*（《韩国新闻与传播研究》）43：385 – 426.

Kim, Sung-Han. 1998. *A Study of China's Land Institution History：The Gyunjeonje in the Middle Age*（《中国土地制度史研究：中世纪的均田制》）（in Korean）. Seoul：Sinseowon.

Kim, Sung-Kyung. 2017. "Juche（Self-Reliance）in North Korea"（《朝鲜的主体思想》）. *The Wiley Blackwell Encyclopedia of Social Theory*（《威利布莱克威尔社会理论百科全书》）, Volume Ⅲ. Hoboken：Wiley Blackwell（https://doi.org/10.1002/9781118430873.est0820）.

Kim, Sunhyuk, 2000. *The Politics of Democratization in Korea：The Role of Civil Society*（《韩国的民主化政治：公民社会的作用》）. Pittsburgh：University of Pittsburgh Press.

Kim, Taekyoon. 2019. *Critical International Development Studies on Korea*（《韩国批判国际发展研究》）（in Korean）. Seoul：PKBoo.

Kim, Youna. 2013. "Korean Wave Pop Culture in the Global Internet Age：Why Popular? Why Now?"（《全球互联网时代韩流大众文化：为什么流行？为什么是现在？》）Youna Kim, ed. *The Korean Wave：Korean Media Go Global*（《韩流：韩国媒体走向世界》）, pp. 75 – 92. London：Routledge.

KimGoh, Yeonju. 2013. *Our Mother, Why? Understanding Mother*

*Humanly Curious*(《我们的母亲,为什么?好奇地理解母亲》)(in Korean). Seoul: Dolbegae.

Kojima, Hiroshi. 2009. "Family Formation Behaviors of Couples in International Marriages: A Comparative Analysis of Japan and Taiwan"(《国际婚姻中夫妻的家庭形成行为:日本与中国台湾的比较分析》). Hong-Zen Wang and Hsin-Huang Michael Hsiao, eds. *Cross-Border marriages with Asian Characteristics*(《具有亚洲特色的跨境婚姻》), pp. 107 – 146. Taipei: Center for Asia-Pacific Area Studies, Academia Sinica.

Kong, Jung-Ja. 1990. "The Marriage Patterns of Chaebol Families"(《财阀家族的婚姻模式》)(in Korean). Women's Research Group on Korean Society, ed. *A Study of the Korean family*(《韩国家庭研究》), pp. 37 – 59. Seoul: Kachi.

Kong, Suk-Ki. 2012. "Politics of Cosmopolitan Citizenship: The Korean Engagement in the Global Justice Movements"(《世界性公民权的政治:韩国参与全球正义运动》). *Citizenship Studies*(《公民权研究》) 16(1): 69 – 84.

Kong, Tat Yan. 2000. *The Politics of Economic Reform in South Korea: A Fragile Miracle*(《韩国经济改革的政治:一个脆弱的奇迹》). London: Routledge.

——2012. "Neoliberal Restructuring in South Korea Before and After the Crisis"(《危机前后韩国的新自由主义结构调整》). Chang Kyung-Sup, Ben Fine, and Linda Weiss, eds. *Developmental Politics in Transition: The Neoliberal Era and Beyond*(《转型中的发展政治:新自由主义时代及以后》), pp. 235 – 253. Basingstoke: Palgrave Macmillan.

Koo, Hagen. 1993. "Strong State and Contentious Society"(《强势国家与争鸣社会》). Hagen Koo, ed. *State and Society in Contemporary Korea*(《当代韩国的国家与社会》), pp. 231 - 249. Ithaca: Cornell University Press.

—— 2001. *Korean Workers: The Culture and Politics of Class Formation*(《韩国工人:阶级形成的文化和政治》). Ithaca: Cornell University Press.

—— 2016. "The Global Middle Class: How Is It Made, What Does It Represent?"(《全球中产阶级:它如何被制造,它代表着什么?》) *Globalizations*(《全球化》) 13(4): 440 - 453.

*Korean Economic Daily*(《韩国经济日报》)(www. hankyung. com).

Korea Higher Education Research Institue (KHEI). 2014. "57% of the Overseas Doctoral Degrees between 1945 and 2013 Are American Degrees"(《1945 年至 2013 年间,海外博士学位中的 57% 为美国学位》)(in Korean). Press release based upon the Ministry of Education data (http://khei. re. kr/post/2099).

Korea Statistical Information System (KOSIS). (http//kosis. kr).

Korea Statistical Office (KSO) 2020. "The Tentative Result of Birth and Death Statistics in the Survey of Population Changes in 2019"(《2019 年人口变化调查中出生和死亡统计的初步结果》)(in Korean). Media brief.

Korean Family Studies Research Group (KFSRG). 1992. *The Family Problems of Urban Low-Income Groups*(《城市低收入人群的家庭问题》)(in Korean). Seoul: Hau.

Kornai, Jans. 1992. *The Socialist System: The Political Economy of Communism*(《社会主义体制:共产主义政治经济学》). Oxford: Oxford University Press.

Kung, I-Chun. 2009. "The Politics of International Marriages: Vietnamese Brides in Taiwan"(《国际婚姻的政治:中国台湾的越南新娘》). Hong-Zen Wang and Hsin-Huang Michael Hsial, eds. *Cross-Border Marriages with Asian Characteristics*(《具有亚洲特色的跨境婚姻》), pp. 177 – 188. Taipei: Center for Asia-Pacific Area Studies, Academia Sinica.

Kwon, Tai Hwan. 1977. *Demography of Korea: Population Change and Its Components, 1925 – 66*(《韩国人口:人口变化及其组成,1925—1966》). Seoul: Seoul National University Press.

—— 2003. "Demographic Trends and Their Social Implications"(《人口趋势及其社会影响》). *Social Indicators Research*(《社会指标研究》) 62/63: 19 – 38.

*Kyunghyang Shinmun*(《京乡新闻》)(www. khan. co. kr).

Lan, Pei-Chia. 2014. "Compressed Modernity and Glocal Entanglement: The Contested Transformation of Parenting Discourses in Taiwan"(《压缩现代性与全球本地化缠混:台湾育儿话语的争议性转型》). *Current Sociology*(《当代社会学》)62(4): 531 – 549.

—— 2016. "Compressed Parenthood in Taiwan"(《台湾的亲子关系》). *Global Dialogue: Newsletter for the International Sociological Association*(《全球对话:国际社会学学会通讯》), vol 6, no. 2 (June) (http://isa-global-dialogue. net/compressed-parenthood-in-taiwan/).

Laslett, Barbara and Johanna Brenner. 1989. "Gender and Social

Reproduction: Historical Perspectives"(《性别与社会再生产:历史视角》). *Annual Review of Sociology*(《社会学年度评论》)15: 381－404.

Latour, Bruno. 1993. *We Have Never Been Modern*(《我们从未现代过》), translated by Catherine Porter. Cambridge: Harvard University Press.

——2005. *Reassembling the Social: An Introduction to Actor-Network Theory*(《重组社会:行为者网络理论导论》). Oxford: Oxford University Press.

Lee, Bong-Beom. 2015. "The Cold War and the Aid, the Dynamism of the Construction of the Cold War Culture during the Aid Age: The Aid from American Private Foundations and Korean Culture in 1950s-60s"(《冷战与援助,援助时代冷战文化建构的活力:美国私人基金会的援助与20世纪50—60年代的韩国文化》)(in Korean). *Korean Studies*(《韩国研究》)39: 221－276.

Lee, Cheol-Sung. 2019. *The Generation of Inequality: Who Has Made South Korean Society Unequal*(《不平等的产生:是谁让韩国社会变得不平等》)(in Korean). Seoul: Munhakgwajiseongsa.

Lee, Chul-Woo. 2014. "How Can You Say You're Korean? Law, Governmentality, and National Membership in South Korea"(《你怎么能说你是韩国人? 韩国的法律、治理与国民身份》). Chang Kyung-Sup, ed. *South Korea in Transition: Politics and Culture of Citizenship*(《转型中的韩国:公民权的政治与文化》), pp. 93－110. London: Routledge.

Lee, Deuk-Jae. 2001. *Familialism Is Savage*(《家庭主义是野蛮的》)(in Korean). Goyang: Sonamu.

Lee, Hee Jae. 2011. "The Nature of the Change in the Confucian Rituals during the Japanese Colonial Occupation Period: Focusing on Family Rituals in 'The Standard Rules of Rituals' in the 1930s"(《日本殖民占领时期儒家礼制的本质:以 20 世纪 30 年代"礼制规范"中的家庭礼制为中心》) (in Korean). *Japan Studies*(《日本研究》)15: 565 - 584.

Lee, Hyeon Jung. 2012. "'The Parent-Child Suicide Pact' and the Concept of the Family in East Asia: A Cross-Cultural Approach of South Korea, China, and Japan"(《"亲子自杀契约"与东亚家庭观念:韩国、中国、日本跨文化视角》)(in Korean). *Korean Studies*(《韩国研究》)40: 187 - 227.

Lee, Hyun-jin. 2009. *The American Economic Aid Policy to the Republic of Korea, 1948 - 1960*(《美国对韩国的经济援助政策,1948—1960》)(in Korean). Seoul: Hyean.

Lee, Kwang-Kyu. 1990. *Family and Clan in Korea*(《韩国的家族与宗亲》)(in Korean). Seoul: Mineumsa.

Lee, Keehyeung. 2004. "Speak Memory! Morae Sigye and the Politics of Social Melodrama in Contemporary South Korea"(《说出记忆! 沙漏与当代韩国社会旋律剧政治》). *Cultural Studies, Critical Methodologies*(《文化研究,批判方法论》)4(4): 526 - 539.

Lee, Sang-Young, Noh Yong-Hwan, and Lee Gi-Ju. 2012. "Policy Issues and Directions for a Rapid Increase in Suicides in Korea"(《韩国自杀人数迅速增加的政策问题和方向》) (in Korean). KIHASA Research Report 2012 - 64. Seoul: Korea Institute for Health and Social Affairs.

Lee, Sophia Seung-Yoon, Baek Seung Ho, Kim Migyoung, and Kim

Yoon Young. 2017. "Analysis of Precariousness in Korean Youth Labour Market"(《韩国青年劳动力市场的不稳定性分析》)(in Korean). *Journal of Critical Social Policy*(《批判社会政策杂志》)54: 487 - 521.

Lee, Young Boon, Yong Woo Lee, Hee Jung Choi, Hwa Young Lee. 2011. "An Explorative Study on Coresident Adult Children in Korea"(《对韩国的成人子女的探索性研究》)(in Korean). *Korean Journal of Family Welfare*(《韩国家庭福利杂志》)31:5 - 30.

Lew, Seok-Choon. 2013. *The Korean Economic Developmental Path: Confucian Tradition, Affective Network*(《韩国经济发展道路:儒家传统、情感网络》). Basingstoke: Palgrave Macmillan.

Lewis, W. Arthur. 1954. "Economic Development with Unlimited Supplies of Labour"(《劳动力无限供给下的经济发展》). *Manchester School of Economics and Social Studies*(《曼彻斯特经济与社会研究学院》) 22(1): 139 - 191.

Lie, John. 1998. *Han Unbound: The Political Economy of South Korea* (《未绑定的 Han:韩国的政治经济学》). Stanford: Stanford University Press.

——2012, "What is the K in K-pop? South Korean Popular Music, the Culture Industry, and National Identity"(《K-pop 中的 K 是什么? 韩国的流行音乐、文化产业与民族认同》). *Korea Observer* (《韩国观察家》) 43(3): 339 - 363.

Lim, Hyun-Chin. 1986. *Dependent Development in Korea, 1963 - 1979* (《韩国的依赖型发展,1963— 1979》). Seoul: Seoul National University Press.

Lim, Sungyun. 2019. *Rules of the House: Family Law and Domestic Disputes in Colonial Korea*(《家规:殖民地韩国的家庭法与家庭纠纷》). Berkeley: University of California Press.

Lipton, Michael. 1977. *Why Poor People Stay Poor: Urban Bias in World Development*(《为什么穷人依然贫穷:世界发展中的城市偏好》). Cambridge: Harvard University Press.

Lyotard, Jean-Francois. [1979] 1984. *The Postmodern Condition: A Report on Knowledge* (《后现代状况:一份关于知识的报告》). Minneapolis: University of Minnesota Press.

Martin-Hones, David. 2007. "Decompressing Modernity: South Korean Time Travel Narratives and the IMF Crisis"(《解压现代性:韩国时间旅行叙事与国际货币基金组织危机》). *Cinema Journal*(《电影杂志》) 46(4):45-67.

Marx, Karl and Frederick Engels. [1845-46] 1970. *The German Ideology*(《德意志意识形态》). New York: International Publishers.

Masina, Pietro. 2006. *Vietnam's Development Strategies*(《越南的发展战略》). London: Routledge.

McDonald, Peter. 2009. "Explanations of Low Fertility in East Asia: A Comparative Perspective"(《东亚低生育率的解释:一种比较的视角》). Gavin Jones, Paulin Tay Straughan, and Angelique Chan, eds. *Ultra-Low Fertility in Pacific Asia: Trends, Causes and Policy Issues*(《亚太地区超低生育率:趋势、原因和政策问题》), pp. 23-39. London: Routledge.

MBC (Munhwa Broadcasting Corporation). 2012. "The Dark Side of

Aging in Japan, ‘Killing by Illness Caregiver’ – More Than 236 Cases for 10 Years"(《日本老龄化的黑暗面,"被疾病患者陪护杀害"——10年来超过236例》),May 18, 2012.

*Media Today* (《今日传媒》)(www.mediatoday.co.kr).

Meillassoux, Claude. 1981. *Maidens, Meal and Money: Capitalism and the Domestic Community*(《少女、膳食与金钱:资本主义与家庭共同体》). New York: Cambridge University Press.

Minjushinnum. 2011. "‘I Sell My Kidney Because of No Money for Food’: The Reality of Internet ‘Illegal Trade of Human Organs’"(《"我卖肾是因为没钱买食物":互联网"人体器官非法交易"的现实》)(in Korean), August 23, 2011 (http://www.iminju.net/news/articleView.html? idxno=3391).

Mittelman, James H. 2000. *The Globalization Syndrome: Transformation and Resistance* (《全球化综合征:转型与反抗》). Princeton: Princeton University Press.

Mittelman, James H. and Noranio Othman, eds. 2001. *Capturing Globalization*(《捕捉全球化》). London: Routledge.

Mobrand, Erik. 2019. *Top-Down Democracy in South Korea*(《韩国自上而下的民主》). Seattle: University of Washington Press.

Moon, Seung-Sook. 2012. "Local Meanings and Lived Experiences of Citizenship: Voices from a Women's Organization in South Korea"(《公民权的地方意义和生活经验:来自韩国一个女性组织的声音》). *Citizenship Studies*(《公民权研究》)16(1): 49–68.

Morris, P. and A. Sweeting, eds. 1995. *Education and Development in*

*East Asia*(《东亚的教育与发展》). New York: Garland.

National Archives of Korea (http://theme.archives.go.kr/next/koreaOfRecord/charterNaEdu.do).

National Statistical Office(NSO), Republic of Korea. 1996. *Changes in Social and Economic Indicators since Liberation*(《解放以来社会经济指标的变化》)(in Korean).

—— 1998. *Economic and Social Change in the Fifty Years of the Republic of Korea Seen through Statistics*(《从统计看韩国50年的经济和社会变化》)(in Korean).

—— 2020. *The Statistical Yearbook on Population Dynamics 2019*(《2019年人口统计年鉴》)(http://www.index.go.kr/potal/stts/idxMain/selectPoSttsIdxSearch.do? idx_cd=2430).

Nelson, Laura C. 2000. *Measured Excess: Status, Gender, and Consumer Nationalism in South Korea*(《衡量过度:韩国的地位、性别与消费者民族主义》). New York: Columbia University Press.

*New York Times* (《纽约时报》)(www.nytimes.com).

Noh, Si-Pyeong. 2008. "Polifessor and Think Tank"(《政治化教授与智囊团》) (in Korean). *Korean Administration Forum*(《韩国行政论坛》) 122(2008/6): 65-72.

Ochiai, Emiko. 2010. "Reconstruction of Intimate and Public Spheres in Asian Modernity: Familialism and Beyond"(《亚洲现代性中亲密与公共领域的重建:家庭主义及以后》). *Journal of Intimate and Public Spheres*(《亲密与公共领域杂志》)(pilot issue): 1-22.

—— 2011. "Unsustainable Societies: The Failure of Familialism in

East Asia's Compressed Modernity"(《不可持续的社会:东亚压缩现代性中家庭主义的失败》). *Historical Social Research*(《历史社会研究》) 36(2): 219-245.

—— 2014. "Care Diamonds and Welfare Regimes in East and Southeast Asian Societies"(《护理钻石与东亚和东南亚社会的福利制度》). Ochiai Emiko and Hosoya Leo Aoi, eds. *Transformation of the Intimate and the Public in Asian Modernity*(《亚洲现代性中亲密与公共领域的转型》), pp. 164-189. Leiden: Brill.

Ochiai, Emiko and Hosoya Leo Aoi, eds. 2014. *Transformation of the Intimate and the Public in Asian Modernity*(《亚洲现代性中亲密与公共领域的转型》). Leiden: Brill.

Oh, Je Yeon. 2007. "Nationalism Separation between Park Chung-Hee Regime and University Students in Early 1960's: With Focus on 'Nationalistic Democracy'"(《20世纪60年代早期朴正熙政权与大学生之间的民族主义分离:以"民族民主"为中心》) (in Korean). *Memory and Prospect*(《记忆与展望》) 16: 285-323.

Ohmynews. 2007. "Chaebol-Affiliated Research Institutes, Supporting Subsidiary Companies with Research Reports?"(《财阀附属研究机构,支持子公司提供研究报告?》) (in Korean). September 24, 2007.

——2016. "Multiculturals, Raise Your Hands"(《多文化,举手》) (in Korean), August 11, 2016.

——2017. "Inequality Revolved by Change in the Wage System? A Strange Logic of the Chaebol-Affiliated Economic Research Insititute"(《工资制度的变化改变了不平等? 财阀附属经济研究所的一个奇怪逻辑》)

(in Korean), July 4, 2017.

Organisation for Economic Cooperation and Development (OECD). 2011, 2019. *Education at a Glance: OECD Indicators*(《教育概览:经合组织指标》). Paris: OECD (https://data.oecd.org/eduatt/population-with-tertiary-education.htm).

——2019. *OECD Employment Outlook 2019*(《经合组织2019年就业展望》). Paris: OECD (https://data.oecd.org/eduatt/population-with-teritary-education.htm).

——2020a. "OECD Data: Population with Tertiary Education"(《经合组织数据:具有高等教育学历的人口》)(https://stats.oecd.org/Index.aspx? DataSetCode=SOCX_AGG).

——2020b. "OECD Data: Social Expenditure-Aggregated Data"(《经合组织数据:社会支出-合计数据》)(https://data.oecd.org/eduatt/population-with-tertiary-education.htm).

Orta, Andrew. 1999. "Syncretic Subjects and Body Politics: Doubleness, Personhood, and Aymara Catechists"(《融合主体与身体政治:双重性、个性与艾马拉盘问者》). *American Ethnologist*(《美国民族学家》) 26(4): 864-889.

Overseas Koreans Foundation. 2020. "World Korean Business Convention (Segyehansangdaehoe)"(《世界韩商大会》)(http://www.hansang.net/portal/PortalView.do).

Paik, Peter Y. 2012. "South Korean Cinema and the Experience of Compressed Modernity"(《韩国电影与压缩现代性体验》), Presented at the Conference on "World Cinemas, Global Networks"(世界电影,全球网

络）, Center for International Education, University of Wisconsin-Milwaukee, April 29, 2012.

Park, Chai Bin and Nam-Hoon Cho. 1995. "Consequences of Son Preference in a Low-Fertility Society: Imbalance of the Sex Ratio at Birth in Korea"(《低生育率社会重男轻女的后果:韩国出生性别比例失衡》). *Population and Development Review*(《人口与发展评论》)21(1): 59-84.

Park, Chan-su. 2016. "'Born in 1986', NL is Presently Ongoing"(《"1986年出生", NL正在进行中》)(in Korean). *Hankyoreh*(《韩民族日报》), April 29, 2016.

Park, Hee. 2014. "Multiple Modernities and the Discourses on Confucian Modernization in East Asia"(《多重现代性与东亚儒家现代化话语》)(in Korean). *Journal of Asian Studies*(《亚洲研究杂志》)17(2): 113-151.

Park, Kangwoo. 2014. "The College Wage Premium in Korea. 1975-2011: A Supply and Demand Factor Decomposition"(《韩国的大学工资溢价,1975—2011:供需因素分解》) (in Korean). *Journal of Industrial Economics and Business*(《工业经济与商业杂志》)27(1): 477-505.

Park, Keong-Suk. 2003. *Aging Society, An Already Realized Future*(《老龄化社会,一个已经实现的未来》)(in Korean). Seoul: Euiam Publishing.

——2007. "Meaning of the Discourses of Filial Piety Law in a Moral and Political Economy"(《孝道法话语在道德政治经济学中的意义》)(in Korean). *Journal of the Korean Family Studies Association*(《韩国家庭研究学会杂志》)19(3): 31-52.

Park, Mee-Hae. 1991. "Patterns and Trends of Educational Mating in Korea"(《韩国教育配对的模式与趋势》). *Korea Journal of Population and Development*(《韩国人口发展杂志》)20(2): 1-16.

Park, Myoung-Kyu and Chang Kyung-Sup. 1999. "Sociology between Western Theory and Korean Reality: Accommodation, Tension, and a Search for Alternatives"(《西方理论与韩国现实之间的社会学:调和、紧张与寻找替代》). *International Sociology*(《国际社会学》)14(2): 139-156.

Park, Myung-Lim. 1996. *Outbreak and Origins of the Korean War*(《朝鲜战争的爆发与起源》)(in Korean). Seoul: Nanam Publishers.

Park, Seung-Gwan and Chang Kyung-Sup. 2001. *Media Power and Agenda Dynamics* (《媒体力量与议程动态》) (in Korean). Seoul: Communication Books.

Park, Tae Gyun. 2008. "The First Korean Government and the U. S. in 1948"(《1948 年第一届韩国政府与美国》)(in Korean). *Citizen and the World*(《公民与世界》) 14: 95-109.

Parsons, Talcott and Neil Smelser. 1956. *Economy and Society*(《经济与社会》). New York: Free Press.

Piao, Kuangxing. 2006. "Labor Flux of Korean Chinese and Social Changes in Global Era"(《全球化时代朝鲜族劳动力的流动与社会变迁》) (in Korean). PhD dissertation, Department of Sociology, Seoul National University.

Pieterse, Jan Nederveen. 1994. "Globalization as Hybridisation"(《全球化作为杂交化》). *International Sociology*(《国际社会学》)9(2): 161-184.

Preston, Samuel and Shigemi Kono. 1988. "Trends in Well-Being of Children and the Elderly in Japan"(《日本儿童和老年人的幸福发展趋势》). Diana Palmer, John Logan Palmer, and Timothy M. Smeeding, eds. *The Vulnerable*(《弱势群体》), pp. 277 - 307. Washington, DC: Urban Institute Press.

Rajkai, Zsombor, ed. 2016. *Family and Social Change in Socialist and Post-Socialist Societies*(《社会主义和后社会主义社会中的家庭与社会变革》). Leiden: Brill.

Redding, S. Gordon. 1990. *The Spirit of Chinese Capitalism*(《中国的资本主义精神》). Berlin: Walter de Gruyter.

Regatieri, Ricardo Pagliuso. 2017. "Development and Dream: On the Dynamics of K-Pop in Brazil"(《发展与梦想:论巴西 K-Pop 的动态》). *Development and Society*(《发展与社会》)46(3): 505 - 522.

Republic of Korea. 2019. "Policy Briefing"(《政策简报》)(in Korean), February 27, 2019 (http://www.korea.kr/news/policyBriefingView.do? newsId=156319329).

Rhyu, Mina. 2005. "'Collaboration and Frustration' to Japanese Colonial Government: Focusing on the Relationship of Kyonghagwon, Hyangyo and Munmyo"(《对日本殖民政府的"合作与失败":以经学院、乡校、文庙关系为中心》)(in Korean). *Korean Culture*(《韩国文化》)36: 157 - 191.

Riskin, Carl. 1987. *China's Political Economy: The Quest for Development since* 1949(《中国的政治经济学:1949 年以来的发展探索》). Oxford: Oxford University Press.

Rostow, W. W. 1959. "The Stages of Economic Growth"(《经济增长阶段》). *Economic History Review*(《经济史评论》)12(1): 1–16.

Ryoo, Woongjae. 2008. "Globalization, or the Logic of Cultural Hybridization: The Case of the Korean Wave"(《全球化,还是文化混合的逻辑:以韩流为例》). *Asian Journal of Communication*(《亚洲传播杂志》)19(2): 137–151.

Safa, Helen Icken, ed. 1982. *Towards A Political Economy of Urbanization in Third World Countries*(《走向第三世界国家城市化的政治经济学》). Delhi: Oxford University Press.

Said, Edward. 1978. *Orientalism: Western Conceptions of the Orient*(《东方学》). New York: Pantheon.

SBS (www.sbs.co.kr).

Schein, Louisa. 1997. "Gender and Internal Orientalism in China"(《中国的性别与内部东方主义》). *Modern China*(《现代中国》)23(1): 69–98.

Schmid, Andre. 2010. "Colonialism and the 'Korea Problem' in the Historiography of Modern Japan: A Review Article"(《殖民主义与近代日本史学中的朝鲜问题综述》). *Journal of Asian Studies*(《亚洲研究杂志》)59(4): 951–976.

Schwab, Klaus. 2017. *The Fourth Industrial Revolution*(《第四次工业革命》). New York: Penguin.

*Segyeilbo* (《世界日报》)(https://www.segye.com).

Selden, Mark. 1971. *The Yenan Way in Revolutionary China*(《革命中的中国:延安道路》). Cambridge: Harvard University Press.

Seok, Sang-Hoon. 2013. "An Analysis of the Current Conditions and Causes of Elderly People's Poverty and Income Inequality"(《老年人贫困与收入不平等的现状及原因分析》)(in Korean). Research report. Seoul: Korean Employment Information Service.

Seol, Dong-Hoon. 2014. "The Citizenship of Foreign Workers: Stratified Formation, Fragmented Evolution"(《外籍劳工的公民权:分层式形成、碎片式进化》). Chang Kyung-Sup, ed. *South Korea in Transition: Politics and Culture of Citizenship*(《转型中的韩国:公民权的政治与文化》), pp. 131-146. London: Routledge.

Seoul Economic Daily (SED). 1991. *Chaebol and Gabol: Korean High Society Seen Through Marriage Network*(《财阀与家阀:从婚姻网络看韩国上流社会》)(in Korean). Seoul: Jisiksanupsa.

Seoul National University. 1996. *The Fifty-Year History of Seoul National University, 1946-1996, Volumes 1 and 2*(《首尔国立大学五十年史,1946—1996》,第一卷和第二卷)(in Korean). Seoul: Seoul National University Press.

Seoul Times. 2018. "'Hey, Multicultural' … the Homeroom Teacher Calls My Friend like This"(《"嘿,多文化"……班主任这样叫我的朋友》)(in Korean), July 30, 2018.

Seth, Michael. 2002. *Education Fever: Society, Politics, and the Pursuit of Schooling in South Korea*(《教育热:韩国的社会、政治与教育追求》). Honolulu: University of Hawaii Press.

——2012. "Education Zeal, State Control and Citizenship in South Korea"(《韩国的教育热、国家控制与公民权》). *Citizenship Studies*(《公

民权研究》)16(1):13－28.

SEVIS. 2020. “U. S. Student and Exchange Visitor Program”(《美国学生和交流访问项目》)(www. ice. gov/sevis/).

Shibata, Haruka. 2009. “The Gap between Social Policy Modernization and Lifestyle Modernization in Compressed Modernity: Cross-National Time-Series Analyses of Social Spending and Total Fertility Rate on 30 Western and Asian Countries, 1990－2007”(《压缩现代性中社会政策现代化与生活方式现代化的差距:1990—2007年30个西方与亚洲国家社会支出与总生育率的跨国家时间序列分析》). Presented at the International Conference on “Compressed Modernity and Social Policy: Gross-National Time-Series Analysis on Western and Asian Countries”(压缩现代性与社会政策:西方和亚洲国家国民生产总值的时间序列分析),July 24－25, 2009, Kyoto University.

——2010. “The Possibility of Social Policy for Preventing Suicide in Compressed Modernity”(《压缩现代性下预防自杀的社会政策可能性》). Presented at the 3rd Next-Generation Global Workshop of the Kyoto University Global Center of Excellence Program on “Reconstruction of the Intimate and Public Spheres in 21st Century Asia”(21世纪亚洲亲密与公共领域的重建),December 11－12, 2010, Kyoto University.

Shim, Doobo. 2006. “Hybridity and the Rise of Korean Popular Culture in Asia”(《杂交性与韩国流行文化在亚洲的兴起》). *Media, Culture and Society*(《媒体、文化与社会》)28(1):25－44.

Shin, Gi-Wook. 1997. *Peasant Protest and Social Change in Colonial Korea*(《日据时期朝鲜的农民抗议与社会变革》). Seattle: University of

Washington Press.

—— 2006. *Ethnic Nationalism in Korea: Genealogy, Politics, and Legacy*(《韩国的民族主义:家谱、政治与遗产》). Stanford: Stanford University Press.

Shin, Kwang-Yeong. 2013. "Economic Crisis, Neoliberal Reforms, and the Rise of Precarious Work in South Korea"(《经济危机、新自由主义改革与韩国不稳定工作的兴起》). *American Behavioral Scientist*(《美国行为科学家》)57(3): 335-353.

Shin, Yong-Ha. 1994. "A Suggestion for the Development of 'Unique Korean Sociology'"(《发展"独一无二的韩国社会学"的建议》)(in Korean). *Korean Journal of Sociology*(《韩国社会学杂志》)28(1): 1-12.

—— 2001. *Ethnonational Movement and Social Movement in Early Modern Korea*(《近代早期韩国的民族运动与社会运动》)(in Korean). Seoul: Munhakgwajiseongsa.

Shorter, Edward. 1988. "Grand Theories of Family Change: Modernization Theory"(《家庭变化的宏观理论:现代化理论》). Presented at the Seminar on "Theories of Family Change"(家庭变化理论), International Union for the Scientific Study of Population (IUSSP).

Shin, Gerlinde and Hans-Werner Sinn. 1992. *Jumpstart: The Economic Unification of Germany*(《跳跃式发展:德国的经济统一》). Cambridge: MIT Pres.

Sisain (http://www.sisainlive.com).

Sohn, Byong Don. 2009. "Income Inequality of the Aged: Trends and

Factor Decomposition"(《老年人的收入不平等:趋势与因素分解》)(in Korean). *Journal of Korean Gerontological Society*(《韩国老年学学会杂志》)29(4): 1445 - 1461.

Sohn, Hee-Kwon. 2009. "Constitutional Review of the Bills for Regulating the Polifessor"(《对政治化教授法案的宪法审查》)(in Korean). *Education Issue Studies*(《教育问题研究》)35: 141 - 163.

Somerville, Jennifer. 1992. "The New Right and Family Politics"(《新右派与家庭政治》). *Economy and Society*(《经济与社会》)21(2): 93 - 128.

Song, Baek-Seok. 2007. "'Samsung Republic Phenomenon' and the Limits of the Capitalist State"(《"三星共和国现象"与资本主义国家的局限》)(in Korean). *Korean Political Science Review*(《韩国政治科学评论》)41(1): 57 - 79.

Song, Ho-Keun. 2016. "The Formation of Citizen and Civil Society in South Korea: The Deficiency in Citizenship and Excess 'National'"(《韩国公民与公民社会的形成:公民权的缺失与"国民"的过度》)(in Korean). *The Horizon of Knowledge*(《知识地平线》), volume 20 (May 2016): 1 - 19.

Suh, Jae-Jin. 1995. *Another North Korean Society: A Study of the Duality of Social Structure and Social Consciousness*(《另一个朝鲜社会:社会结构与社会意识的二元性研究》)(in Korean). Seoul: Nanam.

Suh, Jae-Jung and Mikyoung Kim, eds. 2017. *Challenges of Modernization and Governance in South Korea: The Sinking of the Sewol and Its Cause*(《韩国现代化与治理面临的挑战:"世越号"沉没及其原因》).

Basingstoke: Palgrave Macmillan.

Sung, Minkyu. 2010. "The Psychiatric Power of Neo-Liberal Citizenship: The North Korean Human Rights Crisis, North Korean Settlers, and Incompetent Citizens"(《新自由公民权的精神力量:朝鲜人权危机、朝鲜移民与无能公民》). *Citizenship Studies*(《公民权研究》)14(2): 127-144.

Task Force in Rural Policy for the New Economy Long-Term Plans, Republic of Korea. 1995. "New Economy Long-Term Plan - Programs for Task Implementation: Long-Term Plans for Agriculture, Forestry, and Fishery"(《新经济长期计划——任务执行计划:农业、林业与渔业的长期计划》)(in Korean). Policy discussion paper.

Taylor-Gooby, Peter, ed. 2004. *New Risks, New Welfare: The Transformation of the European Welfare State*(《新风险、新福利:欧洲福利国家的转型》). Oxford: Oxford University Press.

Therborn, Goran. 2003. "Entangled Modernities"(《缠混现代性》). *European Journal of Social Theory*(《欧洲社会理论杂志》)6(3): 293-305.

Turner, Bryan S. 1994. *Orientalism, Postmodernism, and Globalism*(《东方主义、后现代主义与全球化》). London: Routledge.

——2002. "The Erosion of Citizenship"(《公民权的侵蚀》). *British Journal of Sociology*(《英国社会学杂志》)52(2): 189-209.

——2014. "Asian Citizenship and Beyond: Contradictions between Democracy and Demography"(《亚洲公民权及以后:民主主义与人口的矛盾》). Chang Kyung-Sup, ed. *South Korea in Transition: Politics and*

*Culture of Citizenship*(《转型中的韩国:公民权的政治与文化》), pp. 181-188. London: Routledge.

——2016. "We Are All Denizens Now: On the Erosion of Citizenship"(《我们现在都是居民:论公民权的侵蚀》). *Citizenship Studies*(《公民权研究》)20(6/7): 679-692.

Turner, Bryan S. and Habibul Haque Khondker. 2010. *Globalization East and West*(《东方与西方的全球化》). London: Sage.

Turner, Bryan S., Chang Kyung-Sup, Cynthia F. Epstein, Peter Kivisto, William Outhwaite, and J. Michael Ryan, eds. 2017. *The Wiley Blackwell Encyclopedia of Social Theory*(《威利布莱克威尔社会理论百科全书》). Volumes Ⅰ-Ⅴ. Hoboken: Wiley Blackwell.

Urry, John. 2003. *Global Complexity*(《全球复杂性》). Cambridge: Polity.

Wade, Robert. 1990. *Governing the Market: Economic Theory and the Role of Government in East Asian Industrialization*(《治理市场:经济理论与政府在东亚工业化中的作用》). Princeton: Princeton University Press.

Walder, Andrew. 1986. *Communist Neo-Traditionalism: Work and Authority in Chinese Industry*(《共产党社会的新传统主义:中国工业中的工作环境和权力结构》). Berkeley: University of California Press.

Wando Times. 2013. "'Uncomfortable' Because of Being Mobilized for Various Multicultural Family Events"(《因被动员参加各种多文化家庭活动而感到"不舒服"》)(in Korean). January 9, 2013 (http://wandonews.com/news/articleView.html? idxno=192595).

Wang, Hong-Zen and Ching-Ying Tien. 2009. "Who Marries

Vietnamese Bride? Masculinities and Cross-Border Marriages"(《谁娶了越南新娘? 男子气概与跨境婚姻》). Hong-Zen Wang and Hsin-Huang Michael Haiao, eds. *Cross-Border Marriages with Asian Characteristics*(《具有亚洲特色的跨境婚姻》), pp. 13 – 38. Taipei: Center for Asia-Pacific Area Studies, Academia Sinica.

Wang, Zhan. 2015. "Risk in the Compressed Modernity: Focusing on Knowledge and Consensus of the 'Beijing Smog'"(《压缩现代性中的风险:聚焦对"北京雾霾"的认识与共识》)(in Japanese). *Journal of International Media, Communication, and Tourism Studies*(《国际媒体、通信与旅游研究杂志》)20: 95 – 114.

Weber, Max. 1946. *From Max Weber: Essays in Sociology*(《马克斯·韦伯的社会学随笔》). New York: Oxford University Press.

Weiss, Linda. 1995. "Governed Interdependence: Rethinking the Government Business Relationship in East Asia"(《受控的相互依存:对东亚政商关系的再思考》). *Pacific Review*(《太平洋评论》) 8(4): 589 – 616.

—— 1998. *The Myth of the Powerless State*(《无权力国家的神话》). Ithaca: Cornell University Press.

Weiss, Linda, Elizabeth Thurbon, and John Mathews. 2007. *National Insecurity: The Howard Government's Betrayal of Australia*(《国家不安全:霍华德政府背叛澳大利亚》). Crows Nest: Allen & Unwin.

White, Gordon. 1998. "Social Security Reforms in China: Towards an East Asian Model?"(《中国社会保障改革:走向东亚模式?》) Roger Goodman, Gordon White, and Huck-ju Kwon, eds. *The East Asian Welfare*

*Model*: *Welfare Orientalism and the State*(《东亚福利模式:福利东方主义与国家》), pp. 175－198. London: Routledge.

Whittaker, D. Hugh, Timothy J. Sturgeon, Toshie Okita, and Tianbiao Zhu. 2020. *Compressed Development*: *Time and Timing in Economic and Social Development*(《压缩发展:经济社会发展的时间与时机》). Oxford: Oxford University Press.

Xu, Honggang and Yuefang Wu. 2016. "Lifestyle Mobility in China: Context, Perspective and Prospects"(《中国的生活方式流动性:背景、视角与展望》). *Mobilities*(《流动性》)11(4): 509－520.

Yang, Hyunah. 2006. "Vision of Postcolonial Feminist Jurisprudence in Korea: Seen from the 'Family-Head System' in Family Law"(《韩国后殖民女性主义法学视野:家庭法中的"户主制"视角》). *Journal of Korean Law*(《韩国法杂志》)5(2): 12－28.

—— 2011. *Reading the Korean Family Law*: *At the Intersection of Tradition*, *Coloniality and Gender*(《阅读韩国的家庭法:在传统、殖民和性别的交汇点》)(in Korean). Seoul: Changbi.

Yi, Jeong-Duk, 2015. "Compressed Economic Growth and Compressed Modernity in East Asia" (《东亚的压缩经济增长与压缩现代性》). Presented at the Joint Meeting of East Asian Anthropological Association (EAAA) and Taiwan Society for Anthropology and Ethnology (TSAE) on "Multiple Landscapes of Anthropology" (人类学的多重景观), National Chengchi University, October 3－4, 2015.

Yi, Jeong-Duk et al. 2017. *The Compressed Modern Life World in South Korea*: *The Concept of Compressed Modernity and the Compressed Experiences*

(《韩国的压缩现代生活世界:压缩现代性概念与压缩的经历》)(in Korean). Seoul: Knowledge and Conscience.

Yi, Ki-baek. 1984. *The New History of Korea* (《韩国新史》), translated from Korean by Edward W. Wagner with Edward J. Shultz. Cambridge: Harvard University Press.

Yoo, Seong Ho. 1996. "Determinants of the Independent Living Arrangements among Korean Elderly and their Adult Children: A Theoretical Investigation"(《韩国老年人及其成年子女独立生活安排的决定因素:一项理论调查》)(in Korean). *Journal of the Korea Gerontological Society* (《韩国老年学会杂志》)16(1): 51-68.

Yoo, Theodore Jun. 2014. *The Politics of Gender in Colonial Korea: Education, Labor and Health, 1910-1945*(《殖民地朝鲜的性别政治:教育、劳动与卫生,1910—1945.》) Berkeley: University of California Press.

Yoon, Hong-Sik. 2008. "The Expansion of New Social Risks and the Base Draft of the Policy of the Lee Myung-Bak Government: Focusing on the Area of Women and Family (Welfare) Policies"(《新社会风险的扩大与李明博政府政策的基础草案:聚焦女性和家庭(福利)政策领域》) (in Korean). *Monthly Welfare Trends*(《福利趋势月刊》)113 (March 2008): 23-27.

Yoon, In-Jin. 2008. "The Development and Characteristics of Multiculturalism in South Korea - With a Focus on the Relationship of the State and Civil Society"(《韩国多文化主义的发展与特点——以国家与公民社会的关系为中心》) (in Korean). *Korean Journal of Sociology*(《韩国社会学杂志》) 42(2): 72-103.

—— 2012. "Circumstantial Citizens: North Korean 'Migrants' in South Korea"(《状况性公民:在韩国的朝鲜"移民"》). Chang Kyung-Sup and Bryan S. Turner, eds. *Contested Citizenship in East Asia: Developmental Politics, National Unity, and Globalization*(《东亚公民权之争:发展政治、国家统一与全球化》), pp. 218 - 239. London: Routledge.

—— 2016. "Characteristics and Changes of Koreans' Perceptions of Multicultural Minorities"(《韩国人对多文化少数民族认知的特点与变化》)(in Korean). *Journal of Diaspora Studies*(《离散研究杂志》)10(1): 125 - 154.

Yoon, Sang Woo. 2008. "A Critical Assessment of Social Policy and the Welfare State during the Post-Democratic Era in Korea: Focusing on 'Social Citizenship'"(《对后民主主义时代韩国的社会政策和福利国家的批判性评估:以"社会公民权"为中心》)(in Korean). *Social Science Research*(《社会科学研究》)16(1): 346 - 387.

Yoon, Seungjoo. 2017. "Eastern Spirit, Western Instrument"(《东方精神,西方工具》). *The Wiley Blackwell Encyclopedia of Social Theory*(《威利布莱克威尔社会理论百科全书》), Volume Ⅱ. Hoboken: Wiley Blackwell (https://doi.org/10.1002/9781118430873.est0849).

YTN (www.ytn.co.kr).

Yui, Kiyomitsu. 2012. "Multiple Modernities, Compressed Modernity and Hybrid Modernity: Theories of Modernities in Fundamental Reconsideration with Asian Perspective"(《多重现代性、压缩现代性与混合现代性:亚洲视野下根本反思中的现代性理论》). Presented at the 40th World Congress of the International Institute of Sociology (IIS), Delhi,

February 16 - 19, 2012.

Zaretsky, Eli. 1973. *Capitalism, the Family, and Personal Life*(《资本主义、家庭和个人生活》). New York: Harper & Colophon Books.

Zhang, Liang. 2013. "Individualization and Rural Society Reconstruction in the Process of Modernization"(《现代化进程中的个体化与乡村社会重建》). *Zhejiang Social Sciences*(《浙江社会科学》) 2013(3) (http://en.cnki.com.cn/Artical_en/CJFDTotal-ZJSH201303002.htm).